行政伦理与公仆意识

蔡小平 王伟 著

兰州大学出版社

图书在版编目(CIP)数据

行政伦理与公仆意识/蔡小平,王伟著.—兰州:兰州大学出版社,2010.11

ISBN 978-7-311-03632-4

Ⅰ.①行… Ⅱ.①蔡…②王… Ⅲ.①行政学:伦理学—研究 Ⅳ.①B82-051

中国版本图书馆 CIP 数据核字(2010)第245839号

策划编辑 敬兆林
责任编辑 李 文
封面设计 管军伟

书 名 行政伦理与公仆意识
作 者 蔡小平 王伟 著
出版发行 兰州大学出版社 (地址:兰州市天水南路222号 730000)
电 话 0931-8912613(总编办公室) 0931-8617156(营销中心)
0931-8914298(读者服务部)
网 址 http://www.onbook.com.cn
电子信箱 press@lzu.edu.cn
印 刷 兰州残联福利印刷厂
开 本 880×1230 1/32
印 张 8
字 数 228千
版 次 2010年11月第1版
印 次 2010年11月第1次印刷
书 号 ISBN 978-7-311-03632-4
定 价 38.00元

序

本书是甘肃行政学院政治学教研部教师蔡小平近期完成的学术成果。目前，蔡小平正在国家行政学院做访问学者，作为她的指导教师，我想借“序”写几句话。

2007 年 11 月 30 日，国家行政学院政治学教研部在江苏无锡行政学院举办全国行政学院系统政治学教学联席会议，会议议题之一是“行政伦理的理论与实践”。刚刚执教于甘肃行政学院的蔡小平提交了一篇参会论文，题目是《服务型政府的道德预设》，论文的观点清新、中肯，引起我的关注。会议研讨中，她作了发言，反响很好。会后，她提出希望继续深入进行行政伦理的研究，我当即表示支持。

回到国家行政学院，我找出自己撰写（主编）的四本行政伦理方面的著作寄给她。蔡小平认真阅读并提出了一些很好的见解。我以为，这是一位有潜力的青年学者，应该给予必要的帮助与指导。

我的长辈、著名诗人臧克家曾几次与我谈到，创作诗歌的一条重要经验就是“功夫在诗外”。同样，研究行政伦理也不能仅仅局限于行政伦理的学术领域，而要深入广泛的公共行政实践。三年来，蔡小平参与了我所主持的多个课题，其中包括交通部、公安部、北京市、重庆市的委托课题，也包括国务院主要领导同志交办的重大课题，如公职人员财产申报研究。蔡小平参与撰写的多份决策咨询报告得到党中央、国务院领导同志的重要批示，其中包括与本书主题密切相关的《国外公务员伦理法中关于财产申报的规定》和《研究制定中国公务员伦理法、适时实行公职人员财产申报制度》。

2008 年，蔡小平主持申报的省部级课题《公职人员财产申报制度的行政伦理研究》经国家行政学院批准立项，我担任顾问。

2009 年，蔡小平主持申报的《公职人员财产申报制度的政治学研究》获准立项，该课题为国家社会科学研究基金青年项目。

同年，蔡小平参与了我所主编的国家行政学院专题教材《公仆意识概论》，担当了该教材一半的撰稿任务，约十万字。

鉴于蔡小平在行政伦理研究方面取得的成果，也是对我国西部地区行政伦理研究发展的重视，中国行政伦理研究会增补其为常务理事和副秘书长。

2010 年初，蔡小平提议，写一本从行政伦理学视角系统阐述公仆意识的著作，这与我长期以来的一个愿望不谋而合。1978 年，我被调入中国人民大学哲学系伦理学教研室，开始了伦理学的教学与研究工作。1994 年，我又调入国家行政学院，从此以行政伦理学为主攻方向之一。十余年来，在国家行政学院以"公仆意识与行政伦理"开设了多次课程。基于国家行政学院以专题为主的教学特点，没有机会从行政伦理学视角系统讲述公仆意识，但此愿望长久地存在我的心中。

现在，机会来临。我负责提出本书的框架建议，蔡小平具体负责全书文稿的撰写；之后，我负责审阅文稿，对个别地方作了适当的修订与补充。基于此，我同意作为第二作者署名，并愿意对本书的基本观点负责。

蔡小平的第一本著作即将出版，作为一位从事教育事业逾 40 年的老教育工作者，我深感欣慰。希望她能再接再厉，在发展中国特色行政伦理学的进程中取得新进步。

国家行政学院政治学教研部
教授、博士生导师
中国行政伦理研究会会长
王　伟
2010 年 10 月

前　言

2010年10月，中国共产党第十七届中央委员会第五次全体会议召开。全会强调，各级领导干部要坚持全心全意为人民服务的根本宗旨，坚持党的群众路线，始终保持同人民群众的血肉联系，树立正确的政绩观，努力做出经得起实践、人民、历史检验的实绩。要加强反腐倡廉建设，大力弘扬党的光荣传统和优良作风，以优良党风凝聚党心民心，形成推进中国特色社会主义事业的强大力量。会议再次强调公仆意识的深意跃然纸上。

“防止国家和国家机关由社会公仆变为社会主人”，是马克思主义国家学说的基本观点，也是党和政府加强自身建设的核心内涵与基本出发点。“增强公仆意识”已经成为近年来党中央反复强调的重大战略任务。

2006年3月，胡锦涛同志在十届全国人大五次会议期间参加重庆代表团审议政府工作报告时明确指出：各级干部特别是领导干部要进一步增强忧患意识，始终保持开拓进取的锐气；要进一步增强公仆意识，始终牢记全心全意为人民服务的宗旨；要进一步增强节俭意识，始终发扬艰苦奋斗的精神，团结带领广大群众不断夺取改革开放和社会主义现代化建设的新胜利。

2008年1月15日，胡锦涛同志在第十七届中央纪律检查委员会第二次全体会议上的讲话又指出，我们要牢固树立群众观点和公仆意识，把群众呼声作为第一信号，把群众需要作为第一选择，把群众满意作为第一标准，切实保障人民权益，真正做到发展为了人民、发展依靠人民、发展成果由人民共享。

2008年2月27日，胡锦涛同志在第十七届中央委员会第二次全体会议上的讲话再次强调，各级领导干部要讲党性、重品行、作表率，自觉加强理论学习和业务学习，加强工作锻炼和实践历练，增强政治责任感和历史使命感，树立忧患意识、公仆意识、节俭意识、开拓意识，带头学习新知识、增长新本领，提高贯彻落实党的理论和路线方针政策的能力和水平，提高推动科学发展、促进社会和谐的能力和水平，提高依法行政、依法办事的能力和水平，提高为人民服务的能力和水平，在各自的岗位上不断创造经得起实践、人民、历史检验的业绩。

2009 年 1 月 13 日，胡锦涛同志在中国共产党第十七届中央纪律检查委员会第三次全体会议上的讲话中指出，着力增强宗旨观念，切实做到立党为公、执政为民。我们党的根基在人民、血脉在人民、力量在人民。全心全意为人民服务是我们党的根本宗旨，实现好、维护好、发展好最广大人民的根本利益是我们一切工作的出发点和落脚点。要牢固树立群众观点和公仆意识，把群众呼声作为第一信号，把群众需要作为第一选择，把群众满意作为第一标准，坚持问政于民、问需于民、问计于民，多办顺民意、解民忧、增民利的实事。

为落实党中央反复强调的“增强公仆意识”重大战略任务，2009 年 12 月，经温家宝总理签署发布的《行政学院工作条例》规定：“行政学院应当根据时代和形势发展要求，不断充实和更新教学培训内容，以提高公务员素质和行政能力为核心，以公仆意识、政府管理、依法行政作为教学培训的重点，构建具有行政学院特色的教学培训布局。”

当前增强公仆意识的一个最重要而现实的途径是加快推进我国行政伦理建设。行政伦理观是公仆意识最重要的价值形态，行政责任是公仆意识的核心要素，行政伦理法制则是公仆意识的制度支撑，而行政人格的塑造是公仆意识道德升华的生动体现和现实旨归。

本书选取当代公共行政伦理学的特定视角，通过对行政伦理与公仆意识五个基本关系的分析，力图阐述公仆意识的价值形态、基础要素、实践重心、制度支撑与道德升华。

目 录

第一章 行政伦理观:公仆意识的价值形态

公仆意识和行政伦理共同关注的问题之一,是当前公共行政领域如何把以德治政与依法治政有机结合起来。把“道德原则”引入公共行政领域,不仅在于构建一个正义的政治制度,倡导一种公共伦理精神,更在于塑造一个美德的政府、善治的政府。而这个问题的探讨,首先需要把公仆意识和行政伦理所涉及的行为主体所应有的公共行政伦理观作为起点。

所谓“公仆意识”,主要是解决国家公职人员世界观、人生观、价值观和权力观、地位观、利益观问题,使公职人员坚定政治信念,永做人民公仆。相对与“公仆意识”而言,行政伦理是个并不被特别关注的领域,甚至在我国依然是个较为陌生的视域。然而,正是行政伦理对于把“公仆意识”这样一个抽象而高扬的道德理念转化为现实生动的实践至关重要。树立、养成“公仆意识”,有赖于公仆们所秉持的行政伦理观。或者说,正是行政伦理为“公仆意识”张扬的价值要素转化为公务员行政过程中的思想品德和工作作风,为成为人民满意的公仆提供了坚实的价值基础。

第一节 行政伦理的界说

对“行政伦理”的界定,需要考虑伦理学的学科特点,从法、道德、伦理的区别和联系中去把握。同时,“行政伦理”作为公共行政领域中伦理活动现象、伦理意识现象、伦理规范现象的综合表现,又离不开“行政”这一特殊社会活动的历史演变,因而还需要对行政、公共行政、公共管理的历史沿革进行考察,从行政改革的视角理解和把握“行政伦理”的内涵。

一、法、道德、伦理

在一般意义上,伦理与道德常常通用,甚至“伦理道德”有时连在一起变成了一个概念。从古至今,许多著名的思想家和学者也都认为伦理学就是道德哲学,或伦理学就是关于道德的科学。然而,从严格科学的意义上说,伦理和道德是有区别的。

德国近代著名的辩证法大师乔治·威廉·弗里德里希·黑格尔(1770—1831)在其1821年出版的《法哲学原理》中对道德和伦理这两个概念作了深刻的辩证分析,并且将这两者与“法”概念联系在一起,使这三者的意义更为深刻。恩格斯指出:“黑格尔的伦理学或关于伦理的学说就是法哲学,其中包括:(1)抽象的法,(2)道德,(3)伦理,其中又包括家庭、市民社会、国家。在这里,形式是唯心的,内容是现实的。法律、经济、政治的全部领域连同道德都包括在这里。”①

黑格尔的《法哲学原理》实质上就是他的伦理学。《法哲学原理》由三篇构成,标题分别就是:“法”、“道德”、“伦理”。在黑格尔看来,法是客观外界的法,是人格的定在,是意志的普遍性。道德是主观内心的法,是内心信念的规定,自我的特殊规定,是意志的特殊性。伦理则是客观法与主观法的统一。它调整主观和客观、内在和外在、普遍和特殊之间的关系,并在伦理的关系中实现人格的定在。这三个阶段不是孤立的、并列的,而是有机联系的、由低级向高级不断丰富和充实的过程。从一定意义上讲,伦理学就是要研究主体自由的发展和实现,即研究道德和伦理的发展和实现的环节和规律。法、道德、伦理可以看做主体自由发展的三个阶段,这三个阶段是一个统一的、由低级向高级的过程,是一个善的逐步完善的过程。正是基于对自由所作的深入、辩证的考察,黑格尔建立了以实现主体自由为最高道德理想的伦理学体系。

在我们现在的社会生活中,法、道德和伦理的内涵尽管与黑格尔所说的不尽相同,但在深层次上并没有脱离黑格尔所揭示出的辩证内涵。

---

① 马克思恩格斯选集(第四卷)[M].北京:人民出版社,1995:232.

近年来，无论在学术领域，还是在实际生活中，我们对法、道德、伦理的概念及三者的关系都有了比较深刻的理解和把握。

一方面，在法与道德、伦理的关系上，我们在注意它们之间相互区别的同时，开始强调它们之间的相互作用与相互补充。中国古代社会的传统倾向是重德轻法，从总体上讲古代中国属于“人治”国家。这一历史传统至今仍然在一定程度上阻碍着现代中国法治化的进程。改革开放以来，随着法治建设的加强，又出现了重法轻德的倾向。这种倾向也不利于中国社会主义现代化建设事业的发展。我们应该科学地处理法、道德、伦理三者在现实社会中的关系，使之既相互区别又相互补充地共同发挥其应有的作用。江泽民同志 2001 年 1 月 10 日在全国宣传部长会议上的讲话中指出：“我们在建设有中国特色社会主义，发展社会主义市场经济的过程中，要坚持不懈地加强社会主义法治建设，依法治国，同时也要坚持不懈地加强社会主义道德建设，以德治国。对一个国家的治理来说，法治与德治，从来都是相辅相成、相互促进的。二者缺一不可，也不可偏废。”①

另一方面，在道德与伦理的关系上，我们在充分肯定它们之间内在紧密联系的前提下，要认真研究二者之间的区别。基于长期以来人们已经习惯于将道德与伦理视为大致相同的概念，我国通用的道德概念已经超出黑格尔所界定的道德范畴，包括了伦理的一些内涵。目前，学界普遍认可的道德定义为：“所谓道德现象，就是指人类现实生活中由经济关系所决定，用善恶标准去评价，依靠社会舆论、内心信念和传统习惯来维持的一类社会现象。”这里所说的“道德”，实际上指我们通常使用的“伦理道德”这个大的概念。也正是在这个意义上，我们说“伦理学就是关于道德的科学”。尽管如此，我们依然应该重视并研究伦理与道德的某些区别，以增强公共行政伦理建设的科学性。

简要地说，从辩证发展的角度分析，伦理与道德的区别主要表现在以下三个方面：

其一，伦理是道德发展的新阶段。道德是具体的、个别的、特殊的，

---

① 人民日报. 第一版，2001－01－11.

伦理是抽象的、共性的、普遍的。道德是伦理的基础,伦理是对道德的抽象。普遍的伦理是对个别道德的超越和升华。

其二,伦理是法与道德的统一。法律与道德都是调整人与人之间关系的行为规范。在一定意义上讲,法是成文的道德,而道德是不成文的法律。二者相比,法律规范的基本特征是他律,道德规范的基本特征是自律。对于社会关系的健康发展来说,他律与自律都是不可或缺的。只重视他律而忽视自律,就会扼杀个体的主动性和创造性;只重视自律而忽视他律,社会就会因失去普遍的意志而陷入混乱。所谓伦理,是法与道德的统一,主要就是指伦理具有法与道德的两个基本特征,即他律与自律的统一,客观性与主观性、外在性与内在性的统一。

其三,伦理是道德活动现象、道德意识现象和道德规范现象的统一。所谓道德活动现象,是指人类生活中围绕一定善恶而进行的、可以用善恶标准评价的群体活动和个体活动。所谓道德意识现象,是指在道德活动中形成并影响道德活动的各种具有善恶价值的思想、观点和政府体系。所谓道德规范现象,则是指一定社会条件下评价和指导人们行为的准则。道德现象的三个部分之间是紧密联系的。其中,道德活动是形成一定道德意识的基础,并能使已经形成的道德意识得以巩固、深化和提升。道德意识一经形成,对人们的道德活动便具有指导或制约作用。道德规范是在一定的道德活动和道德意识的基础上形成和概括的,同时又约束或制约着人们的道德意识和道德活动。而伦理或伦理现象,从所包含内容和范围上讲,正是道德活动现象、道德意识现象和道德规范现象的综合与统一,因而更具有全面性和完整性。

简言之,伦理是包含着法与道德统一、他律与自律统一的特定社会现象。

二、行政、公共行政与行政伦理

行政伦理是伦理在公共行政领域的体现。为区别于其他领域的伦理研究,需要从行政、公共行政、公共管理的发展进程中对行政伦理进行界定。

汉语中的"行政"一词,从其产生之日即有了相当明确的内涵。据历史文献记载,中国是世界上最早使用“行政”一词的国家。远在两千多年前的《论语》,以及后来的《史记》、《纲鉴易知录》中均有这样的记载:公元前841年的西周时期,周厉王因“国人发难”被迫出逃,因太子靖年幼,遂由“召公、周公二相行政”。战国时期撰写的《左传》中亦有“行其政事”、“行其政令”的说法。上述史籍中出现的“行政”一词,其涵义均为执掌政务、管理国家的意思,故后人亦皆以此意来理解“行政”的内涵。

“行政”这一概念,在西方学者中是由英国政治思想家洛克提出,经过法国启蒙思想家孟德斯鸠的论证而确立的。洛克主张把立法权同行政权与联盟权(外交权)分开。孟德斯鸠进一步提出了立法、行政、司法三权分立的学说。通常,人们是从三权分立的角度和意义上使用“行政”一词的,有时以之与立法、司法相区别,有时以之与“政治”相区别。英语中的行政(Administration)与施政是一个意思。《牛津词典》将“行政”一词定义为“一种行政执行行为,”即“对各种事务进行管理”或“对执行、运用和处理进行指导或监督”。在这个意义上,行政可以理解为政府部门按照法律有序、规范地管理国家和社会的一切活动。简言之,行政是国家的组织活动,它涉及的是国家的权力以及国家权力具体执行的全过程。

公共行政(Public Administration),包括“公共”和“行政”两个方面。“公共”(Public)一词在英文中有公有的、公众的、公立的、公用的、公开的等多种含义。行政是“公共的”,“是公共权力机构整合社会资源、满足社会公共需要、实现公共利益、处理公共事务而进行的活动”。①

公共行政就自身之动态的意义上讲,就是政府过程。“政府过程”,即英文 Government at Process 或 Process of Government,是现代政府学的一个重要概念,也是我们研究公共行政的一个独特视角。具体地说,“政府过程”可以从以下四个方面去把握:

其一,“政府过程”中的政府是“大政府”。一般说来,是指国家机

① 李贵鲜.公共行政概论[M].北京:人民出版社,2002:7.

构的总体、总和。《中华人民共和国宪法》明确规定了国家机构的内涵，即包括全国人民代表大会、国家主席、国务院、中央军事委员会、地方各级人民代表大会和地方各级人民政府、民族自治地区的自治机关、人民法院和人民检察院。上述机构的工作人员都属于广义的国家公务员。

其二，"政府过程"中的政府是"现实的政府"。即是指在现实社会中实际发挥作用的政府。从政府的运行层次，或者说从操作层次上观察，任何政府都是"过程中的政府"，都没有达到政府行为的绝对理想化。但是，政府过程不放弃对"理想政府"的追求，不允许政府行为的随意化，而强调依法行政，它之所以重视政府过程的现实性，旨在寻求政府行为，特别是政治经济调节行为的"适度"，这又正是公共行政伦理所要解决的问题之一。

其三，"政府过程"中的"过程"是指政府的实际运作活动。主要包括：(1)政府的活动、运动过程，强调政府权力系统各分支间的关系，政府与政党、政府与社会之间的相互作用，如决策过程、执行过程、政务信息传输过程、监督与反馈过程等；(2)政府机构与政府官员的操作性活动，即工作程序；(3)政府活动中较为重大的变化过程，如立法程序、预算程序、组阁程序等。

其四，"政府过程"实际上也是特定的"政治过程"。在当代，不论是政治过程，还是政府过程，其涵盖的对象都是政府、军队、政党和其他正式的或非正式的社会团体的活动，以及它们的相互关系。它们的活动和作用都是围绕政权进行的，借用西方政治学的概念，就是都力求"接近"政府。因此，政治过程一般是以政府活动为主要的、核心的内容，而政府过程又要以整个社会政治生活为基本活动领域。就是说，政治过程侧重强调政府活动的广泛的政治生活背景，政府过程则侧重强调政府活动在政治活动中的重要地位和作用。

在对行政、公共行政以及政府过程作了考察之后，我们可以对行政伦理的基本涵义作界定。在这里，我们把公共行政伦理简称为行政伦理，就是伦理在公共行政关系、公共行政活动中的体现，是指执政的中国共产党、国家机构和国家公务员在公共行政领域，在实践立党为公、执政为民,在坚持科学执政、民主执政、依法执政,在履行经济调节、市场监管、社会管理、公共服务等职能的过程中,所形成的一种应然关系,与调节这种应然关系的伦理规范以及执政党、国家机构和国家公务员由于内化伦理规范而形成的伦理品格。行政伦理不仅属于精神文明范畴,而且是政治文明的重要组成部分,其本质上就是政治伦理。

行政伦理问题包含两个基本方面的内容:一是指政治体制与政府体制及运行机制中包含着什么样的伦理内涵;二是指国家公务员个体的伦理状况。这个概括表明,公共行政伦理没有只是属于自己的独特的领域,但是它渗透在政治、行政、公共行政与政府过程的方方面面,体现在诸如行政体制、行政领导、行政决策、行政监督、行政效率、行政素质等,直到行政改革之中。这当然不是说公共行政伦理没有自己的独立体系,相反,经过数千年行政历史的陶冶和现实社会公共行政实践的千锤百炼,公共行政伦理已具有丰富的内涵、鲜明的特色和独特的功能。

三、当代中国行政伦理建设的逻辑起点与指导思想

中国公共行政伦理建设逐步走向自觉的进程,是同中国的改革开放,特别是同中国共产党和国家领导制度的改革紧密结合在一起的。

(一)当代中国行政伦理建设的逻辑起点

1980 年 8 月,中共中央政治局举行扩大会议讨论“党和国家领导制度的改革”问题,这涉及中国公共行政伦理建设能否走向自觉的深层次的制度基础。

邓小平同志在会上发表的《党和国家领导制度的改革》的著名讲话中尖锐指出,党和国家现行的一些具体制度中,还存在不少的弊端,妨碍甚至严重妨碍社会主义优越性的发挥。如不认真改革,就很难适应现代化建设的迫切需要,就要严重地脱离广大群众。党和国家在领导制度、干部制度方面最主要的弊端就是官僚主义现象,权力过分集中的现象,家长制现象,干部领导职务终身制现象和形形色色的特权现象。

在讲话中,邓平同志进一步指出,当前,还有一些干部,不把自己看

做是人民的公仆，而把自己看做是人民的主人，搞特权，特殊化，引起群众的强烈不满，损害党的威信，如不坚决改正，势必使我们的干部队伍发生腐化。克服特权现象，要解决思想问题，也要解决制度问题。我们过去发生的各种错误，固然与某些领导人的思想、作风有关，但是组织制度、工作制度方面的问题更重要。这些方面的制度好可以使坏人无法任意横行，制度不好可以使好人无法充分做好事，甚至会走向反面。即使像毛泽东同志这样伟大的人物，也受到一些不好的制度的严重影响，以至对党对国家对他个人都造成了很大的不幸。斯大林严重破坏社会主义法制，毛泽东同志就说过，这样的事件在英、法、美这样的西方国家不可能发生。他虽然认识到这一点，但是由于没有在实际上解决领导制度问题以及其他一些原因，仍然导致了“文化大革命”的十年浩劫。这个教训是极其深刻的。不是说个人没有责任，而是说领导制度、组织制度问题更带有根本性、全局性、稳定性和长期性①。

1980年8月31日，中共中央政治局扩大会议讨论通过了邓小平同志的讲话。坚决改革党和国家现行领导制度中的弊端，是当前我们强调公仆意识的新起点。从公共行政伦理建设的视角来看，正是行政伦理关注的核心问题，成为当代中国公共行政伦理建设走向自觉的逻辑起点。

（二）当代中国行政伦理建设的指导思想

在社会主义初级发展阶段，不断加强党的执政能力建设和作风建设，中国公共行政伦理建设是一个逐步发展的长期的历史进程。改革开放以来，随着社会社会主义市场经济体制的逐步建立和政治体制改革的逐步推进，中国公共行政伦理建设的历史进程逐步加快，并取得初步成果。

中国共产党第十六次代表大会把“三个代表”重要思想同马克思列宁主义、毛泽东思想、邓小平理论一道，确立为党必须长期坚持的指导思想。在新的历史条件下，加强中国公共行政伦理建设，一定要通过锲而不舍的努力，保证公共行政伦理始终是中国先进生产力的发展要

---

① 邓小平文选（第二卷）[M]．北京：人民出版社，1995：320，327～334．

求、中国先进文化的前进方向和中国最广大人民根本利益的忠实代表。

十三届四中全会以来，以江泽民同志为主要代表的当代中国共产党人，高举邓小平理论伟大旗帜，准确把握时代特征，科学判断我们党所处的历史方位，围绕建设中国特色社会主义这个主题，集中全党智慧，以马克思主义的巨大理论勇气进行理论创新，逐步形成了"三个代表"重要思想这一系统的科学理论。"三个代表"重要思想的形成，表明我们党对共产党执政规律、社会主义建设规律和人类社会发展规律的认识，达到了新的理论高度，开辟了中国公共行政伦理建设的新境界。

始终做到"三个代表"，是我们党的立党之本、执政之基、力量之源。这里的"本"、"基"、"源"，说到底就是人民群众的支持和拥护。实现人民的愿望、满足人民的需要、维护人民的利益，是"三个代表"重要思想的根本出发点和落脚点。"三个代表"是相互联系、辩证统一的整体。只有不断解放和发展生产力，增强国家的经济实力，才能为建设中国特色社会主义文化和实现人民群众的根本利益提供雄厚的物质基础；只有不断发展和繁荣社会主义文化，才能不断满足人民群众日益增长的精神文化生活需要，才能为发展生产力提供强大的精神动力和智力支持；只有不断提高人民群众的物质文化生活水平，改革和建设才能具有坚实的群众基础，人民群众才能始终以饱满的热情投身到中国特色社会主义的伟大事业中来。发展先进生产力和先进文化是实现最广大人民根本利益的基础和前提，实现最广大人民根本利益则是发展先进生产力和先进文化的目的和归宿。人民群众既是先进生产力和先进文化的创造者，又是其成果的享有者。这不仅提出了坚持立党为公、执政为民的根本要求，而且指明了实现立党为公、执政为民的根本途径。

党的十六大将"三个代表"重要思想写进党章，明确规定：中国共产党是中国工人阶级的先锋队，同时是中国人民和中华民族的先锋队，是中国特色社会主义事业的领导核心，代表中国先进生产力的发展要求，代表中国先进文化的前进方向，代表中国最广大人民的根本利益。

十届全国人大二次会议又将"三个代表"重要思想写进宪法。会议通过的宪法修正案将宪法序言第七自然段中"在马克思列宁主义、毛泽东思想、邓小平理论指引下”修改为“在马克思列宁主义、毛泽东思想、邓小平理论和‘三个代表’重要思想指引下”。把“三个代表”重要想同马克思列宁主义、毛泽东思想、邓小平理论一道写入宪法，确立其在国家政治和社会生活中的指导地位，反映了全党全国各族人民的共同意愿，体现了党的主张和人民意志的统一，为全党全国各族人民在新世纪、新阶段继续团结奋斗提供了共同的思想基础，具有重大的现实意义和深远的历史意义。宪法修正案在宪法序言第七自然段中“逐步实现工业、农业、国防和科学技术的现代化”之后，增加“推动物质文明、政治文明和精神文明协调发展”的内容。党的十六大报告提出“不断促进社会主义物质文明、政治文明和精神文明的协调发展”，反映了我们党对共产党执政规律、社会主义建设规律和人类社会发展规律认识的深化，既是对社会主义文明内涵的极大丰富，又是对社会主义现代化建设理论的重大发展，具有重要意义。把“三个文明”及其相互关系写入宪法，并同这一自然段中确定的“把我国建设成为富强、民主、文明的社会主义国家”的社会主义现代化建设总目标紧密相连，不仅意思比较连贯、逻辑比较严谨，而且为“三个文明”协调发展提供了宪法保障。

在作为社会主义精神文明特别是政治文明重要组成部分的公共行政伦理建设中贯彻“三个代表”重要思想，必须牢牢把握立党为公、执政为民。第一，坚持立党为公、执政为民，必须落实到党和国家制定和实施方针政策的工作中去。方针政策对党和国家工作的全局起指导和推动作用。抓住这个环节落实立党为公、执政为民的要求，坚持用人民拥护不拥护、赞成不赞成、高兴不高兴、答应不答应来衡量我们的一切决策，就能在全局上把握住贯彻落实“三个代表”重要思想的根本出发点和落脚点。第二，坚持立党为公、执政为民，必须落实到各级领导干部的思想和行动中去。各级领导干部都要牢固树立全心全意为人民服务的思想和真心实意对人民负责的精神，做到心里装着群众，凡事想着群众，工作依靠群众，一切为了群众。要坚持权为民所用、情为民所系、利为民所谋，为群众诚心诚意办实事，尽心竭力解难事，坚持不懈做好事。第三，坚持立党为公、执政为民，必须落实到关心群众生产生活的工作中去。群众利益无小事。凡是涉及群众的切身利益和实际困难的事情,再小也要竭尽全力去办。要时刻把群众的安危冷暖挂在心上,对群众生产生活面临的这样那样的困难,特别是对下岗职工、农村贫困人口和城市贫困居民等困难群众遇到的实际问题,一定要带着深厚的感情帮助解决,切实把中央为他们脱贫解困的各项政策措施落到实处。

胡锦涛同志在中国共产党第十七次全国代表大会上的报告中指出,新的发展阶段继续全面建设小康社会、发展中国特色社会主义,必须坚持以邓小平理论和"三个代表"重要思想为指导,深入贯彻落实科学发展观。科学发展观,是对党的三代中央领导集体关于发展的重要思想的继承和发展,是马克思主义关于发展的世界观和方法论的集中体现,是同马克思列宁主义、毛泽东思想、邓小平理论和"三个代表"重要思想既一脉相承又与时俱进的科学理论,是我国经济社会发展的重要指导方针,是发展中国特色社会主义必须坚持和贯彻的重大战略思想。世情、国情、党情的发展变化,决定了以改革创新精神加强党的建设既十分重要又十分紧迫。必须把党的执政能力建设和先进性建设作为主线,坚持党要管党、从严治党,贯彻为民、务实、清廉的要求,以坚定理想信念为重点加强思想建设,以造就高素质党员、干部队伍为重点加强组织建设,以保持党同人民群众的血肉联系为重点加强作风建设,以健全民主集中制为重点加强制度建设,以完善惩治和预防腐败体系为重点加强反腐倡廉建设,使党始终成为立党为公、执政为民,求真务实、改革创新,艰苦奋斗、清正廉洁,富有活力、团结和谐的马克思主义执政党。

温家宝同志在《关于制定国民经济和社会发展第十二个五年规划建议的说明》中指出,《建议》的一个鲜明的特点,是明确提出"十二五"规划的主题是科学发展。把科学发展作为主题,第一次在五年规划中明确提出来,成为全党的意志,具有鲜明的时代特征。党的十六大以来,以胡锦涛同志为总书记的党中央从新世纪、新阶段我国经济社会发展面临的新形势、新任务、新特点出发,提出了科学发展观的重大战略思想和构建社会主义和谐社会的重大战略任务。这是我们党执政理念的丰富和发展,是对社会主义现代化建设规律认识的深化,实践证明是正确的。《建议》提出以科学发展为主题,就是要把科学发展观贯穿到改革开放和现代化建设的各个方面。

综上所述,"三个代表"重要思想和科学发展观是当代中国行政伦理建设的根本指导思想。

第二节　行政伦理观的价值定位与理论基础

一、行政伦理观的价值定位

从体系结构上分析,中国行政伦理规范体系主要包括三大部分,即行政伦理观、行政伦理规范、行政伦理范畴。

在历史和现实的公共行政领域中,行政伦理观一直都在根本价值的层面上指导、影响着各级政府、各类行政主体的行政行为。具体地说,行政伦理观就是执政的中国共产党、国家机构和国家公务员在公共行政领域中关于行政价值追求的总体观念,是其公共行政生活的行政实践的道德凝结与升华,并具体表现为中国共产党、国家机构和国家公务员的行政伦理活动现象、行政伦理意识现象与行政伦理规范现象。

树立正确的行政伦理观,永做人民公仆,是国家公务员,同时也是执政的中国共产党、国家机构等公共行政主体在加强行政伦理建设中首先要解决好的问题。1993 年 9 月,江泽民同志为国家行政学院题词:"永做人民公仆"。与世界观、人生观、价值观相比,行政伦理观是一个谈论较少的话题。其实,在公共行政领域中,世界观、人生观和价值观即集中体现为行政伦理观。

行政伦理观作为一种特定的价值观,在公共行政实践中具有重要的价值导向作用。在第十届全国人大一次会议和第十一届全国人大一次会议的闭幕式上,胡锦涛同志都用同一段话表明了自己坚持奉行的行政伦理观:"担任国家主席这一崇高的职务,使命光荣,责任重大。我一定忠诚地履行宪法赋予的职责,恪尽职守,勤勉工作,竭诚为国家和人民服务，不辜负各位代表和全国各族人民的重托。”胡锦涛同志同时要求全体国家公职人员都“当好人民公仆”，他指出：“我们新一届国家机构工作人员肩负着人民赋予的重任，一定要响应时代的召唤、顺应人民的意愿，在履行职责的过程中切实做到：坚持以人为本。我们要始终履行全心全意为人民服务的根本宗旨，尊重人民主体地位，发挥人民首创精神，保障人民各项权益，当好人民公仆，诚心诚意为人民造福。”

2010 年 2 月 27 日，国务院总理温家宝同志与网友在线时动情地说：“网友们，很高兴同大家进行在线交流。去年是 2 月 28 日，我本来也想还取在 2 月 28 号，但我考虑到明天是正月十五，是阖家团聚的日子，所以我就改到 27 号。在这里，我向大家拜年。这次在线访谈，我的心情确实不那么紧张，倒有一种十分珍惜的感情，因为我知道这样的机会不多了。这些天来，我一直十分关注网上网民提出的各种问题。我在中南海 25 年，可以说是一个没有节假日的人。这几天我就更显得心情特别重。看到人民需要解决的问题，我常仰而思之，夜以继日；幸而得之，坐以待旦。我还想，当一个人为多数人所信任的时候，他已经不再属于自己，他已经是‘公共财产’，属于人民了。我要鞠躬尽瘁，死而后已，真正做到无愧于人民。我是带着真心、真意、真情来同网友们交流的。我愿随意地同大家谈心。”他们用各具鲜明特色的话语所表达的心声和精神精髓，即是社会主义的行政伦理观最生动鲜活的体现。

美国建国后的第一任总统华盛顿在 1789 年 4 月 30 日所作的首任就职演说中就坦诚地说：“祖国召唤我的声音所包含的巨大而艰难的使命，即使是对于国内最明智、最富经验的贤明之士来说，也势必对这样的重任怀有谨慎与恐惧之感，时时考虑自己是否有资格担此重任，更何况像我这样一个资质低下和在行政管理方面没有经验的人，就更应该特别意识到自己的缺陷与不足，以免有负重托。”华盛顿明确指出：“国家的政策将奠定于个人道德纯净并且始终如一的原则之上。真理告诉我们：在经济与自然发展过程中存在着不朽的结合——美德与幸福不可分，责任与利益不可分，诚实高尚政策的真正准则与民众繁荣幸福的真实回报不可分。”“在我第一次奉召为国效力之时，也正是国家为争取自由而艰苦奋斗之际，有一点需要申明：在考虑我的职责时，那就是我坚决放弃金钱补偿。"从这里我们可以清楚地看出,行政伦理观在华盛顿心目中的崇高地位。它从一个特定的而且是至关重要的侧面有力地表明,行政伦理观在公共行政实践中具有不可替代的导向价值。重视行政伦理观不是社会主义国家所特有的,它早已成为世界各国政府公共行政和公共管理重要的内涵。

二、行政伦理观的哲学基础

从行政伦理观的哲学基础分析,行政伦理观作为一种特定的价值观,与世界观、人生观有着密不可分的关系。

所谓世界观,又称宇宙观,"就是人们对于生活于其中的整个世界以及人与世界之间关系的根本观点、根本看法"。

毛泽东同志在《矛盾论》中分析说,在人类的认识史中,从来就有关于宇宙发展法则的两种见解,一种是形而上学的见解,一种是辩证法的见解,形成了互相对立的两种宇宙观。列宁说:"对于发展(进化)所持的两种基本的(或两种可能的?或两种在历史上常见的?)观点是:(1)认为发展是减少和增加,是重复;(2)认为发展是对立的统一(统一物分成为两个互相排斥的对立,而两个对立又互相关联着)。"列宁说的就是这两种不同的宇宙观。辩证法的宇宙观,不论在中国,在欧洲,在古代就产生了。但是古代的辩证法带着自发的朴素的性质,根据当时的社会历史条件,还不可能有完备的理论,因而不能完全解释宇宙,后来就被形而上学所代替。形而上学,亦称玄学。这种思想,无论在中国,在欧洲,在一个很长的历史时间内,是属于唯心论的宇宙观,并在人们的思想中占了统治地位。在欧洲,资产阶级初期的唯物论,也是形而上学的。生活在18世纪末和19世纪初期的德国著名哲学家黑格尔,对于辩证法曾经作出了很重要的贡献,但是他的辩证法却是唯心的辩证法。直到无产阶级运动的伟大的活动家马克思和恩格斯综合了人类认识史的积极的成果,特别是批判地吸收了黑格尔的辩证法的合理部分,创造了辩证唯物论和历史唯物论这个伟大的理论,才在人类认识史上引起了一场空前的大革命。后来,列宁和斯大林又发展了这个伟大的理论。这个理论一经传到中国来,就引起了中国思想界的极大变化。

这个辩证法的宇宙观,主要就是教导人们要善于观察和分析各种事物的矛盾的运动,并根据这种分析,指出解决矛盾的方法。因此,具体地了解事物矛盾这一个法则,对于我们是非常重要的。

马克思主义哲学就是科学的世界观。它把伟大的认识给了人类,特别是给了工人阶级及其先锋队。在现实生活中,人们形成了一定的世界观,必然会以这些观点、看法去指导自己的行动,这些观点、看法也就成为人们用来观察、分析、思考和解决各种问题的基本原则和哲学根据。在公共行政领域,国家公务员正是依据自身的世界观来认识和分析所从事的行政工作性质和目的。马克思主义世界观从根本层面上影响着社会主义行政伦理观的形成与发展。

人生观,是一个人对人生的根本看法。它受世界观决定,是世界观在人生问题上的体现。人活着是为了什么,人的一生怎样度过才有意义,应该做一个什么样的人?如何对待理想、前途、生死、苦乐、荣辱、幸福、道德等,都属于人生观的范畴。我们今天倡导的国家公职人员人生观是全心全意为人民服务的人生观,就是从人民群众的根本利益出发,把实现共产主义作为自己人生的最高目的,把全心全意为人民服务看成是最大的幸福和乐趣,为实现崇高的共产主义理想(当前是全面实现小康社会)而奋斗,全心全意为人民谋利益。这是国家公务员应该树立的唯一正确的人生观,是人生价值的最高体现,也是行政伦理观的核心内涵。

温家宝同志在十届全国人大一次会议记者招待会上自述就是关于人生观对行政伦理观产生重大影响的有力证明。他说:我是一个很普通的人。我出生在农村的一个教育世家。我的祖父、父亲和母亲都是教员。我的孩提时代是在战乱中度过的。战火烧毁了我的全家,包括爷爷亲手办的那座小学。旧中国的苦难在我幼小的心灵留下了不可磨灭的印象。我从在大学学地质到从事地质工作整整25年。这期间大部分是在非常艰苦和恶劣的环境中度过的。我深知人生的艰辛,也知道国家建设的艰难。但我也树立了一种信念:一个人、一个民族、一个国家,只要不畏艰险,勇于攀登,一定能达到光辉的顶点。我在中南海工作了18年,这是我们国家现代化建设十分重要的一个时期。我目睹了在邓小平同志和江泽民同志的领导下，中国改革开放和现代化建设所取得的巨大成就，中国面貌发生的历史性变化。我经历了这场伟大的实践。中国的建设事业是非常伟大也非常艰巨的，惟有在中国共产党的领导下，坚持改革开放，走中国特色社会主义道路，国家才能繁荣富强；惟有坚持民主、科学和负责任的精神，才能实现我们的目标。全国 2500 多个县（区），我跑遍了 1800 多个。这使我更深地了解了国情和人民的状况，深知人民的期待。我绝不辜负人民的期望，一定要以人民给我的信心、勇气和力量，忠实地履行宪法赋予我的职责，殚精竭虑，鞠躬尽瘁，不负众望。

树立正确的世界观、人生观、价值观，是行政伦理观的核心内涵，无论过去、现在和将来，对于每一个国家公务员来说，都是首要的问题。

三、行政伦理观的政治学基础

树立正确的权力观是行政伦理观的基本内涵之一。

行政伦理观作为一种特定的价值观，还与权力观、利益观、地位观有着密不可分的关系。也正是在这个意义上，我们强调行政伦理的基本问题就是权力与利益的关系问题。所以，确立正确的行政伦理观、价值观，必须具体体现为树立正确的权力观和利益观。

对国家公务员来说，牢固树立马克思主义的世界观、人生观、价值观，其集中体现就是牢固树立正确的行政伦理观。而树立正确的行政伦理观，从其政治学基础的角度分析，又首先表现为树立正确的权力观。

我国宪法明确规定，“中华人民共和国的一切权力属于人民”。国家的性质决定了国家公务员是人民的公仆，代表最广大人民的根本利益，行使人民所赋予的权力，行政行为的目的是为人民服务。因此，国家公务员树立正确的权力观，必须正确认识我们手中权力的性质。只有把这个问题真正搞明白了，我们才能正确地看待和运用手中的权力。必须认识到：第一，我们党在革命战争时期是代表人民并领导人民去夺取政权的，革命胜利以后则要代表并领导人民掌握和行使好国家的各项权力。第二，我国是社会主义国家，人民是国家的主人，中国共产党的执政地位、社会主义国家的一切权力，都是来自于人民的。国家公务员手中的权力说到底都是人民赋予的。第三，国家公务员必须运用人民赋予的权力为国家的安全、发展和富强服务，为人民群众的团结、富裕和安宁服务。一句话，必须始终用来为国家和人民谋利益，而绝不能把它变成谋取个人或少数人私利的工具。第四，一代一代的国家公务员都必须始终信守为人民掌握和行使权力的正确原则，同时要始终自觉地接受党和人民对自己行使权力的监督。以上这些，应该成为我们正确的权力观的重要内容。

胡锦涛同志 2005 年 1 月在新时期保持共产党员先进性专题报告会上的讲话中特别强调了“树立和实践正确的权力观的问题”。他指出，作为领导干部，必须牢记我们手中的权力是人民赋予的，只能用来为人民谋利益，而绝不能用来为自己谋私利，要始终为人民掌好权、用好权。

要牢固树立群众观点，倾听群众呼声，反映群众意愿，集中群众智慧，忠实地贯彻执行党的群众路线，努力使我们制定和实施的各项方针、政策和措施更好地体现人民群众的利益。要始终与人民群众同呼吸、共命运、心连心，牢记群众利益无小事的道理，时刻把群众的安危冷暖挂在心上，为群众诚心诚意办实事，尽心竭力解难事，坚持不懈做好事。对群众生产生活面临的这样那样的困难，特别是对下岗职工、农村贫困人口和城市贫困居民等困难群众遇到的实际问题，一定要带着深厚的感情去帮助解决，切实把中央为他们脱贫解困的各项政策措施落到实处，让他们感受到党和政府的温暖。

四、行政伦理观与行政伦理基本问题

“各级领导干部都要时刻牢记立党为公、执政为民的执政理念，常修为政之德，常思贪欲之害，常怀律已之心，自觉做到权为民所用，情为民所系，利为民所谋。”①可以说，这段话就是关于行政伦理基本问题的深刻阐述。

① 胡锦涛同志 2004 年 12 月在中央经济工作会议上的讲话.

从学科角度分析,行政伦理学作为伦理学与行政学的交叉学科,它所研究的是公共行政领域的伦理问题,或者说,它以行政伦理关系作为研究对象。它既不同于伦理学,也不同于行政学,也不同于其他应用伦理学。行政伦理学之所以区别于其他社会科学,就在于它包含着与其他学科所不同的特殊矛盾。在公共行政活动中,存在着各种各样的矛盾,如个人利益与集体利益的矛盾、权力与责任的矛盾,公正与效率的矛盾等,这些矛盾复杂多样,但其中最为根本的矛盾就是权力与利益的矛盾。与此相对应,行政伦理的基本问题就是权力与利益的关系问题,也就是公共行政主体(执政党、国家机构和国家公务员)如何利用所掌握的公共权力调节社会中各种利益关系的问题。行政伦理的基本问题包括两个相互联系的方面,其一是权力代表谁的利益,其二是怎样利用手中的权力谋取利益。行政伦理的诸多问题都可以归结为这一基本问题。这一基本问题的解决决定着对其他问题的回答,行政伦理判断都是以对这个基本问题的回答为依据的。

基于行政伦理的基本问题是权力与利益的关系问题,行政伦理观的基本内涵不仅包括树立正确的权力观,而且要求树立正确的利益观。

马克思指出,正确理解的利益是道德的基础。① 这句名言揭示了行政伦理观必须内含利益观的政治学与伦理学依据。

对于社会主义中国的执政党、国家机构和公务员来说,树立正确的利益观,其核心内涵就是按照科学发展观的要求,始终代表中国最广大人民的根本利益。所谓"始终代表中国最广大人民的根本利益",概括地说,就是党和国家的路线、纲领、方针、政策和各项工作,必须坚持把人民的根本利益作为出发点和归宿,充分发挥人民群众的积极性、主动性和创造性,在社会不断发展进步的基础上,使人民群众不断获得切实的经济、政治、文化利益。此外还要明确,代表中国先进生产力的发展要求,代表中国先进文化的前进方向,代表中国最广大人民的根本利益,是统一的整体,相互联系,相互促进。发展先进的生产力,是发展先进文化,实现最广大人民根本利益的基础条件。人民群众是先进生产

① 马克思恩格斯全集(第二卷)[M].北京:人民出版社,1995:167.

力和先进文化的创造主体，也是实现自身利益的根本力量。不断发展先进生产力和先进文化，归根到底都是为了满足人民群众日益增长的物质文化生活需要，不断实现最广大人民的根本利益。这就是行政伦理观关于树立正确利益观的基本概括。

胡锦涛同志在新时期保持共产党员先进性专题报告会上的讲话中指出："坚持党的根本宗旨，始终不渝地做到立党为公、执政为民。全心全意为人民服务是我们党的根本宗旨。我们党的根基在人民、血脉在人民、力量在人民。群众在我们心里的分量有多重，我们在群众心里的分量就有多重。能不能坚持全心全意为人民服务的根本宗旨，是衡量一名党员是否合格的根本标尺。"胡锦涛同志还多次用通俗的语言讲道："群众利益无小事。"这都可以视为关于树立正确利益观的深刻阐述。

第三节　行政伦理观的公仆内涵

一、公仆意识的历史考察

（一）公仆意识的古代萌芽

在湖南省株洲市炎陵县翠峦重叠的鹿原破，长眠着中华民族伟大的人文始祖之—炎帝神农氏。炎帝和炎帝陵受到世世代代炎黄子孙的敬仰与拜祭。陈云同志在 83 岁时曾为炎帝陵题词："炎黄子孙，不忘始祖。"

炎帝神农氏是中华农耕文明的创始者。据《周易》、《吕氏春秋》等先秦文献的记载和对长江流域发掘古文化遗存的考证表明，洪檬时代炎帝始种五谷以为民食，制作耒耜以利耕耘，遍尝百草以治民恙，治麻为布以御民寒，陶冶器物以储民用，日中为市以利民生，剡木为矢以安民居，削桐为琴以怡民情，终因在南巡时为民治病，误尝断肠草而"崩葬于长沙茶乡之尾"。炎帝率领众部落所开创的原始农耕文明，堪称我国的第一次"绿色革命"，从根本上改变了先民茹毛饮血、以渔猎为生的原始生活状态，从纯消费的社会进入了创造社会，功昭日月，德泽后世。关于炎帝神农氏的丰功伟绩，炎帝陵基金会编辑的《炎帝文化丛书》从史籍中作出如下归纳：始作耒耜，教民耕种；遍尝百草，发明医药；治麻为布，制作衣裳；首辟市场，互通有无；削桐为琴，练丝为弦；弦木为弧，剡木为矢；作陶为器，冶制斤斧；台榭而居，安居乐业。由此而形成的炎帝文化，特别是炎帝所体现的公仆精神培育和激励一代又一代中华儿女为民族的崛起而奋斗不止。

舜帝也是中华民族的先祖和中华道德文化的创始人之一。湖南省永州市境内的九嶷山是舜帝的陵园，舜帝作为早期社会公仆的又一个杰出代表，同样受到世世代代炎黄子孙的敬仰。

舜是德的化身。他曾耕于历山，把肥沃的土地让给他人；渔于雷泽，把经营好了的渔场让给他人。他带动河滨制陶的工匠和在寿丘生物学工匠精心制作，不粗制滥造。在经商时亦以诚相待，不使假，不欺行霸市。正因为他谦恭礼让、与人方便、诚信待人的社会道德，人们都愿与之相处，以致“一年而所居成聚，二年成邑，三年成都”。舜执政后，以德感人，德泽众生。舜“齐七政”，定五年巡狩之制；辟四门，明通四方耳目；命十二牧论帝德，行厚德，远佞人；广开言路，倾听民众呼声而立诽谤之木（今演变为华表）。他推行以和为贵的方略，以德感化三苗，使他们弃恶从善。舜自强不息，大力刷新政治。初创国家雏形，开创了政治清明、千邦合和的太平盛世。舜为禹十三年如一日根治水患，三过家门而不入的精神所感动，而“预荐禹于天”，禅位给与之有钉父之怨的鲧子禹，这是“天下为公”之高精神境界的体现。舜不顾高龄，“南巡狩，崩于苍梧之野，葬于江南九疑”，做到了鞠躬尽瘁，死而后已。

（二）公仆意识的初步形成

从文艺复兴到英国资产阶级革命再到法国启蒙运动和大革命，伴随着社会契约、人民主权理论的阐发，公仆意识的思想逐步清晰起来。但丁是公仆概念的最初表达者，他在《论世界帝国》一书中写道：“公民不为他们的代表而存在，百姓也不为他们的国王而存在，相反，代表倒是为公民而存在，国王也是为百姓而存在的。正如建立社会秩序不是为了制定法律，而制定法律则是为了建立社会秩序，同样，人民遵守法令，不是为了立法者，而是立法者为了他们……虽然从施政方面说，公民的代表和国王都是人民的统治者,但从最终目的这方面来说,他们却是人民的公仆,而世界君主尤其如此,他应该被看做是全人类的公仆。"①

从理论渊源上看,在英国资产阶级革命中产生的人民主权学说,标志着公仆意识初步形成。从实践角度来看,在法国资产阶级革命中的华盛顿和罗伯斯庇尔等则是西方公仆意识的典型实践者。

乔治·华盛顿(1732—1799),北美殖民地独立战争的军事统帅、美利坚合众国第一任总统,美国历史上一位伟大的政治家。

这位杰出的政治人物在当选第一任合众国总统所发表的就职演说中,曾充满信心地谈到行政伦理与公仆意识。他说:"我对祖国的热爱激励我以满怀愉悦的心情展望未来。这是因为,在我国的体制和发展趋势中,出现了又有道德又有幸福、又尽义务又享利益、又有公正和宽仁的方针政策作为切实准则,又有社会繁荣昌盛作为丰硕成果的不可分割的统一。"华盛顿在主持制定美国宪法时曾写道:"宪法所赋予的权力将永远掌握在民众手中。这种权力是为了某种特定目的,在特定期限内授给他们自己选出的代表的。当这种权力的使用违背他们的利益,或不符合他们的愿望时,他们可以而且无疑会撤销他们公仆的资格。"华盛顿还说:"在我任职期间,我就是把自己视为公仆。如果他们在此期间,进而将我称为他们的奴隶,我亦无异议。"②在独立战争末期(1782 年),他断然拒绝了一些有君主主义思想的军官要他出任美国国王的请求。第二任总统任期届满后,他拒绝再作总统候选人,宣布退出政治生活,回到芒特弗农庄园,开创了不连任三届总统的先例。在《告别演说》中,他重申了行政伦理的重要地位:"品行或道德是民主政府的必要的源泉。这条规则的确或多或少地对各种自由政府起支配作用。"③

利昂·罗伯斯比尔(1758—1794),18 世纪末法国大革命时期"伟

---

① 但丁.论世界帝国[M].北京:商务印书馆,1985:18.

② 华盛顿选集[M].北京:商务印书馆,1983:237,257 - 258,317.

③ 华盛顿选集[M].北京:商务印书馆,1983:257 ~258.

大的资产阶级革命者"①

罗伯斯比尔作为新生资产阶级政权的杰出代表人物，赋予资产阶级行政伦理观以非常崇高的地位。他认为，行政伦理观能够在一切私欲的风暴中和围绕阴谋的急流漩涡中指导人们前进，它是试金石，可用来试验一切法律以及一切建议。行政伦理原则能避免大集会中通常碰到的绊脚石，避免意外的危险和草率的、不合理的矛盾的措施，能使一切行为具有世界上最优秀人民的代表所应当表现的适当、一致、明智和尊严。为了巩固雅各宾专政，他在议会上发表了《关于人权和公民权利宣言》的讲话之后，又向人民代表发出履行行政伦理与公仆意识的号召："由于共和国的灵魂是美德和平等，由于你们的目标在于建立和巩固共和国，你们的政治行为的基本规则就应当是把你们的一切行为用来支持平等和发展美德，因为立法者的最主要的关怀应当是巩固管理原则。""公职人员必须为人民的利益而牺牲自己的利益，为了平等而牺牲权力的骄傲。必须使法律对执行法律的人特别严格。政府需要特别注意自己，要使它的个别部分符合它的整体。如果存在着代表机构，即人民建立的最高政权，这个政权就应当监视所有公职人员并不断地管束他们。这个政权如果不是由它的美德管束，将由谁来管束呢？这个社会秩序的根源越高，它就应当愈纯洁，因而必须使代表机构在自己内部使一切个人热情服从有利于社会的共同的热情。当代表们不仅由于义务，而且由于荣誉、甚至由于利益而热爱自己事业的时候，他们是很幸福的。我们从这一切当中得出下列的伟大真理：真正人民政府的本性，就是信任人民和严格要求自己。"②

杰腊德·温斯坦莱（1609—1652）空想社会主义的公仆意识在公仆意识发展史上有着不应忽视的历史地位。作为空想社会主义公仆意识的主要代表，曾猛烈抨击资产阶级共和国剥夺人民的自由，不履行公仆的职责，是不公正的政权和新的奴役制度。他指出："我们把他们从

① 列宁语.第二国际的破产.列宁全集（第二十一卷）[M].北京：人民出版社，1959：197.

② 〔法〕罗伯斯比尔.革命法制和审判[M].北京：商务印书馆，1965：170～175.

我们当中选出来担任一定时间的特殊工作，并不是要他们成为压迫我们的老爷，而是成为帮助我们的公仆。"他又说："如果你们的眼睛为高傲所蒙蔽，你们就会忘记自己是国家的公仆。"温斯坦莱描绘出一幅真正的自由共和国的蓝图。他依据民主和法制的原则，设计了公职人员的选举、任期、罢免、标准等一整套方案。他写道："一切真正的公职人员都是人民选举出来的。当他们的活动旨在使选举他们的人民感到满意的时候，他们就是共和国的忠实的、公正的奴仆，那时，城市里就会出现一片欣欣向荣的景象。"为了防上公职人员变质，温斯坦莱坚决反对终身制，主张所有公职人员应该每年改选一次。他认为，"国家和军队的高位改变了很多好人的良心"；"如果公职人员把自己的意志置于法律之上，管理制度就会染上不治之症"。所以，要层层监督，互相监督，特别是要置于全国人民经常监督之下。合格的公职人员的标准是什么呢？温斯坦莱认为，"他们要非常温和、明智，没有自私心，能把国家制定的法令当做自己的意志去执行，而不会由于傲慢和虚荣心而把自己的意志置于自由的条例之上，要求自己享有特权"。① 温斯坦莱还十分强调健全的法制对于实现理想共和国的重要作用。在《自由法》中，他提出了"公职人员选举法"草案，主张公职人员犯法永远不得重新任职。

（三）公仆意识的丰富和发展

马克思主义公仆意识，是历史与现实、理论与实践、革命与科学相结合的产物。其主要内容如下。

第一，社会公仆起源于原始社会的氏族公社时期。在原始共产制和原始民主制的条件下，氏族的首领由选举产生，也可以被罢免，他们的权力是父亲般的，纯粹道德性质的，没有任何特权，他们只是"人民的顾问"。后来，随着私有和阶级的产生，逐步出现了一些特殊的机关来保护统治阶级的利益，"政治权力对社会独立起来并且从公仆变为主人"。② 这种情形不但在世袭的君主国内可以看到，而且在资产阶级

① 温斯坦莱文选[M].北京：商务印书馆，1982：34，67，133，120.

② 马克思恩格斯选集（第三卷）[M].北京：人民出版社，1995：222.

的民主共和国内也可以看到。马克思指出:“旧政府权力的纯粹压迫机关应该铲除,而旧政府权力的合理职能应该从妄图驾于社会之上的权力那里夺取过来,交给社会的负责的公仆。”①

第二,社会公仆“应当为组织在公社里的人民服务”。马克思和恩格斯在《共产党宣言》中指出:“过去的一切运动都是少数人的或者为少数人谋利益的运动。无产阶级的运动是绝大多数人的、为绝大多数人谋利益的独立的运动。”马克思在总结巴黎公社的革命经验时分析说:“公社是由巴黎各区普选选出的城市代表组成的。这些代表对选民负责,随时可以撤换。”“以随时可以罢免的勤务员来代替骑在人民头上作威作福的老爷们,以真正的负责制来代替虚伪的负责制。”②

第三,建立廉价政府是对社会公仆的本质要求。马克思指出:“公社实现了所有资产阶级革命都提出的廉价政府的口号,因为它取消了两项最大的开支,即常备军和官吏。”③履行社会公仆的职责,必须实行人民管理制。马克思说:“公社的伟大社会措施就是它本身的存在,就是它的工作。它所采取的某些措施,只能表明通过人民自己实现的人民管理制的发展方向。”④马克思非常重视人民直接参与国家和社会管理,他说:“如果问题提得正确,那它就只能是这样:人民是否有权来为自己建立新的国家制度呢?对这个问题的回答应该是绝对肯定的,因为国家制度如果不能真正表现人民的意志,那它就变成有名无实的东西了。”⑤此外,马克思和恩格斯还强调,要通过“人民自治”和“人民监督”,有效实现减少行政机构和行政官员,促使“公仆”不敢懈怠。

二、公仆意识的本质要求

作为行政伦理观核心内涵的公仆意识,其本质要求就是坚持立党为公、执政为民。

---

① 马克思恩格斯选集(第二卷[M].北京:人民出版社,1995:376.

② 马克思恩格斯选集(第二卷)[M].北京:人民出版社,1995:376,414.

③ 马克思恩格斯选集(第二卷)[M].北京:人民出版社,1995:377.

④ 马克思恩格斯选集(第二卷)[M].北京:人民出版社,1995:382~383.

⑤ 马克思恩格斯选集(第一卷)[M].北京:人民出版社,1995:272,316.

胡锦涛同志在“三个代表”重要思想理论研讨会上的讲话中指出：“对于马克思主义执政党来说，坚持立党为公、执政为民，实现好、维护好、发展好最广大人民的根本利益，充分发挥全体人民的积极性来发展先进生产力和先进文化，始终是最紧要的。全国各族人民是建设中国特色社会主义事业的主体，人民群众积极性创造性的充分发挥是我们事业成功的保证，不断实现最广大人民的根本利益是我们党全部奋斗的最高目的。”

始终做到“三个代表”，是我们党的立党之本、执政之基、力量之源。这里的“本”、“基”、“源”，说到底就是人民群众的支持和拥护。“乐民之乐者，民亦乐其乐；忧民之忧者，民亦忧其忧。”人心向背，是决定一个政党、一个政权盛衰的根本因素。马克思主义政党的理论路线和方针政策以及全部工作，只有顺民意、谋民利、得民心，才能得到人民群众的支持和拥护，才能永远立于不败之地。我们党近90年的一切奋斗，无论是战争年代浴血奋战推翻“三座大山”，无论是建立社会主义制度、开展大规模的社会主义建设，还是进行社会主义改革开放和现代化建设，归根到底都是为了实现好、维护好、发展好最广大人民的根本利益。

实现人民的愿望、满足人民的需要、维护人民的利益，是“三个代表”重要思想的根本出发点和落脚点。“三个代表”是相互联系、辩证统一的整体。发展先进生产力和先进文化是实现最广大人民根本利益的基础和前提，实现最广大人民根本利益则是发展先进生产力和先进文化的目的和归宿。人民群众既是先进生产力和先进文化的创造者，又是其成果的享有者。这不仅提出了坚持立党为公、执政为民的根本要求，而且指明了实现立党为公、执政为民的根本途径。

具体地说，坚持立党为公、执政为民，必须从以下三个方面做起：

第一，坚持立党为公、执政为民，必须落实到党和国家制定和实施方针政策的工作中去。以落实立党为公、执政为民的要求，坚持用人民拥护不拥护、赞成不赞成、高兴不高兴、答应不答应来衡量我们的一切决策，就能在全局上把握住贯彻落实“三个代表”重要思想的根本出发点和落脚点。坚持党的基本理论、基本路线、基本纲领和基本经验，制定和实施深化改革、促进发展、保持稳定的各项方针政策，都要把实现好、维护好、发展好最广大人民的根本利益作为依据，都要统筹兼顾、妥善处理各方面的利益。各级党委和政府要坚持从群众中来、到群众中去的工作路线，倾听群众呼声，反映群众意愿，集中群众智慧，推进决策科学化、民主化，创新发展思路，努力使我们的方针、政策更好地体现人民群众的利益，使先进生产力和先进文化更快、更好地发展起来，不断让人民群众得到实实在在的利益。

第二，坚持立党为公、执政为民，必须落实到各级领导干部的思想和行动中去。各级领导干部都要牢固树立全心全意为人民服务的思想和真心实意对人民负责的精神，做到心里装着群众，凡事想着群众，工作依靠群众，一切为了群众。要坚持权为民所用、情为民所系、利为民所谋，为群众诚心诚意办实事，尽心竭力解难事，坚持不懈做好事。要始终把群众的利益放在第一位，在各项工作各个环节都细心研究群众的利益，关心群众疾苦，体察群众情绪，努力运用说服教育、示范引导和提供服务等方法，做好新形势下的群众工作，团结带领群众不断前进。领导干部必须深入基层、深入群众，特别是要到最困难的地方去，到群众意见多的地方去，到工作推不开的地方去，同那里的干部和群众一道，努力排忧解难，化解矛盾，打开工作局面。要切实加强党风政风建设，改进领导方式和领导方法，转变思想作风和工作作风，坚决防止和克服形式主义、官僚主义，坚决维护人民群众的合法权益，始终与群众心连心、同呼吸、共命运。各级干部都要自觉接受监督，绝不脱离群众，绝不贪图安逸，绝不以权谋私。

第三，坚持立党为公、执政为民，必须落实到关心群众生产生活的工作中去。坚持立党为公、执政为民，不能停留在口号和一般要求上，必须围绕人民群众最现实、最关心、最直接的利益来落实，努力把经济社会发展的长远战略目标和提高人民生活水平的阶段性任务统一起来，把实现人民的长远利益和当前利益结合起来。群众利益无小事。凡是涉及群众的切身利益和实际困难的事情，再小也要竭尽全力去办。要时刻把群众的安危冷暖挂在心上，对群众生产生活面临的这样那样的困难，特别是对下岗职工、农村贫困人口和城市贫困居民等困难群众遇到的实际问题，一定要带着深厚的感情帮助解决，切实把中央为他们脱贫解困的各项政策措施落到实处。

作为行政伦理观核心内涵的公仆意识，其基础要求就是坚持以人为本的公共管理思想。坚持以人为本，是以胡锦涛同志为总书记的党中央继承和发展党的三代中央领导集体关于发展的一系列重要思想，从新世纪、新阶段党和国家事业发展全局出发提出的重大战略思想，反映了我们党对发展问题的新认识，对于全面建设小康社会、加快推进社会主义现代化具有时代性的意义。以人为本，体现了马克思主义的基本观点。马克思说过，未来的新社会是“以每个人的全面而自由的发展为基本原则的社会形式”。以人为本，就是要把人民的利益作为一切工作的出发点和落脚点，不断满足人们的多方面需求和促进人的全面发展。我们从事的是建设中国特色社会主义的伟大事业，理所当然地必须坚持以人为本，一切为了人民，一切依靠人民。以人为本是我们的执政理念和要求，应当从现在的具体事情做起，贯穿到经济社会发展的各个方面，贯穿到我们的各项工作中去。所谓以人为本，就是要把人民的利益作为一切工作的出发点和落脚点，不断满足人们的多方面需求和促进人的全面发展。具体地说，就是在经济发展的基础上，不断提高人民群众物质文化生活水平和健康水平；就是要尊重和保障人权，包括公民的政治、经济、文化权利；就是要不断提高人们的思想道德素质、科学文化素质和健康素质；就是要创造人们平等发展、充分发挥聪明才智的社会环境。以人为本，体现了马克思主义的基本观点。马克思说过，未来的新社会是“以每个人的全面而自由的发展为基本原则的社会形式”。我们从事的是建设中国特色社会主义的伟大事业，理所当然地必须坚持以人为本，一切为了人民，一切依靠人民。坚持以人为本，是贯彻“三个代表”重要思想，坚持立党为公、执政为民的本质要求，也是进一步发扬党的优良传统和作风的具体体现。

总之，公仆意识的本质要求就是坚持以人为本，坚持尊重社会发展规律和尊重人民历史主体地位的一致性，坚持为崇高理想奋斗和为最广大人民谋利益的一致性，坚持完成党的各项工作和实现人民利益的一致性，切实把立党为公、执政为民具体地、深入地落实到各项工作中去,“永做人民公仆”。

第四节　公仆意识的价值要素

公仆意识作为行政伦理观的核心内涵包括三大价值要素,即公仆意识的价值基础是廉政,价值核心是勤政,价值目标是培养完善行政人格。

一、公仆意识的价值基础:廉政

廉政,作为公共行政领域中特定的社会关系和伦理关系,在公共行政领域尤其是在行政伦理观中具有基础性的价值定位。“廉者,政之本也,民之表也;贪者,政之祸也,民之贼也。”朱镕基同志在 2000 年 1 月在国务院第五次全体会议上指出,加强廉政建设,惩治腐败,事关国家兴衰。政府一定要廉洁、勤政、务实、高效,并把廉洁放在第一位。首先是廉政,其次才是勤政,没有这两点,就根本对不起人民。没有廉政,也就谈不上勤政、务实、高效。

对加强廉政建设,反对腐败现象,防止因脱离群众而导致人亡政息的危险,我们党历来是高度重视的。

新中国成立前夕,毛泽东同志在七届二中全会上告诫全党:“可能有这样一些共产党人,他们是不曾被拿枪的敌人征服过的,他们在这些敌人面前不愧英雄的称号;但是经不起人们用糖衣裹着的炮弹的攻击,他们在糖弹面前要打败仗。我们必须预防这种情况。”他号召全党同志坚持“两个务必”,决不做李自成,及时向全党特别是高级干部敲了警钟。新中国成立初期,针对当时有的党员干部被严重腐蚀的情况,特别是出现刘青山、张子善等严重贪污犯罪的问题,党中央和毛泽东同志向全党发出警告:“必须严重地注意干部被资产阶级腐蚀发生严重贪污行为这一事实,注意发现揭露和惩处,并须当做一场大斗争来处理。”

加强廉政建设,也是邓小平理论的重要组成部分。邓小平同志在党的第八次全国代表大会上作《关于修改党章的报告》时就明确指出,执政党的地位,使我们党面临新的考验。执政党的地位很容易使我们的同志沾染上官僚主义的习气。我们党内有一种人,他们把党和人民的关系颠倒过来,完全不是为人民服务,而是在人民中间滥用权力,做种种违法乱纪的坏事。这是一种很恶劣的反人民的作风,这是旧时代统治阶级作风在我们队伍中的反映。诚然,这样的干部为数很少,但是,他们的危害却很大。为此,党除了应该加强对于党员的思想教育之外,更重要的在于从各方面加强党的领导作用,并且从国家制度和党的制度上作出适当的规定,以便于对党的组织和党员实行严格的监督。1957 年 4 月,在《共产党要接受监督》的报告中,邓小平同志更尖锐地指出:"在中国来说,谁有资格犯大错误?就是中国共产党。犯了错误影响也最大。因此,我们党应该特别警惕。"①党的十一届三中全会以后,邓小平同志对廉政建设和反腐败斗争给予了更多的关注。针对一些地区和部门出现的严重经济犯罪问题,邓小平同志鲜明地指出:"这股风来得很猛。如果我们党不引起注意,坚决刹住这股风,那么,我们的党和国家确实要发生会不会'改变面貌'的问题。这不是危言耸听。"他强调,我们要一手抓改革开放,一手抓惩治腐败,这两只手都要硬,在整个改革开放的过程中都要反对腐败。"廉政建设要作为大事来抓。"②

十三届四中全会以后,江泽民同志连续十年在中央纪委全会上发表重要讲话,对在新形势下加强党风廉政建设和反腐败工作提出了一系列重要思想。江泽民同志反复指出,腐败现象是侵入党和国家健康肌体的病毒。如果我们掉以轻心,任其泛滥,就会葬送我们的党,葬送我们的人民政权,葬送我们的社会主义现代化大业。他要求全党同志深刻思考当今世界一些长期执政的政党因腐败问题严重而最后丢失政权的教训,要求全党同志都警醒起来,切实把党风廉政建设和反腐败工作放在关系党和国家生死存亡的高度来认识、来落实。江泽民同志在中国共产党第十六次全国代表大会上的讲话中再次强调:"坚决反对

① 邓小平文选(第一卷)[M].北京:人民出版社,1994:214,225,270.

② 邓小平文选(第三卷)[M].北京:人民出版社,1994:154,379.

和防止腐败,是全党一项重大的政治任务。不坚决惩治腐败,党同人民群众的血肉联系就会受到严重损害,党的执政地位就有丧失的危险,党就有可能走向自我毁灭。在长期执政的条件下,在对外开放和发展社会主义市场经济的环境中,党必须十分注重防范各种腐朽思想的侵蚀,维护党的队伍的纯洁。”

胡锦涛同志在中央纪委第五次全体会议上的讲话中指出,我们党执政50多年的实践告诉我们,提高党的执政能力、巩固党的执政地位,是我们党执政以后的一项根本任务,也是我们党将长期面对并必须始终解决好的一个历史性课题。马克思主义政党夺取政权不容易,为人民执掌好政权尤其是长期执掌好政权更不容易。反腐倡廉、拒腐防变,在任何时候任何情况下都轻视不得、放松不得。如果不能坚持不懈地做好反腐倡廉、拒腐防变工作,党的执政地位就有丧失的危险,党就有可能走向自我毁灭。这是总结我们党长期实践得出的重要结论,也是我们观察世界上一些执政党失去政权甚至分崩离析得到的深刻启示。

综上所述,我们必须从行政伦理观的高度,强化廉政建设在公共行政中的价值基础地位。

二、公仆意识的价值核心:勤政

在行政伦理观与公仆意识中,“廉政”是价值基础,但还不是核心内涵。公仆意识的价值核心是“勤政”,即要在“廉政”的基础上再向前进,做到“勤政为民”。

勤政有着多方面、多层次的内涵,其中最主要就是要大力提倡和培育国家公务员的职业精神。

所谓职业精神,就是与人们的职业活动紧密联系的、具有自身职业特征的精神。职业精神具有以下一般特征。其一,在内容方面,职业精神总是要鲜明地表达职业根本利益,以及职业责任、职业行为上的精神要求。就是说,职业精神不是一般地反映社会精神的要求,而是着重反映本职业特殊的利益和要求;不是在普遍的社会实践之中上产生的,而是在特定的职业实践基础上形成的。它鲜明地表现为某一职业特有的精神传统和从业者特定的心理和素质。职业精神往往世代相传。其二,在表达形式方面,职业精神比较具体、灵活、多样。各种职业对从职者的精神要求,总是从本职业的活动和交往的内容和方式出发,适应于本职业活动的客观环境和具体条件。因而,它不仅提出原则性的要求,而且力求具体、有可操作性,诸如企业精神、职业誓词等。其三,在调节范围上,职业精神主要调整两方面的关系,一是同一职业人们的内部关系,二是他们同所接触的对象之间的关系。从历史上来看,各种职业集团为了维护自己的利益,为了维护自己的职业信誉和职业尊严,不但要设法制定和巩固体现职业精神的规范,以调整本职业集团内部的相互关系,而且注意满足社会各个方面对本职业的要求,调整本职业同社会各方面的关系。其四,在功效上,职业精神一方面使社会的精神原则"职业化";另一方面又使个人精神"成熟化"。职业精神与社会精神之间的关系,就是特殊性与一般性、个性与共性的关系。任何形式的职业精神都在不同程度上体现着社会精神的要求。同样,社会精神在很大范围上又是通过具体的职业精神表现出来的。社会精神寓于职业精神之中,职业精神体现或包含着社会精神。职业精神与职业生活相结合,具有较强的稳定性和连续性,形成具有导向性的职业心理和职业习惯,在很大程度上改善着从业者在学校和家庭生活中所形成的品行,影响主体的精神风貌。

社会主义公务员的职业精神还具有三个重要特征。第一,社会主义公务员的职业精神是社会主义精神体系的组成部分。或者说,是公共行政领域内社会主义政治文明的特殊要求。第二,社会主义公务员职业精神的内容具有人民性。而且,人民性构成其职业精神的本质特征,使之能够在公共行政领域发挥历史上前所未有的重要作用。第三,社会主义公务员的职业精神的形成和发展具有"灌输性"。它的主体内容不像旧的职业精神那样,可以自发形成,而是在马克思主义的教育下,通过社会主义中有觉悟的职业成员的努力建立起来的。列宁在谈到培养工人的社会主义意识时指出:"工人本来也不可能有社会民主主义的意识。这种意识只能从外面灌输进去。"①因此,加强对公务员

① 列宁选集(第一卷)[M].北京:人民出版社,1972:267.

的“三个代表”重要思想和党的路线、方针的教育，使之认清社会主义职业的性质和特点、了解公共行政在社会主义社会中的地位和职责是十分重要的。

毛泽东同志指出，无产阶级认识世界的目的，只是为了改造世界，此外再无别的目的。一个正确的认识，往往需要经过由物质到精神，由精神到物质，即由实践到认识，由认识到实践这样多次的反复，才能够完成。这就是马克思主义的认识论，就是辩证唯物论的认识论。因此，必须十分重视推进公务员的职业精神向职业实践的转化和发展。公务员职业精神的实践内涵至少应该体现在以下四个方面。

一曰敬业。敬业是职业精神的首要实践内涵，即公务员对公共行政的尊敬和热爱。敬业从本质上表现为一种特定文化精神，是职业道德的集中体现，是公务员希望通过自身的职业实践活动，去实现自身本质的自为自觉的文化价值追求和职业伦理观念。敬业与人的存在方式、人的本质、人的全面发展都有着直接的联系，并共同构成职业精神的完整价值系统。从事职业活动，既是对社会承担职责和义务，又是对自我价值的肯定和完善。职业精神所要求的敬业，承载着强烈的主观需求和明确的价值取向，这种主观需求和价值取向构成公务员实践活动的内在尺度，规定着职业实践活动的价值目标。马克思在著名的《青年在选择职业时的考虑》中写道：“在选择职业时，我们应该遵循的主要指针是人类的幸福和我们自身的完美。不应认为，这两种利益是敌对的，互相冲突的，一种利益必须消灭另一种的；人类的天性本来就是这样：人们只有为同时代人的完美、为他们的幸福而工作，才能使自己也达到完善。”青年马克思就立志于为全人类服务：“如果我们选择了最能为人类服务的职业，我们就不会为任何沉重负担所压倒，因为这是为全人类作出牺牲；那时我们得到的将不是可怜的、有限的和自私自利的快乐，我们的幸福将属于亿万人，我们的事业虽然并不显赫一时，但将永远发挥作用，当我们离开人世之后，高尚的人将在我们的骨灰上洒下热泪。”①马克思所树立的伟大典范，清楚地表明敬业在社会发展

① 马克思恩格斯全集(第四十卷)[M].北京:人民出版社,1956:7,17.

和职业实践中的重要地位和作用。

二曰勤业。古语说得好:业精于勤。因此,职业精神必须落实到勤业上。毛泽东在《纪念白求恩》一文中对勤业给予了充分的肯定和高度的评价。他指出:“白求恩同志毫不利己专门利人的精神,表现在他对工作的极端的负责任,对同志对人民的极端的热忱。”白求恩同志“以医疗为职业,对技术精益求精,在整个八路军医务系统中,他的医术是很高明的。这对于一班见异思迁的人,对于一班鄙薄技术工作以为不足道、以为无出路的人,也是一个极好的教训”。为了做到勤业,公务员不仅要强化职业责任,端正职业态度,还需要努力提高职业能力。当前,最为重要的是要加强党的执政能力和公务员的行政能力建设。面对复杂多变的国际形势,面对艰巨繁重的改革发展任务,面对各种可以预料和的风险和挑战,必须以党的执政能力建设和公务员的行政能力为重点,全面加强公务员职业能力建设。要按照十六大提出的加强党的执政能力建设的要求,切实提高科学判断形势、驾驭市场经济、应对复杂局面、依法执政和总揽全局这五个方面的能力。提高公务员的职业能力,不能只讲一些抽象的、空洞的理论,而是要在推进改革开放和现代化建设的实践中去提高,在驾驭社会主义市场经济的实践中去提高,在解决复杂矛盾和突出问题的实践中去提高,在应对各种挑战和风险的实践中去提高。

三曰创业。我们正在进行的全面建设小康社会的事业是一项全新的事业。在这个意义上,我们仍处在持续不断的创业进程之中,需要继续发扬创业精神。在当前,公务员尤其要发扬创新精神,这是新时期职业精神的生动体现。“创新是一个民族的灵魂,是一个国家兴旺发达的不竭动力。”职业发展的动力在于创新,就是要不断有所发现,有所发明。面对世界科技进步日新月异的挑战,面对我国现代化建设提出的巨大科技需求,我们的职业活动必须开阔眼界,紧跟世界潮流,抓住那些对我国经济、科技、国防和社会发展具有战略性、基础性、关键性作用的重大课题,抓紧攻关,自主创新。历史反复证明,推进职业发展,关键要敢于和善于创新。有没有创新能力,能不能进行创新,是当今世界范围内经济和职业竞争的决定性因素。进入21世纪,创新已经成为经济和社会发展的主导力量。公务员要坚持解放思想、实事求是,一切从实际出发,主观与客观相统一,理论与实践相统一,及时提出适应职业实践发展要求的方针、政策,及时改革生产关系中不适应生产力发展、上层建筑中不适应经济基础发展的环节。最重要的就是要坚持马克思主义的创新精神,善于根据客观情况的变化,及时察觉和研究前进中的新情况新问题,不断从人民群众在实践中创造的新鲜经验中吸取营养,改进和完善我们的工作。公务员要牢记自己的历史使命,坚持创新、创新、再创新。

四曰立业。当人类社会跨入21世纪的时候,我国进入全面建设小康社会、加快推进社会主义现代化的新的发展阶段。这是中华民族所要"立"的根本大业。各行各业的职业精神都必须服从和服务于这个大业。需要清醒地看到,我国正处于并将长期处于社会主义初级阶段,现在达到的小康还是低水平的、不全面的、发展很不平衡的小康,人民日益增长的物质文化需要同落后的社会生产之间的矛盾仍然是我国社会的主要矛盾。巩固和提高目前达到的小康水平,还需要进行长时期的艰苦奋斗。综观全局,21世纪头20年,对我国来说,是一个必须紧紧抓住并且可以大有作为的重要战略机遇期。我们一定要高扬职业精神,集中力量,全面建设惠及十几亿人口的更高水平的小康社会,使经济更加发展、民主更加健全、科教更加进步、文化更加繁荣、社会更加和谐、人民生活更加殷实。我们核心的职业任务就是用社会主义职业精神指导职业实践,全面推进社会主义物质文明、政治文明、精神文明与和谐社会建设,努力开创中国特色社会主义事业新局面。

简言之,国家公务员必须高度重视勤政建设,并把它作为公仆意识的核心内涵。

三、公仆意识的价值目标:人格

行政价值关系是行政领域的基本内容之一。作为行政价值主体的执政党、国家机构和国家公务员,总是按照社会和自身的需要去设计、追求和实现理想中的行政价值。在这个意义上,确立和完善行政伦理人格,顺理成章地成为行政伦理观与公仆意识中的价值目标。

执政党、国家机构和国家公务员在追求和实现公共行政价值的过程中，首先需要树立的一个伦理信念就是：在公共行政价值问题上，主要的权力和责任在于我们自己，这是行政伦理价值的特殊本性所决定的。公共行政的主体性即是行政伦理价值的特殊本性，在行政主客体之间，伦理价值产生的根据、标准和归宿，更多地取决于公共行政主体，反映行政主体的特点，依公共行政主体不同而不同，行政伦理价值总是具有公共行政主体化的"倾向"。行政伦理价值的公共行政主体性的特点，要求执政党、国家机构和国家公务员等公共行政主体必须增强在行政伦理价值问题上的主体意识。一方面，各级政府机构和全体公务员等公共行政主体都有必要、有权利按照自己的伦理价值观念和行政工作能力去创造各种公共行政价值；另一方面，执政党、国家机构和公务员等公共行政主体所创造和获得的行政价值如何，与执政党、国家机构和公务员自身的需要、能力以及它们的自觉性的高低有关，行政伦理价值是反映执政党、国家机构和国家公务员等公共行政主体的自身面貌和价值尺度的产物。这两方面的统一，是执政党、国家机构和国家公务员等公共行政主体理解公共行政的价值、处理公共行政领域中的问题时所应牢记的立足点和出发点，也是进而培育出优秀的行政伦理人格的立足点和出发点。

塑造行政伦理人格是涉及公共行政伦理养成的系统工程。其具体内容请阅读第五章。

第五节　公仆意识与行政伦理精神

国家公务员在增强公仆意识的过程中，公仆意识的廉政、勤政、行政人格三个价值要素的不断强化与长期实践，将逐步形成公仆精神。温家宝同志在十届全国人大五次会议记者招待会上指出，必须秉持一种精神，这就是公仆精神。政府工作人员除了当好人民的公仆以外，没有任何其他权力。

公仆精神在公共行政中又具体表现为公共行政伦理精神。公共行政伦理精神是行政体系合法性的依据。在一定程度上，政府合法性程度取决于其行政伦理精神与公民社会所追求的基本价值之间的趋同程度。公共伦理精神规定并影响着政府公共政策规划的基本目标和方向,塑造着一个行政体系中的行政人格,并在很大程度上影响着政府及行政人的权威。

一、公仆意识向行政伦理精神升华

近20年来,全球性公共行政改革的基本方向是:实现由传统的行政管理模式向公共管理模式转变。传统的行政管理是以政府为单一行为主体的自上而下的统治式的行政管理,侧重管制和维持,通过不断完善官僚制组织体系,以追求公共利益的实现。而现代公共行政突出行政的"公共性"特征,是建立在政府与社会、与市场与公民互动合作基础上的,侧重服务与创新,追求最大限度地发挥政府、市场、社会的优势,以保证公共利益更好地实现。行政改革,实现政府职能转变,建设服务型政府,首先要确立与之相应的伦理理念和精神,这不仅关系到我们对公共行政的理解,而且直接关系到我们建构一个什么样的政府。

现代公共行政的显著特征表现为:政府主要提供公共产品与公共服务,不提供私人产品,不干预私人领域的活动;政府负责执行市场经济法律,对市场秩序与市场运行进行平等的监管与公正执法,运用宏观调控手段实现公共政策;除了必要的社会管制和经济管制之外,政府不直接干预企业活动,不采用行政手段干预市场运行。确保公共利益的增进和分配是公共管理的根本目的。公共管理主体对社会问题的回应不是即时性的和功利性的,而应该看做是"有效地增进与公平地分配社会公共利益的调控活动",公共利益乃是现代公共行政的本质所在。

现代公共行政伦理精神的核心内容包括:

(一)公正精神

政府作为公共权力的拥有者,其主要职责就是维护和实现社会公平、公正。在市场经济条件下,政府的职能之一是"市场监管"。通俗地说,是必须承担和应当承担"裁判员"的职责。为此,政府必须确立公正的伦理精神,这是任何时代的政府都应有的理念,也是服务型政府的首要理念。

公平、公正的行政基于这样一个基本理念:承认社会公民具有平等的权利,而这些权利并不因个人的地位、性别、种族、收入等的差异受到损害,也不能被权力和特权所侵害。公平、公正的行政意味着政府所提供的社会福利、可提供的机会尽可能大地在社会成员之间公平的分配;意味着政府在施政的过程中平等、公正地对待当事人。政府应发挥调节收入分配的作用,使社会分配公平、合理,防止贫富悬殊、两极分化;建设公平竞争的市场环境,对各类经济主体一视同仁;扶持困难群体,维护社会正义。

在计划经济条件下,社会经济被划分为不同的所有制,政府对各种不同所有制经济采取差别对待。而且,由于缺少制度制约,有些地方政府与政府部门与地方利益、部门利益捆在一起,与某些企业、经济集团的利益直接联系在一起,导致政府在制定政策和执行政策的过程中出现利益倾斜。政府既当"运动员"又当"裁判员",无法公正执法,甚至利用特权攫取政府自身的特殊利益。建立服务型政府,首先需要政府对自身的地位和角色有一个合理的定位,政府是为经济主体提供服务,提供一个公平的竞争环境,而不是直接参与竞争、管理经济。政府必须在市场主体中间保持公平和中立,对所有市场主体一视同仁。

(二)责任精神

建设服务型政府,实现由全能政府向有限政府的转变,并不意味着随着权力和职能的收缩,政府的责任可以减少。相反,服务型政府的前提是责任政府。政府必须树立责任意识,培养责任精神。责任政府有两个层面:承担什么样的责任?对谁负责?具体地说,政府承担来自宪法和法律所规定的责任,并向所有公民及他们的代表机关负责。责任政府它意味着国家行政机关是公民权利的忠实代表者和有效维护者,意味着国家行政机关及其工作人员在违法失职或不当行政时必须承担道义上、政治上、法律上及道德上的责任。

责任意识是民主政治时代的一种基本价值理念。确立政府的责任意识,从人类历史的角度看,这是世界政治文明的重要成果。从中国社会现实看,发展市场经济,建设法治国家,推进民主政治,都需要一个能担负起政治责任、行政责任、法律责任和道德责任的政府。政治责任是指行政行为与政府决策必须符合、保护、促进人民的利益与福利。政府拥有行政权力,因而必须承担相应的行政责任。政府责任还意味着政府及其工作人员违反法律规定的义务、违法行使职权时,必须承担相应的法律责任。此外,政府机关及其工作人员的生活与行为必须符合人民与社会所要求的道德标准与规范。公务员个人不能运用不正当的方式在执行职务时获取利益。

(三)协调精神

社会的发展与进步,需要政府机关之间、政府与社会之间、政府与企业之间、公职人员之间的通力合作和协调。党的十六大报告提出,要进一步转变政府职能,改进管理方式,形成行为规范、运转协调、公正透明、廉洁高效的行政管理体制。所谓运转协调,就是中央政府与地方政府、上级政府与下级政府、政府与所属部门之间政令畅通,政府各部门之间协调一致,整个行政体系目标统一、运转有序。这就要求政府职能界定科学、清晰,机构设置合理、精干,分工明确,职权责相一致。职能交叉,机构重叠,必然导致政出多门,多头执法;层次过多,责任不清,就会出现推诿扯皮,政令不通;权大责小,则你争我夺,互不相让;责大权小,就你推我让,不肯接手。这些问题的解决,需要机构、体制的改革,但关键是各级政府工作人员要有协调精神。

要更加注重全面协调可持续发展。这是解决我国经济社会发展中突出矛盾和问题的迫切需要。只有坚持走生产发展、生活富裕、生态良好的文明发展道路,加快建设资源节约型、环境友好型社会,实现速度和结构质量效益相统一、经济发展与人口资源环境相协调,才能实现经济社会永续发展。总之,在当代中国,坚持发展是硬道理的本质要求就是坚持科学发展。以科学发展为主题是时代的要求,关系到改革开放和现代化建设全局。

协调精神是保证政策有效执行的必要前提之一。几乎所有政策的执行都牵涉两个以上的政府部门。可以说没有一个项目能够由某一个部门单独地完成。如果不具备一定的协调意识和协调能力,就很难取得有效成果。特别是目前我国经济活动中还客观存在着部门分割和地方分割,阻碍着全国统一大市场的形成和发展,制约了行业和企业发展,政府加强服务就要在为企业解决问题中主动、积极做好协调工作。

服务型政府所蕴含的协调精神还包括与公民的协作互动。公民参与社会的管理和治理,为政府出谋划策,增强对政府行政行为的了解,是促进双方合作和理解的重要环节。

(四)自律精神

自律是与他律相对应的伦理范畴。自律既是指行为规范发挥作用的方式,也可以指人们修养的一种境界和精神。西方著名哲学家康德最早提出了“自律”范畴,指不受外界约束、不为情支配、全然根据自己的良心,把道德作为追求的目的的一种道德境界。“自律”本质上是人对规则的自觉遵守。现代社会的自律,不是单纯的对自己欲望的节制,也不是单纯依靠自我向内用功的道德修养,而是基于对规则的认识、对规则精神深刻领会的基础上的对规则的自觉遵守。

政府自律,即是政府的自我约束、自我规范。自律以责任意识为前提,是政府针对自身出现的问题,通过落实责任的方式,主动规范、主动约束的行为。社会结构的变迁使现代社会的伦理关系发生了很大变化,人际关系的复杂多样性和现实生活的丰富性使现有的道德规范难以涵盖一切关系和行为,人的活动范围的扩大和流动性的增加使外在的他律的约束力日益减弱,行政自由裁量权的不断扩大使公共管理者有了更多的发挥其主动性和创造性的机会。基于对伦理规范的本质和精神的把握所形成的自律精神,就成为服务型政府的伦理精神。

目前,“引咎辞职”正在成为一项行政惯例而逐渐引入行政生活中。引咎辞职是指公务员对其没有做好的工作(或不作为)而造成的损失和负面影响主动承担责任的一种自责行为。“引咎”出自公务员承担责任的自觉,即在还没有构成法律责任的情况下,承担行政和政治责任的主动请辞行为。对公务员来说,引咎辞职也体现着主动承担责任的勇气。

(五)宽容精神

与自律精神相联系又相区别的是宽容精神。宽容是一个有着浓厚历史渊源和文化背景的伦理概念,后经欧洲的近代革命和思想启蒙,发展成与“博爱”相近的人道主义伦理概念。公共行政伦理所需要的宽容精神，是指人与人之间要在互相平等的前提下对他人的个性、行为、隐私等保持一定程度的尊重。“公共”一词的古典含义所表示一个人在身体上、情感上或智力上已经成熟，它强调的是，一个人从只关心自我或自我的利益发展到超越自我，能够理解他人的利益，能够理解其行为对他人所产生的结果，意味着一个人不仅能与他人合作，而且能够为他人着想。在此意义上，对公民社会的公民而言，一方面要具有强烈的规则意识和守规则的自律精神；另一方面对于他人不违反社会规则的个性、行为、隐私则要尊重。对公共行政来讲，政府及其行政人员对公民的个性习惯、生活方式、思想意识要有足够的包容性，而不能在管制的名义下随意干预公民的私生活。其本质是对公民的基本权利和个性意识的尊重。宽容是一个社会富有生气的前提。中国古代讲“和而不同”，同一是社会稳定的必要条件，但是长期的、过度的同一必然产生僵化。宽容作为一种行政伦理精神，是对公民和生存方式和生活态度的一种理解，是对自由的一种支持，但不是对非理的行为和恶势力的顺从。政府承担着维护社会安定的职责，因而对恶人和恶势力不能宽容。

二、行政伦理精神强化公仆意识

近代启蒙思想家以假想的形式表达了一个真谛：社会权力来源于社会中每一个公民，权力的设立和运行都应维护社会成员的平等权利。但在权力的运作方面，常常会发生与最初的设定偏差乃至异化的现象，这就是行政伦理进行行政行为调节的逻辑依据。与现代社会发展要求相适应，在行政伦理精神强化下的服务型政府应当是：

（一）把维护公共利益、实现社会公正作为基本职责的政府

公共权力来源于公民的授权，政府机关行使公共权力的根本目的是为公众服务，维护社会公共利益，保障人民群众的身心健康和生命财产安全，是公共行政的本质，也是服务型政府的基本职责。

行政权力是行政主体（政府机关及其工作人员）行使管理职能的权力，其宗旨在于使社会公共利益实现最大化，并对公共利益进行公平、合理的分配。公共行政就是要使公共利益最大化的社会管理过程，

其本质特征在于它是政府与公民通过对公共生活的合作管理,以达到良好的治理。因此,维护公共利益应成为行政伦理的基本原则之一。行政伦理的“公共性”与“公共精神”,是行政伦理的重要向度。所谓公共精神,就是摆脱利己主义而为大多数公众利益着想的精神。公共行政的公共精神,是现代政府得以存在的合法性所在。

与维护公共利益相联系的价值是追求公平,实现社会公正。政府及其行政人员在公共管理的一切活动中,都要遵循平等对待一切社会成员的原则和理念,政府是全体社会成员的政府而不是某一部分人或某些特殊利益集团的政府,政府输出的产品——公共政策应当服务于公共利益的实现,政府在调节社会关系时应最大限度地追求公正,把实现社会公正作为政府的基本职责。

温家宝同志在《关于制定国民经济和社会发展第十二个五年规划建议的说明》中指出,这些年,政府自身改革虽然取得一些进展,但与人民群众的期望相比差距仍然不小。政府职能转变不到位,对微观经济主体干预过多,社会管理和公共服务比较薄弱;一些工作人员依法行政意识不强;一些领导干部脱离群众、脱离实际,形式主义、官僚主义严重;一些领域腐败现象易发多发。必须通过深化政府自身改革和加强制度建设,从制度上解决权力过分集中又得不到制约的问题,保障人民的民主权利和合法权益,最广泛地动员和组织人民依法管理国家和社会事务,管理经济和文化事业。要加快建设法治政府,用法律法规调整政府、市场、企业之间的关系,依法管理经济和社会事务,推进政府工作制度化、规范化、程序化。要加快建设服务型政府,继续优化政府结构、行政层级、职能责任。深化行政审批制度改革,加快推进政企分开,把政府该管的事情切实管好,减少对微观经济活动的干预。要坚持科学决策、民主决策、依法决策,健全决策程序,强化决策责任。要推进政务公开,加强对权力的有效监督和制约,坚决惩治和预防腐败,维护社会公平正义,提高政府公信力。

(二)以服务企业、为企业创造良好发展空间为目标的政府

理顺政府与市场、政府与企业的关系是行政改革的主要目标之一,

也是建立服务型政府的主要目标。服务型政府的内涵首先是政府与企业的伦理关系的表述。政府与企业的关系不是管与被管的关系，而是服务与被服务的关系。

在市场经济条件下，市场上的一切非公共产品和非公共服务都必须由市场来提供，政府的职能是提供公共产品和公共服务，不能越位。政府作为市场经济主体，一旦与其他市场经济主体一起向社会提供非公共产品，出于追求自身利益最大化的本能，就会利用其社会管理者的特殊身份和手中掌握的行政权力，影响和干预市场正常和正当的竞争秩序，这无疑侵害了其他市场经济主体的权利。更重要的是，政府还承担市场监管的职能，政府自己作为市场主体参与市场竞争就形成了政府既当“裁判员”又当“运动员”的局面，这显然不符合规则。

当然，市场这只“看不见的手”并不是万能的，市场经济主体在自发竞争中具有一定的盲目性，需要政府进行宏观上的经济调节；市场经济主体为了逐利可能会不遵守市场竞争规则，从事违法行为（如制假售假），需要政府进行监管和规范，为各种市场经济主体的充分竞争提供公平的竞争环境。政府要建立对所有企业的公平待遇制度，营造统一、透明的政策环境；通过改革计划、投资、金融体制，推动政府从那些不属于国计民生、战略发展的投资、经营和服务领域中退出，推动政府从主导、经济建设导向的财政体制转变为公共服务型的财政体制；打破部门或行业在公共基础设施投资和公用事业服务领域的垄断等。总之，政府的职能主要是进行宏观调控，维护市场经济秩序，纠正“市场失灵”，政府要维护企业的合法权益，而不是自己办企业，不应当有官僚型企业的存在。

（三）还权于社会、引导社会实现自我管理和自我发展的政府

从控制型政府到服务型政府，一个重要的方面是要处理好政府与社会的关系，解决政府在行使职能过程中的“越位”、“缺位”和“错位”问题。解决好政府与社会的关系问题，亦即政府与社会的职能分工问题，说到底是一个政府与社会的角色定位问题。长期以来，我国政府一直充当着全能政府、权威政府的角色，社会生活中事无巨细都由政府负

责。这一方面造成了国民的依赖性和缺乏自主性,另一方面导致了政府的集权制和垄断性。一个成熟的公民社会既是政府职能转变的关键,也是现代社会所需要的公民意识产生的土壤。

政府应把制定和运用政策作为自己的主要职能。与此同时,把相当部分的行政业务从行政执行领域中分离出去并让渡给社会中介机构等,发展和培育公民社会。公民社会指的是政府之外的所有民间组织或民间关系的总和,其组成要素是各种非国家或非政府所属的公民组织,包括非政府组织(NGO),公民的志愿性社团、协会、社区组织、利益团体和公民自发组织起来的运动等,它们又被称为介于政府与企业之间的"第三部门"(the third sector)。

政府还权于社会,一方面为自己"减负",进而为实现职能转变创造条件;另一方面为提高社会自治能力提供良好的发展空间。就政府与社会的关系而言,政府由于从公共管理的大量具体事务中解脱出来,因而有了认真审视公共管理质量及效果的机会,不仅自身可以告别官僚主义,而且可以对政府以外的社会公共组织的官僚主义倾向进行监督和纠正。同样,由于公共管理的一部分职能转移给非政府组织,政府对公共权力垄断的局面也就被打破。公共管理中部分权力的社会化有助于政府抵制腐败。

(四)让公民参政、由公民需求驱动的积极的负责任的政府

行政伦理关系中最为根本的方面是政府与公民的关系。公共行政中的管理主义将"顾客"对企业的重要性比拟为人民—政府间的关系,并不能恰当地说明两者的关系,这种比喻也受到学者们的批评。公民既是政府提供服务的接受者,同时还是参与者和监督者。服务型政府要求政府必须回应社会和民众的要求并加以满足,必须积极地履行其社会义务和职责。公共行政是公民利益驱动的积极的行政,而不是以政绩为目标的不负责任的行政。

从终极根源上看,政府及其公共权力产生于人民的直接或间接授权,这是任何一个民主国家所确定的一项根本的宪政原则。虽然人民授权的具体方式和过程在政府体制不同的国家会有所不同,但这并不

影响它们本质上的一致性，那就是人民对政府直接或间接的授权，这不仅是现代政府及其公共行政合法性的唯一来源和公共行政运作的前提，而且也是现代民主的一种典型形式。让公民参政，让公民对政府的行政活动进行监督，发挥公民的主人地位和作用，以满足公民需求为目标，这是现代公共行政的基本特征，也是服务型政府的行政模式。

在第十一届全国人民代表大会第一次会议举行的记者招待会上，凤凰卫视记者向温家宝总理提问："上届政府曾经经历过两次令全球华人为之牵挂的突发危机的发生。五年前，新任总理的您经历了'非典'危机，人们还不知道您当时的心路历程。五年之后，突如其来的南方冻雪灾害，人们又看到您走在抗击雪灾的前线，这场雪让您感受到了什么？未来五年您还会面临什么样的挑战？"

温家宝总理答道："五年已经过去了，行事见于当时，是非公于后世。历史是人民创造的，也是人民书写的。一个领导者应该把眼睛盯住前方，把握现在，思考未来。我脑子里在盘旋四件事情。第一，要使中国的经济继续保持平稳较快发展，同时有效地抑制通货膨胀，这就必须解决经济发展当中的不稳定、不协调、不可持续的问题。目前最大的困难是物价过快上涨和通货膨胀的压力，隐藏的风险是经济可能出现的波动，我们必须在这两者之间走出一条光明的路。第二，经济体制改革和政治体制改革要有新的突破，这就必须解放思想。解放思想需要勇气、决心和献身精神。解放思想和改革创新，如果说前者是因的话，后者就是果。五年前，我曾面对大家立过誓言，苟利国家生死以，岂因祸福避趋之。今天我还想加上一句话，就是天变不足畏，祖宗不足法，人言不足恤。第三，要推进社会的公平正义。如果说真理是思想体系的首要价值，那么公平正义就是社会主义国家制度的首要价值。公平正义就是要尊重每一个人，维护每一个人的合法权益，在自由平等的条件下，为每一个人创造全面发展的机会。如果说发展经济、改善民生是政府的天职，那么推动社会公平正义就是政府的良心。第四，要加强社会主义精神文明建设。如果我们的国家有比黄金还要贵重的诚信、有比大海还要宽广的包容、有比高山还要崇高的道德、有比爱自己还要宽广的博爱，那么我们这个国家就是一个具有精神文明和道德力量的国家。朋友们，我想对你们说：为了国家的富强，为了社会的公平正义，为了让人们幸福快乐地过得更好，为了让孩子们上好学，为了使我们的民族在世界赢得应有的尊严，我愿献出我的全部心血和精力。”

温家宝总理的这一席话，不但阐述了公仆精神与行政伦理精神的基本内涵，也是对本章所提出的关于“行政伦理观是公仆意识的价值形态”的精彩阐释。

第二章 行政伦理责任：公仆意识的基础要素

行政伦理责任是公仆意识的基础要素。温家宝总理在第十一届全国人民代表大会第一次会议上作的《政府工作报告》中指出，“推行行政问责制度和政府绩效管理制度”。加强行政伦理责任建设，是增强公仆意识，推行行政问责制度，做人民满意的公务员，建设服务型政府的重要途径。

第一节 行政问责的两个案例

这里，让我们重温2008年发生的两个对我国行政问责有着重大影响的案例，这两个案例对我国建立健全行政问责制度有着直接的推进作用。

案例一：孟学农的辞职与抒怀

在2008年9月14日下午召开的山西省第十一届人民代表大会常务委员会第五次会议上，中组部副部长张纪南受中央委派，在会上宣布了中央关于山西省政府领导调整的决定：同意孟学农同志辞去山西省省长职务，免去孟学农同志的山西省省委副书记、常委、委员职务；提名王君同志为山西省省长候选人，王君同志任山西省省委委员、常委、副书记；张建民同志不再担任山西省副省长职务，按有关法律规定办理。

2008年9月8日，山西省临汾市襄汾县新塔矿业有限公司尾矿库发生特别重大溃坝事故，截至9月14日，该事故已造成254人死亡，35人受伤。根据国务院事故调查组初步调查，这是一起特别重大责任事故。

鉴于山西省省长孟学农同志、副省长张建民同志对上述事故负有领导责任,依据《国务院关于特大安全事故行政责任追究的规定》和其他有关规定,经党中央、国务院批准,同意接受孟学农同志引咎辞去山西省省长职务的请求,同意免去张建民同志的山西省副省长职务。对此次事故涉及的其他责任人员,由山西省委、省政府提出处理意见,涉嫌犯罪的,移送司法机关依法追究刑事责任。国务院事故调查组正在对事故作进一步深入调查,彻底查清违法行为,依法认定相关单位和人员责任。

中共中央政治局委员、中央书记处书记、中央组织部部长李源潮出席此次会议并作重要讲话,国务委员兼国务院秘书长马凯出席会议,江西省委书记、省人大常委会主任张宝顺主持会议并讲话,王君作了讲话,中央纪委副书记、监察部部长、国家预防腐败局局长马馼,国务院副秘书长汪永清,中央组织部部务委员兼二局局长王秦丰等出席会议。

此外,国务院办公厅近日发出紧急通知,要求各地区、各部门、各单位深刻吸取山西"9·8"特别重大尾矿库溃坝事故教训,以对人民生命财产安全高度负责的精神,切实做好安全生产工作。当前,要立即开展一次以尾矿库为重点的安全隐患排查治理和专项整治工作,坚决落实企业安全生产主体责任、政府及有关部门安全监管主体责任,依法打击违法行为,严肃查处责任人员,有效遏制重特大事故发生。

(一)《孟学农:他的辞职,他的未来》

三天后,即 2008 年 9 月 17 日,《南方周末》)发表了长篇文章《孟学农:他的辞职,他的未来》。记者写道:"为什么孟学农要辞职?他的未来会怎样?下一个坐在矿难顽疾'火山口'上的官员会怎样?"

为什么要辞职?

"复出"刚满一年的孟学农因为襄汾溃坝事故再次请辞,成为公众视野中第一个两次请辞的省部级官员。与上一次请辞时的滔天指责不同,这一次,舆论赋予他更多的"悲情"色彩。

表现出惋惜情绪的也包括山西当地官员,南方周末记者接触的山西省市厅级官员说,孟在山西一年来口碑良好,"但既然出了事故,总要有人负责"。

宣布相关任免的会议在中秋节当天召开,这本是中国传统上的喜庆日子,山西政坛却迎来巨震。

接受南方周末记者采访的国家安监总局特聘顾问邬剑鸣说,此次孟的请辞,是因为"伤亡人数太多,影响太大"。

而且,"其他特别重大的事故,比如煤矿事故,发生前是不太容易发现的,而这次事故是能看到现实危险的,而且是人为事故,不是自然灾害"。邬剑鸣说。

截至昨天,襄汾溃坝事故死亡人数已近260人,在本报记者的搜索范围内,这是近年来中国死亡人数最多的一次事故。

有关决定说,孟学农请辞是"依据《国务院关于特大安全事故行政责任追究的规定》和其他有关规定"。"其他有关规定"包括2004年中办颁布的《党政领导干部辞职暂行规定》,其中关于"引咎辞职"规定了"多次发生特大责任事故,或者发生特别重大责任事故,负主要领导责任、重要领导责任的"应引咎辞职。

中国人民大学行政管理学系主任毛寿龙对南方周末记者提及的另一个背景是,今年是"行政问责年",这也是贯彻十七大报告的部署。

此前,国务院总理温家宝在今年新一届政府第一次廉政工作会议上说,"2008年要选择部分省市和国务院部门开展试点,加快实行以行政首长为重点的行政问责和绩效管理制度"。

孟学农的未来仕途

舆论普遍提到了孟学农的"再次请辞",在中国的省部级高官中,两次请辞,实为罕见。

此前的2003年4月,出任北京市市长三个月的孟学农因为处置"非典"疫情不力,被免去北京市委副书记、常委、委员职务,他亦请辞市长职务。同时被免职的还有时任卫生部部长的张文康。

5个月后,孟学农调任国务院南水北调办公室副主任,在外界看来,孟是在"赋闲"。2004年,孟在谢绝南方周末记者的追访时曾说,"历史越久远越清晰"。

人们无法揣测这位请辞高官的心情,不过日后孟"复出"接受本报记者专访时透露说,自己"那几年没有在党政机关,经常到底下调研,把雅鲁藏布江、金沙江、沱沱河等都跑遍了”。他说那几年学会了用“狂拼三”打字，喜欢摄影，喜欢自己开车到处走走。

直到2007年9月，十七大前，孟学农“复出”，任山西省委副书记、代省长，并再度当选为中央委员。

此间政治观察家说，孟到山西后，“很务实，以‘复出’的心态，低调做事、背水一战”。今年全国“两会”上小组讨论时，有下属市区官员情急下反驳孟的一个疑问，孟还以微笑回答，并未变色。而本报记者约访时也曾提到改变其过去的公众印象之语，孟亦没有反感。

当时本报记者接触的山西官员对出身京官、思路开放、熟悉中央的孟亦颇有期望。他看起来亦有些独特，比如在一群带山西口音的官员中，孟的普通话说得最好。接受本报记者专访的孟还不忘推销山西的汾酒。

年初的时候，到山西四个月的孟学农写了一篇万字长文《感知山西》，被各方评价文采很好。“有人说你们领导不应该写这样的文章，应该都是理论性的。”孟学农对南方周末记者说，但他觉得现在这个时代，更应该“娓娓道来”。

不过困难是显然的，其时孟学农已经因为洪洞矿难做了检讨，他在接受南方周末专访时强调，“每个生命都是生命”。

他谈到了如何使山西干部改变依赖煤矿出政绩的固有思维。本报记者表示对这个转变并不乐观。不过孟学农说，他也考虑了一些方法，希望能借此改变官员的政绩观。

然而几个月后，孟因事故黯然再辞。

有评论用了“悲情”二字。“大家对他的同情可以理解。”中国人事科学研究院院长吴江说，“但出了这样的事故，谁在这把椅子上，谁就难逃其咎”。

在观察家的眼中，五年前，孟学农的去职成为中国政府重大公共卫生事件信息公开透明的契机；而今，孟学农因特大安全事故再次离职，亦可能成为安全事故行政问责新风暴的肇始。

公众再次议论到孟的仕途，第二次去职之后，还有无机会再次复出？“省部级的待遇不会取消。”国家行政学院教授汪玉凯说。孟现在仍是中央委员。

孟担任北京市市长时,不过53岁,有“政治新星”之喻。此后去职,在国务院南水北调办公室度过了四年时光,再度出仕山西时已经58岁。

按惯例,省部级干部65岁退休,这次再度去职之后,他是否还能经得起“等待”?

不过已经第二次辞职的孟学农或许心态会比之前平和。在今年3月接受本报记者采访时,孟曾提到了出身山西的唐朝名将郭子仪的典故。“郭子仪很有意思,当初给他修汾阳王府的时候天天去看,后来工匠说我们修了这么多府第,都是府第好好的,但是里面的人下台或被杀了,郭子仪听了之后就再也不来看。”孟由此感慨地说,“铁打的营盘流水的兵啊”。

这话从一个曾经历起落的地方大员口中说出来,让人顿生感慨。只是大家都没想到,半年后,一语成谶。

矿难顽疾上的“悲情”官员

此次关于山西省长的任免会议上,中共中央政治局委员、书记处书记、中组部长李源潮和国务委员、国务院秘书长马凯均有出席。而且李源潮是受中共中央政治局常委、国家副主席习近平的委托作了讲话。

而按照惯例,省级党政一把手的任免会议通常是由一位中组部副部长出席、宣布,只有已经获任中央政治局委员的地方党政一把手的任免,才会有中组部部长出席。比如此前上海市委书记习近平和辽宁省委书记李克强去职之时,现重庆市委书记薄熙来履职之时,都是由中组部部长李源潮出席并宣布。

中国人事科学研究院院长吴江对本报记者说,罕见的高规格官员出席,不仅仅是为了任命,“而是要代表中央强调安全生产工作对于山西省是很重大的”。

接受南方周末采访的资深政治学者亦称,此次显示出中国地方省长,因为间接的领导责任和政治道义责任,亦会付出辞职代价,这对未来的安全事故惩治,是极大震慑。

从2005年张宝顺卸职山西省长升任山西省委书记开始,到现在王君接任代省长,山西一共经历了四任省长,中间为于幼军和孟学农。

而煤矿的安全生产问题一直是历任省长的痛处,此前的山西省长于幼军在接受南方周末专访时曾说自己是“坐在火山口上”,显露无奈之情。而孟学农接任一年中,亦曾发誓要“清洗带血的 GDP”,但却因煤矿安全生产事故,两次向中央检讨,直至请辞。

此次由国家安监总局局长王君接任孟学农为代省长。山西大同人王君是煤矿工人出身,直至任职原煤炭工业部副部长,现在又从国家安监总局局长、襄汾溃坝事故国务院调查小组组长的位置上就地转任山西省代省长。

接受南方周末记者采访的中国矿业联合会调研部主任卢业授与王君相熟,“住上下楼”。卢评价王君“有在基层工作的经验,而且对专业很熟悉,无论是微观的基层工作经验还是宏观的煤矿管理都能胜任”。

此次王君的任命,表现了中央力图扭转山西安全事故频发顽疾的决心。

(二)《心在哪里安放?》

2009 年 7 月 16 日,中国新闻社以“特稿”的形式发表了题为《山西离任省长孟学农写诗抒怀:心在哪里安放?》的报道:

“236 天省长”孟学农:仕途几番起落 有“悲”也有“情”。

“默默地思量:心在哪里安放?总想总想把她遗忘——京畿西面的屏障,黄河,太行,汾水吕梁,五台云冈……还有那三千七百万老乡!”京城一知名媒体近日发表沉寂一年的原山西省省长孟学农的诗作《心在哪里安放?》。

今日有评论称:这是篇诗歌体叙事短文,说是叙事,其实主要还是抒情,抒作者内心那种不能遗忘、不便表达但又抑制不住的复杂之情。

据称,去年九月,山西省临汾市襄汾发生特别重大溃坝事故,曾造成重大人员伤亡。事件发生后,党中央、国务院作出对事故负有领导责任人员的处理,其中,时任山西省长孟学农引咎辞职。

现时在中国政坛,“引咎辞职”的部级高官尚不多见,孟学农短短五年内两度去职,更引发人们关注。

去年年初,孟学农在《山西日报》发表万言长文《感知山西》。“离开北京到山西工作我没有料到,对于太行之西的山西,我既熟悉,又陌生。我是怀着敬仰、急迫和压力交织的心情踏上这片土地的。山西是一本厚重的书,既博大精深又多姿多彩。"孟在文章中说。

当时曾有人读过《感知山西》后评论:此文乃孟氏亲笔,决非秘书或"笔杆子"能写得出如此"非官样"的佳作。

诗言志。作者这次在诗中先用了三个"心在哪里安放"的排比句抒情,如:"心在哪里安放?在烈火熊熊的太钢炉旁,在黑金滚滚的大同煤矿,在晋南改造黄土地的村庄,或是,在雁北那啃着光秃秃草根的牛羊"。然后又用五个"我多想多想"显露作者对昔日工作过的那一方土地的牵挂:其中包括"我多想多想,手拿把攥着命运的人们,事该干,福该享,冲就冲,浪就浪,舞就舞,唱就唱,五千年文明史再不让我们悲怆"。

最后直抒胸臆:"哦,北国风光,吕梁太行,民族脊梁,铜壁铁墙。黄河拍岸的浊浪,一代代生生不息的愿望,在三晋大地闪射出后发的光芒。

融入吧,像细小灰尘一样,冉冉升起悄然落下,覆盖在祖国的土地上,心,不需要安放,只要在难忘的地方,有山在呼唤,有水在荡漾,心,就在挥洒的过程中——发光、闪亮!"

一位去任省长用此种方式表达内心之情,而且媒体能公开发表,这无论如何是一种进步。有评论者如此认为。

附:

心在哪里安放?

孟学农

默默地思量:心在哪里安放?总想总想把她遗忘——京畿西面的屏障,黄河,太行,汾水吕梁,五台云冈……还有那3700万老乡!

心在哪里安放?在烈火熊熊的太钢炉旁,在黑金滚滚的大同煤矿,在晋南改造黄土地的村庄,或是,在雁北那啃着光秃秃草根的牛羊……

心在哪里安放?曾在江南水乡,塞外山梁,袅袅烟绕的庙宇,萋萋青草的毡房,或是,伴着大城市的美味佳酿,在妻子柔软细腻的胸膛,生活本来就惬意舒畅……

心在哪里安放?流转的时光,叩拜着敬畏的上苍,即使是农田、工厂,即使是商店、学堂,莽莽苍苍,过过往往,民主文明富强,那是人类最终的理想。

我多想多想,让窑洞传出书声琅琅,孩子们挥就健壮的臂膀,遨游在知识的海洋。

我多想多想,让母亲充沛的乳浆,缓缓地滴入孩子的口腔,婴儿在温暖的怀抱中成长。

我多想多想,让干涸土地得到灌溉,淙淙之水在贫瘠的高原上流淌,泥土的芬芳、晨曦的阳光、绿色的情景成为并不苛求的向往。

我多想多想,让鬓角斑白的老人,该吃饭吃饭,该上炕上炕,手中有余钱,家里有口粮。

我多想多想,手拿把攥着命运的人们,事该干,福该享,冲就冲,浪就浪,舞就舞,唱就唱,五千年文明史再不让我们悲怆。

哦,北国风光,吕梁太行,民族脊梁,铜壁铁墙。黄河拍岸的浊浪,一代代生生不息的愿望,在三晋大地闪射出后发的光芒。

融入吧,像细小灰尘一样,冉冉升起悄然落下,覆盖在祖国的土地上,心,不需要安放,只要在难忘的地方,有山在呼唤,有水在荡漾,心,就在挥洒的过程中——发光、闪亮!

案例二:李长江的辞职与复出

他曾是中国食品安全的代言人,他曾领导的部门,是13亿人食品安全的保障。

64岁的李长江2008年9月22日引咎辞职。9月17日,这个屡次为中国食品站台的官员最后一次出现在公众视野中,在国务院新闻办的发布会上,他表示,质监系统人员凡是渎职、失职、违法违纪的,一律严肃处理。五天后,这个质监系统的最高官员成为奶粉事件中又一个被问责的正部级官员。

（一）《李长江等官员去职的政治意义》

2008 年 9 月 23 日新华社发表新华社记者程志良、程云杰、季明题为《李长江等官员去职的政治意义》述评：

国家质检总局局长李长江 22 日因为“奶粉事件”引咎辞职，成为最新一轮官员问责风暴中下台的最高级别官员之一。不久前，孟学农因对造成重大人员伤亡的尾矿库溃坝事件负有领导责任，辞去山西省省长职务。

到目前为止，仅在这两起事件中受到牵连而去职的还包括山西省副省长、石家庄市委书记和市长、临汾市市长等数十名官员。另外，在近几天发生的深圳火灾和登封矿难中，又有一些官员被免职。这是 2003 年非典期间中国大规模处罚失职官员后的又一引人瞩目的举动。

人们注意到，李长江的辞职发生在中共“深入学习实践科学发展观活动”动员大会 3 天之后。中共中央总书记胡锦涛在会上表示“一些干部缺乏宗旨意识、大局意识、忧患意识、责任意识”，并严厉批评“有的甚至对群众呼声和疾苦置若罔闻，对关系群众生命安全这样的重大问题麻木不仁”。

舆论认为，在北京奥运会结束后不久，这些举措反映出中国党和政府凸显了忧患意识，对存在的矛盾和问题采取了积极应对的态度。

中共中央党校教授吴忠民认为，此轮问责风暴的意义不仅仅是给利益受损的老百姓做出一个交代，给官员们敲响警钟——执政必须以科学发展观为指导，更在于对中国行政管理体制改革起到“一个很大的推动作用”。

近年来，中国在经济快速发展的同时，资源消耗过大、生态环境遭到破坏、贫富差距拉大等问题愈发凸显。2003 年首次提出并于 2007 年写入党章的科学发展观在坚持发展是第一要义的同时，提出以人为本、全面协调可持续发展。

奶粉与溃坝事件都是因为忽视了“人”的因素，并且经过相当长时间的“酝酿”之后爆发的。

早在 5 月份，就有消费者举报三鹿奶粉，并要求权威机构提供公正的检测报告。有的地方部门早在 7 月就接到了多名婴儿可能因为食用问题奶粉而患上肾结石的报告。但是,涉及千家万户的这起事件直到9月份才受到重视。最新数据显示,中国各地因食用问题奶粉而住院治疗的婴幼儿目前已达12892人。

在已确认265人遇难的山西省襄汾县尾矿库溃坝事件中,危险信号早已发出。2月27日,云合村村委会曾向县政府递交了一份"救命报告",上面清楚地写着"该尾矿坝已有渗漏现象,时刻潜伏坝决的危险",但报告如泥牛入海,并没有引起当地官员的重视。

"长期以来在中国某些地区和部门形成了一种'官场文化',表现出来的是部分官员愿意争权却不愿负责,实际上是对老百姓利益的漠视,这是致力于建设服务型政府的中国所不能容忍的。"中国浦东干部学院王石泉博士说。

根据2006年开始实施的公务员法,"领导成员因工作严重失误、失职造成重大损失或者恶劣社会影响的,或者对重大事故负有领导责任的,应当引咎辞去领导职务",本人不提出辞职的,应当责令其辞去领导职务。

中共十七大报告提出,要"加快行政管理体制改革,建设服务型政府"。这项工作包括健全政府职责体系,推行行政问责制。

中国共产党在今年2月提出了关于深化行政管理体制改革的意见,其中明确要求推行政府绩效管理和行政问责制度,"健全以行政首长为重点的行政问责制度",以提高政府执行力和公信力。

2003年的"非典"事件开启了中国在重大公共事件中大规模惩处失职官员的先河,而在此后发生的松花江污染、阜阳劣质奶粉事件、北京密云灯会踩踏事故、重庆开县井喷事故、吉林中百商厦火灾等重大事故中,上至部级高官,下至基层干部,都被纳入问责范畴,许多干部辞职、免职、处分甚至移交司法机关。

然而,短短五年时间的努力,显然还不足以改变"官场"日久的一些积弊。一些令民众不满的事件仍时有发生,也反映出要解决转型期中国社会的复杂问题,挑战是巨大的,过程还比较漫长。

但人们也注意到,中国党和政府在突发事件后作出迅速应对,反映了中国政治体制不断走向成熟。正是官员问责制度的不断发展,并伴随依法治国的推进，使得发生重大公共事件就要追究官员责任，已经从“个案”成为“惯例”。

2008 年 9 月 20 日，总理温家宝强调，绝不能以损害人民生命健康来换取企业发展和经济增长，并指出要强化行政问责制。

(二)《李长江复出背后的问责“江湖”》

2010 年 1 月 3 日，中国经营报发表了《李长江复出背后的问责“江湖”》的报道：

曾因三鹿事件引咎辞职的质检总局原局长李长江又“重出江湖”

“‘扫黄打非’有起点没有终点，只能加强，不能削弱。”2009 年 12 月 24 日，久未露面的质检总局原局长李长江赴江苏视察指导工作时如是表示。此时李长江的新身份是全国扫黄打非办公室专职副组长，这离他最后一次在国新办新闻发布会露面的时间整整过去了一年零四个月。

业内人士评论说，65 岁的李长江此时复出多少有点“善终”的味道。

李长江复出

与其他因三鹿事件“调离”的官员相比，李的复出并不是先例。

质检总局食品生产监管司原副司长鲍俊凯早在 2008 年就已调任安徽省任出入境检验检疫局局长。河北省农业厅原厅长刘大群在 2008 年 11 月复出后任邢台市市委副书记，并在 2009 年 1 月当选邢台市市长。值得注意的是这两位官员的问责时间都没有超过一年。

李长江此次履新职位是全国扫黄打非办公室，在外界看来，这似乎是个“边缘”的机构，但级别却是正部级单位，而李长江此次复出的职位级别却是副部级。“一般情况下，复出的官员都会降级使用，但会保留正部级待遇。”国务院发展研究中心研究员曾华告诉《中国经营报》记者。

2009 年 7 月 12 日，中央下发《关于党政领导干部问责的暂行规定》(以下简称《规定》)，除了对问责对象、范围、处理结果提出了一些“软性”规定外，唯一可以量化的就是：问责人在辞去原职一年后可以适度复出。

李长江刚刚符合这个标准。

不过，1944年生人的李长江今年正好65岁，这与中央规定的正部级官员退休年纪恰恰吻合，在此时就职不免让人存疑。

据中央党校政法部主任王军介绍，部级干部在退休时并不以生日月份计算，而是到了该年底一次性退休。依此类推，李长江的退休年限应该是2009年年底。但和重职要职不同，常设性机构的官员年纪可以延长半年到一年。

在王军看来，李长江此次任职时间不会过长。

此时，扫黄打非已成为近期国家主抓的大事，为此还专门出台了相关政策并关闭了许多违规网站。“李长江的个性刚硬、手腕强势，此时让他上任是想让其发挥余热做出一番事业。当然他也能够功成身退、善始善终，不至于在履历表的最后以引咎辞职结尾。”曾华说。

问责官员复出路径

李长江的复出并非个案。与李长江相比，孟学农显然没有这么幸运。

山西省原省长孟学农因山西临汾尾矿溃坝事件引咎辞职时，在离开山西省之前曾经写过一首诗来表达对山西的深厚感情，无奈的语言显示出他对自身工作的依依不舍。

和李长江不同，孟学农曾两次复出，第一次是出任北京市市长不足三个月之时因非典控制不力引咎辞职后调任南水北调办副主任，后又调任山西省省委副书记、省长一职。

“年纪是第一要素。”北京大学政府管理学院教授汪玉凯说。据了解，孟学农第二次复出的年纪是58岁，正是部级领导干部干事业之时。

“除此之外，孟学农当时是因为非典引咎辞职的。相比于食品安全，前者是非人为可控事件。就算孟学农后期有所隐瞒，也有为避免群众慌乱而带来社会不安定之意。从责任面来说，稍轻于李长江。”曾华说。

在《规定》中，界定了七条属于问责范围的情况。其中“由于主观错误在行政活动中滥用职权，强令、授意实施违法行政行为，或者不作为，引发群体性事件或者其他重大事件”与一些非直接主观意识性失误同时列在了一起。

“虽然问责标准一样，但处理结果却不同。像由主观原因所犯的重大错误，例如贪污、受贿、涉黑这类情节不但会被开除党籍、公职，也属于不再录用范围，而引咎辞职的复出机会更大一些。”曾华说。

除此，问责和复用在责权分工上也是由两个部门担当。“如果干部出现错误，按《规定》由中纪委出面实施问责。而复出则是中组部的管辖范围。”曾华说。

据中国人民大学行政管理系主任毛寿龙介绍，根据《规定》，凡是被问责后一年，达到复用标准的，由中组部进行审查上报审批。

对于可继续复用的官员，中组部会通过谈话听取大家意见、民主测评、党组织推荐和与本人谈话四方面考评。

“与本人谈话的目的是想听取个人意见，如果个人不愿意另就他职，也要尊重其意见。”曾华说。除此之外，在事业、企业单位担任副职往往也是复出官员的一条路径。

“一般情况，复出的官员是不允许从事原职的。为了不过于招摇，异地复出的情况比较常见。孟学农、鲍俊凯等都是异地复出。”汪玉凯说。

问责制度三大矛盾

高调辞职，低调复出。这是很多人对问责官员的不满概述。

从黑砖窑事件被撤职的临汾市洪洞县原副县长王振俊悄然上马，到李长江突现江苏，民众对于官员“突然”复出产生了质疑。

其实早在2003年我国就开始实行“问责风暴”，但由于相关制度不完善、标准不清晰，所以，社会舆论争议不断。

“如果在民众引发争议前就按规则进入问责流程，会让大家更舒心并且认可政府的执政效率。但这几年的官员问责似乎都是引起民众争议甚至是公愤后，问责官员才予以处理。这种被动的状态非常影响政府的形象。”曾华说。

据了解，在《规定》出台以前，各地方政府的问责标准都不一样，有的地方严格，有的地方松懈。

“新出台的《规定》中，还是没有涉及明确的量化标准。要想达到好的问责程序,制度设计非常重要,希望《规定》会以法律的身份出台。"汪玉凯说。

华北电力大学公共管理研究所谭琪认为,我国的问责制度存在三大矛盾。

首先是自上而下与自下而上的矛盾。问责发起者往往是上级政府部门,但上级政府又由谁来问责呢?

第二,火线问责与制度问责的矛盾。重大事件民众往往要求迅速问责,但制度不完善缺乏内在责任动力。

第三,大与小的矛盾。大灾大难大祸等大风险问责官员比例较高,工作中的失误等小风险问责官员比例较低,但仍要防微杜渐。

"如果让复出的官员真正发挥出潜能并在复出岗位上做出成绩,这个复出就是成功的,不但不会受到质疑,而且会得到良好的舆论效果。不要太过于形式主义,只是为了复出而复出。"曾华说。

第二节　行政问责的伦理透析

本节拟就上述两个案例中关于行政问责制度的问题进行理论研究。

一、我国行政问责制度的初步建立

提到行政问责,我们还可以追溯到 2003 年的"非典"事件。当时全国有近千名大大小小的官员,因隐瞒疫情或防治不力而被免职,有的被查处。从某种意义上说,这一偶然的突发灾害事件使行政问责制开始进入人们的视野,成为中国政治生活的一个热点话题。之后,北京市密云县、吉林省吉林市、浙江省海宁市、安徽省阜阳市、黑龙江省松花江市和齐齐哈尔市等地区,以及石油、环保、药监等部门的一些官员,也因重大安全责任事故或重大食品药品安全事件而受到处理。几年来,行政问责制在我国逐步推开,发展到今天,已经有重庆、天津、海南、广州、深圳、成都、长沙、南京等十几个地方,以及发展改革委、财政部等部门先后出台了一系列实施行政问责的规定或办法,在建立和推行行政问责制方面进行了积极探索,积累了宝贵经验,取得了良好效果。

实践的探索推动了理论的发展。一些专家学者也开始从政治学、行政学、管理学、伦理学、法学等多学科角度,对行政问责制进行理论研究和探讨,开辟了我国公共行政领域的一个新课题。笔者在网上大概检索了一下,近三年来有关专家学者发表的关于行政问责制方面的理论文章就有两百多篇,有的还出了专著。这些理论研究在某些方面,如关于行政问责制的内涵和意义,关于行政责任与政治责任、法律责任、道德责任之间的关系,以及行政问责文化、行政问责法律等,都不乏深入而独到之处,对各地的行政问责制实践起到重要的借鉴作用。

研究问责制的发展史,应该说,"问责"在中国自古就有。从历史上看,"问责"作为中国古代帝制下整肃吏治的重要手段,对失职官员的惩戒几乎从未间断,有皇帝问责、御史问责、吏部问责等,在形式上有巡视、考课、勾检、弹劾、判署、封驳与谏诤等,但这些"问责"都不是现代意义上所讲的问责制度。

新中国建立后,我们党三代领导核心虽然没有直接使用"问责"或"问责制"的概念,但是,在他们针对政府及其领导干部的责任、教育、监督和惩治等有关方面的论述中,如毛泽东同志的"让人民监督政府"、邓小平同志的"共产党要接受监督"、江泽民同志的"党要管党、从严治党"等,都体现了问责制的基本思想。

党的十六大以来,以胡锦涛为总书记的新一届中央领导集体继承和发展了我们党三代领导核心的监督问责思想,特别是提出"以人为本"的执政理念和"科学发展观"的战略思想,更使问责制有了落实的原则和标准,并在实践上不断向前推进。党的十六大报告提出"实行决策的论证制和责任制,防止决策的随意性",把责任制的内涵拓展到了行政管理领域。十六届一中、三中、四中、五中全会都对深化行政管理体制改革,全面推进依法行政,加强社会主义民主政治建设提出了明确要求,为建立行政问责制指明了方向。《全面推进依法行政实施纲要》、《中华人民共和国国民经济和社会发展第十一个五年规划纲要》就加快建设责任政府,实行行政问责制度,实现权力与责任的统一作出了具体规定。温家宝总理在新一届政府的首份工作报告中就提出,将从建立科学民主决策机制、全面推进依法行政和加强行政监督三方面加强政府自身建设，做到有权必有责、用权受监督、违法受追究、侵权要赔偿。在其后连续三年的政府工作报告中都强调，要实行执法责任制和执法过错追究制，建立健全行政问责制，提高政府执行力和公信力。党中央、国务院提出的一系列重大政策和决策，为各地各部门建立和推行行政问责制给予了强有力的指导和推动。

2006 年 1 月，国务院总理温家宝在本届政府第一次廉政工作会议上指出："推行行政问责和绩效管理制度。行政问责制度是强化行政监督的有效形式。2008 年要选择部分省市和国务院部门开展试点，加快实行以行政首长为重点的行政问责和绩效管理制度。合理分清部门之间的职责权限，在此基础上落实工作责任和考核要求。要把行政不作为、乱作为和严重损害群众利益等行为作为问责重点。对给国家利益、公共利益和公民合法权益造成严重损害的，要依法追究责任。国务院有关部门要加强调查研究，认真总结地方的试点经验，抓紧制订对行政首长进行问责、行政过错责任追究和绩效评估等相关制度。"

2010 年 3 月 31 日，新华社播发了中共中央办公厅关于印发《党政领导干部选拔任用工作责任追究办法（试行）》的通知。通知指出，健全党政领导干部选拔任用责任追究制度，是深入贯彻落实党的十七大和十七届四中全会精神，进一步匡正选人用人风气、提高选人用人公信度的重要举措。《责任追究办法》的颁布实施，对于促进各级党政领导干部提高认真执行《党政领导干部选拔任用工作条例》及相关政策法规的自觉性，严格依规照章办事；对于防止用人失察失误，严肃处理干部选拔任用工作中的违规违纪行为，深入整治用人上的不正之风；对于进一步提高干部选拔任用工作的科学化、规范化水平，进一步深化干部人事制度改革，不断提高选人用人质量，切实加强各级领导班子和干部队伍建设，都具有重要意义。

《党政领导干部选拔任用工作责任追究办法（试行）》在"总则"部分明确指出，为加强对党政领导干部的管理和监督，增强党政领导干部的责任意识和大局意识，促进深入贯彻落实科学发展观，提高党的执政能力和执政水平，根据《中国共产党章程》、《党政领导干部选拔任用工作条例》等党内法规和《中华人民共和国行政监察法》、《中华人民共和国公务员法》等国家法律法规，制定本规定。本规定适用于中共中央、国务院的工作部门及其内设机构的领导成员，县级以上地方各级党委、政府及其工作部门的领导成员，上列工作部门内设机构的领导成员。对党政领导干部实行问责，坚持严格要求、实事求是，权责一致、惩教结合，依靠群众、依法有序的原则。党政领导干部受到问责，同时需要追究纪律责任的，依照有关规定给予党纪政纪处分，涉嫌犯罪的，移送司法机关依法处理。

中共中央办公厅关于印发《党政领导干部选拔任用工作责任追究办法(试行)》的通知要求，各级党委(党组)及纪检监察机关、组织人事部门，要按照《责任追究办法》的要求，切实履行职责，强化监督检查，完善举报措施，严格责任追究，发挥制度应有的作用。通知还提出，为健全干部选拔任用工作监督机制，切实加强对干部选拔任用工作全过程的监督，经中央领导同志同意，中央组织部制定了《党政领导干部选拔任用工作有关事项报告办法(试行)》、《地方党委常委会向全委会报告干部选拔任用工作并接受民主评议办法(试行)》、《市县党委书记履行干部选拔任用工作职责离任检查办法(试行)》。这三个试行办法与《责任追究办法》配套衔接，共同构成事前要报告、事后要评议、离任要检查、违规失责要追究的干部选拔任用监督体系。各地区各部门要在认真贯彻执行《责任追究办法》的同时，一并抓好上述三个试行办法的贯彻落实，切实提高干部选拔任用监督工作水平。

《中共中央关于制定国民经济和社会发展第十二个五年规划的建议》再次强调指出："加强行政问责制，改进行政复议和行政诉讼，完善政府绩效评估制度，提高政府公信力。"

至此，我国的行政问责制度初步建立。

二、推行行政问责制的若干问题

推行行政问责制需要认识清楚以下几个方面的问题。

(一)推行行政问责制的伦理背景与思路

从我国推行行政问责制的发展历程看，这一制度之所以能够短时间内在全国推开，并如此受到社会公众、新闻媒体和专家学者的密切关注，引起党中央、国务院的高度重视，有它深层次的伦理背景。

一方面，从国内发展环境看，是我国构建责任政府、全面推进依法行政的时代发展要求。"治国者必先受治于法。"依法治国，必先依法行政。目前，我国正处于进一步完善社会主义市场经济体制的关键时期，对加强政府自身建设，不断提高行政能力，全面推进依法行政，构建责任政府，提出了更高的要求。同时，群众对政府的要求和期望也越来越高。党的十六大以来，我国按照全面贯彻落实科学发展观、构建社会主义和谐社会的要求，围绕加强政府自身建设，采取了一系列重要举措，取得了明显成效。从总体上看，各级行政机关及其工作人员能够按照执政为民、依法行政的要求，切实履行职责，认真搞好服务，保证了经济社会的健康发展。但是，我们也要看到，同形势和任务的要求相比，一些深层次的矛盾和问题日益凸显，各级政府在履行职责方面还存在一些不相适应的问题。主要是：有的部门和少数工作人员行政不作为、乱作为以及办事拖拉、效率低下等现象仍比较严重；一些改革和制度建设不到位，部门间推诿扯皮的现象还不少；政令不畅通的问题依然存在，有令不行、有禁不止的现象仍比较突出。这些问题在一定程度上妨碍了党中央、国务院重大决策的贯彻落实，影响了经济社会的健康发展，也有损党和政府的形象。产生这些问题的重要原因之一就是，政府责任体系不健全，责任追究力度不够，存在着职责不清、权责脱节以及有错不纠、纠错不力等现象。建立和推行行政问责制，是深化行政管理体制改革的重要内容，是规范政府行为、提高行政能力的迫切要求，更是构建责任政府、全面推进依法行政的一个重要途径。许多地区和部门的实践充分证明，建立和推行行政问责制，对于促进我国经济社会全面发展，推动社会主义政治文明建设，提高政府社会管理和公共服务能力，加强政府系统廉政勤政建设，都具有十分重要的意义。因此，在全国范围内积极建立和推行这一制度势在必行，时机和条件也基本具备。

另一方面，从国际社会环境看，受西方国家公共行政改革潮流的影响。自20世纪80年代以来，强化政府官员的责任、建设责任政府，已经成为世界各国公共行政改革的趋势之一。联合国在《千年宣言》中明确提出,提高政府和官员的公共行政能力、加强问责制以适应时代发展的要求。美、英、法、日、德等西方国家都普遍建立了行政问责制度,制定专门的《政府责任法》、《公务员行为准则》等,有的或在宪法和主要法律中设有关于政府责任的明确条款,形成了一整套比较完善的运行机制和法律体系。我国香港特别行政区政府也于 2002 年 7 月 1 日颁布《问责制主要官员守则》,开始实施“高官问责制”。因此,我们必须从政治的、全局的高度充分认识建立和推行行政问责制的重要意义,认真总结成功经验和有效做法,不断完善行政问责制度的体系,逐步形成一套完整的行政问责理念、规范和机制,促进行政问责工作科学、规范发展。

推行行政问责制,首先需要对行政问责制的基本概念和核心内容予以界定。我们认为,行政问责制是指特定的问责主体对行政机关及其工作人员承担的职责和义务的履行情况实施监督和责任追究的制度,其核心内容是对违法或不当行政行为进行责任追究。问责与责任、行政责任紧密联系。从行政伦理学的角度看,责任是现代行政的一种基本价值取向,是指岗位、职责、义务及后果的组成,行政责任则是与公共行政管理和行政法律相关的一切责任,包括法律责任、政治责任和道义责任等。通过对行政机关及其工作人员的多种责任形式进一步法定化,形成行政责任体系或行政责任制度。行政问责制就是这样一种对行政责任履行情况的追究制度。

(二)推行行政问责制的指导思想和基本原则

推行行政问责制的指导思想是:以邓小平理论和“三个代表”重要思想为指导,认真贯彻落实科学发展观,按照深化行政管理体制改革、全面推进依法行政的要求,完善政府责任体系,健全行政监督机制,严格责任考核,强化责任追究,督促行政机关及其工作人员依法行使职权、履行职责,不断提高政府执行力和公信力,推进服务政府、责任政府、法治政府建设。

推行行政问责制要坚持以下基本原则:

权责统一原则。推行行政问责制,要在科学界定政府职能的基础上,合理划分各级政府、政府各部门及其工作人员的职责权限,明确责任范围,使上下级之间、部门之间、岗位之间的权责规范化、明确化,做到有权必有责、权责相统一。

依法有序原则。推行行政问责制,要以法律法规的形式,对问责受理机关、问责对象、问责事由、责任承担方式以及责任追究程序等予以规范,依法对行政机关及其工作人员违法或不当行政行为进行责任追究。

民主公开原则。推行行政问责制,要不断提高行政权力运行的公开性和透明度,公开行政问责的事由、过程和结果,建立和完善社会监督机制和民主评议制度,保障人民群众的知情权、参与权和监督权。

客观公正原则。推行行政问责制,要以事实为依据,以法律法规和政纪为准绳,准确认定行政机关及其工作人员的行为性质和责任归属,严格把握政策,恰当地作出处理,做到过错和责任相适应、教育和惩戒相结合。

赏罚分明原则。推行行政问责制,要对行政机关及其工作人员履行职责情况进行评估考核,对发现的问题严肃处理,追究有关部门或个人的责任,同时要建立激励机制,对认真履行职责、工作业绩突出的予以表彰奖励。

(三)推行行政问责制的主要措施

1.明确职责划分,界定责任主体

合理划分中央政府和地方政府的职责权限。按照中央统一领导、充分发挥地方积极性的原则,明确中央和地方对经济调节、市场监管、社会管理、公共服务方面的管理责权。属于全国性和跨省的事务,由中央管理;属于面向本行政区域的地方性事务,由地方管理;属于中央和地方共同管理的事务,要区别不同情况,明确各自的管理范围,分清主次责任。

理顺政府部门职责分工。结合机构改革,对政府部门职能进行全面梳理,合理划分部门之间的职责权限,有针对性地调整职责分工,减少职能交叉、责任不清、事权分离等现象。建立健全职能争议协调机制,及时解决政府各部门在履行职责过程中产生的争议或矛盾。

健全岗位责任制。将政府各部门的职责和工作任务、工作目标分解落实到内设机构、各个岗位及承办人员，建立主体明确、层级清晰、具体量化的岗位责任制。按照专职专责原则，落实行政机关工作人员个人职责，明确划分行政首长与其他人员的职责权限，准确界定有关人员的政治责任、行政责任和法律责任。

2. 评估职责履行情况，严格责任考核

建立政府绩效评估制度。以科学发展观为指导，按照全面履行政府职能、推动可持续发展的要求，建立和完善政府绩效评估指标体系，综合设置体现经济发展、社会进步、依法行政、资源与环境、行政成本与效益等评价指标。坚持内部评估和外部评估相结合，建立健全政府绩效评估机制。认真总结开展"目标管理"、"效能建设"、"行风评议"等实践经验，加强政策研究和宏观指导，研究制定相关的法律法规，推进政府绩效评估的法制化、制度化。

完善公务员考核机制。各地区各部门要认真贯彻《公务员法》，以工作实绩为重点，全面考核公务员的德、能、勤、绩、廉。建立健全分类分级考核制度，区分不同的岗位职责差别，有针对性地制定考核内容、考核标准和考核办法。不断完善平时考核与定期考核相结合的制度。要将公务员考核结果，作为评价公务员德才表现和工作实绩的尺度，作为实施公务员奖惩、培训、辞退以及调整职务、级别和工资的主要依据。

3. 突出工作重点，强化责任追究

强化对政令落实不力的责任追究。对不贯彻落实或者拒不执行国家的方针政策、上级行政机关作出的决定和命令，以及不正确执行上级机关作出的决策和部署，给公共利益、行政管理相对人合法权益、国家财产造成严重损失或者影响政府整体工作部署的，要严肃追究有关人员的责任。

强化对行政不作为、乱作为的责任追究。对不认真履行职责、不及时履行职责、拒不履行职责以及滥用职权、以权谋私，以致影响行政秩序和行政效率，贻误行政工作或者损害行政管理相对人合法权益，给行政机关造成不良影响和严重后果的行为，要严肃追究有关人员的责任。

强化对损害群众切身利益行为的责任追究。充分发挥行政投诉中心的作用，加强对群众投诉的处理，坚决纠正土地征用、房屋拆迁、企业重组改制和破产中损害群众利益以及拖欠农民工工资等问题，对一些部门存在的执法不公、作风粗暴、办事推诿、吃拿卡要、刁难群众和乱收费乱罚款等行为，要严肃追究有关人员的责任。

强化对预防和处置突发公共事件不力的责任追究。对于重大自然灾害、重大疫情、重大安全事故及其他重大突发公共事件迟报、漏报、瞒报、谎报或者防范、处理、救援不力的，对于未制定公共突发事件应急预案，防范、整治公共安全或者督促整改安全生产隐患不力，致使发生重特大责任事故的，要严肃追究有关人员的责任。

4. 健全制度体系，规范问责行为

规范行政问责的主体及其权力。依法明确上级行政机关、监察机关、行政首长以及其他问责主体在行政问责中的地位和权力，以解决谁来监督、谁来问责的问题，确保行政问责到位、合法、有效。

规范行政问责的客体及其职责。明确政府纵向、横向部门之间以及部门内部各岗位之间的关系，合理界定各自的职责权限，根据职责的不同以及违法或不当行政行为的具体情形，规定应当承担的责任种类和不同的责任追究方式。

规范行政问责的事由和情形。采取定性和定量相结合的办法，对什么事该问责，什么事可以免责，作出明确规定，尽可能做到既涵盖全面，使之具有普遍的适用性，又体现一定的量化依据，使之具有较强的操作性。

规范行政问责的程序。逐步建立一套科学规范的行政问责程序，如提案、立案、调查、申辩、审议、决定、复议、申诉等，以规范化的程序来保证行政问责的有序进行，实现行政问责的制度化、程序化、规范化。

5. 加强监督机制建设，形成问责合力

加强和改进行政监察工作。各级监察机关要积极开展廉政监察、执法监察、效能监察和责任监察，强化事前和事中监督，做到行政权力延伸到哪里，监督问责就落实到哪里。加强对政府职能部门和行政执法机关运用权力、履行职责、执法程序的监督检查，坚决纠正和查处有法不依、执法不严的行为。加强对行政决策、行政执行等施政过程和行政行为的监督，对不依法定权限、违反法定程序、造成重大损失的决策和行为，必须严肃追究有关部门和人员的责任。

整合行政监督资源。强化监察、审计等专门监督机关在政府架构中的职能作用，政府各部门要自觉执行监察、审计等专门监督机关的监督决定。要建立和完善行政监督各职能部门之间的沟通协调机制，共同研究解决监督工作中发现的问题，发挥监督的整体合力。各有关部门在行政监督中发现的问题，除了依照本部门的权限作出处理外，要同时移送监察机关进行处理。监察机关要依纪依法严肃追究有关人员的责任，并将责任追究情况反馈有关部门。

创新行政监督方式。要善于运用现代信息技术手段创新行政监察和监督工作，建立和推广电子监察系统，对行政行为进行全程监控。要做好行政监督部门信息系统的联网工作，构建信息共享平台，实现监督信息互通。要创新行政惩戒手段，善于运用多层次的惩戒方式，对于不同程度、处于不同阶段的违法或不当行政行为区别处理。

加强行政监督与其他监督形式的配合。行政监督部门要加强与党内监督、人大监督、政协和民主党派监督、司法监督的密切配合。对人大、政协等机关反映的问题，行政监督部门要认真调查处理。要充分发挥群众监督的作用，大力推进政务公开，增加行政透明度，为群众参与对政府的监督搭建平台。要高度重视舆论监督，建立新闻媒体反映问题的调查处理机制，对新闻媒体反映的问题要认真调查、核实，并及时作出处理。

三、《关于实行党政领导干部问责的暂行规定》伦理解读

中共中央办公厅、国务院办公厅印发的《关于实行党政领导干部问责的暂行规定》（以下简称《暂行规定》）颁布后，人民网记者在第一时间采访了本书作者之一，即国家行政学院博士生导师、政治学教研部原副主任王伟教授，然后以《王伟：党政领导干部问责是系统的制度建设——科学界定党政领导干部的责任限度》为题，在人民网发表了访谈内容。

其主要内容转述如下：

(一)行政问责和党纪政纪的处分既相互联系又相互区别

人民网记者:政府和党委是不同的机构,组织体系也不一样,一体化的问责模式是否合理?

王伟:在回答这个问题之前,首先需要对党政领导干部问责制的基本概念和核心内容予以界定。我认为,党政领导干部问责制是指特定的问责主体对党政领导干部承担的职责和义务的履行情况实施监督和责任追究的制度,其核心内容是对违法或不当行政行为进行责任追究。问责与责任、党政责任紧密联系。从行政学的角度看,责任是现代行政的一种基本价值取向,是指岗位、职责、义务及后果的组成,党政责任则是与公共行政管理和行政法律相关的一切责任,包括法律责任、政治责任和道义责任等。通过对党政机关及其工作人员的多种责任形式进一步法定化,形成行政责任体系或行政责任制度。党政领导干部问责制就是这样一种对责任履行情况的追究制度。

《暂行规定》明确规定,党政领导干部是问责对象。在履行对社会、对公民的责任方面,党政领导干部的共性是主要方面。根据《公务员法》,党和政府的机关工作人员都是公务员。行政领导干部问责实际上是执政党领导下的行政问责。具体的党委和政府领导干部问责还有相关的文件法规作为依据。比如行政领导干部问责有国务院制定的有关纪律处分条例。党的领导干部问责有党中央制定的纪律纪律处分条例等。简而言之,"党政领导干部问责"这个模式是符合中国的实际情况的。

人民网记者:如何处理好实行问责与党纪政纪处分的关系?

王伟:党政领导干部问责和党纪政纪的处分既联系在一起又相区别。

从《暂行规定》第二章可以看到,党政领导干部问责涉及的范围是很大的。对党政领导干部问责问责时,有些情况需要接受党纪政纪处分的,严重的还要按照有关法律规定来进行处理。就是说,不是说所有问题通过问责就全都解决了。

《暂行规定》第四条指出:"党政领导干部受到问责,同时需要追究纪律责任的,依照有关规定给予党纪政纪处分;涉嫌犯罪的,移送司法机关依法处理。”这一条很重要，它表明，研究制定全国统一的党政领导干部问责制配套法规，做到依法有序问责，是这项工作得以健康发展的重要保证。因此，必须进一步研究制定或修订党政领导干部问责制的相关配套法律法规。从行政问责方面分析，近年已经出台了《行政机关公务员处分条例》。但是还要研究起草《行政过错责任追究条例》，对国家行政机关及其工作人员、其他行政主体及其工作人员，在履行职责过程中违法失职的具体行为构成、行政处分的幅度和档次、行政处理的方式以及行政处分和行政处理的程序等作出具体规定。此外还需抓紧修订《行政监察法》。要适应形势发展的需要，调整和完善监察机关的职责，加强对政府及其部门工作的全面监督，全过程、全方位地对政府部门履行职责情况进行监督问责。通过修改《行政监察法》，进一步界定行政监察的对象，明确效能监察是监察机关的一项主要职责，并对开展效能监察的程序、依据的标准等作出相应规定。

（二）《暂行规定》有望在实践中不断完善以涵盖更大范围

人民网记者：人大及其常委会在一些重大事项上也会作出决定，这个规定并未将人大纳入问责，是否是个缺漏？

王伟：《暂行规定》是中办和国办印发的规定。在这个意义上，它主要是关于党政领导干部的问责规定，而不是关于人大及其常委会。实际上，《暂行规定》第二十一条已经指出：“对经各级人民代表大会及其常务委员会选举或者决定任命的人员实行问责，按照有关法律规定的程序办理。”当然，对人大及其常委会的干部进行问责，可以而且应该由各级人民代表大会和人大常委会及其相应机构予以实施。在很多国家，议会内都设置伦理委员会，以具体负责对议员等实施问责。我国各级人大常委会里面，也应逐步设置相应的机构（伦理委员会），以有效处理有关领导成员问责、财产申报等重大事宜。

以中办和国办名义印发的这个《暂行规定》没有把人大及其常委会列入，我觉得是可以理解的，这是由其职能范围所致。如果以后通过人大进行立法，形成一个公务员问责法，到那个时候涵盖的范围会更全面了。

(三)问责公开范围需要根据实际所需和责任影响范围、程度决定

人民网记者:规定提出了对问责决定的公开,但是没有明确公开的范围和内容。对此,您如何看待?

王伟:我觉得这个问题提得好。公民对问责决定进行公开十分关注。再细化就应该把它的范围和内容作出规定,这一点的确非常重要。《暂行规定》第二十条规定:"问责决定一般应当向社会公开。"这基本上已经确定,"问责决定向社会公开"是一个普遍性的原则。相关的补充规定,可以参考政务公开的一些成功的规定。

同时,我认为,这毕竟还是一种《暂行规定》,要进一步规范公开的范围和内容,需要相应的时间特别是实践。近一两年,重大的行政问责公开的范围还是比较广的。党政领导干部问责公开的范围,不是越大越好,它需根据实际情况的需要和这种责任所影响到的范围、程度来进行决定。

(四)增加透明度是避免官员问责后"带病复出"的有效途径

人民网记者:这几年,有的领导干部被问责后,事隔不久又"带病复出",易地做官。问责后如何避免官员"带病复出"?

王伟:《暂行规定》对此已经作了比较明确的规定。

第一,引咎辞职、责令辞职、免职的这些人,一年内不得重新担任与原职务相当的领导职务,这首先有一个时间的问题。

第二,根据《暂行规定》,对引咎辞职、责令辞职、免职的党政领导干部,可以根据工作需要以及本人一贯表现、特长等情况,由党委(党组)、政府按照干部管理权限酌情安排适当岗位或者相应工作任务。被问责的这些干部不能简单地视为一无是处,不能再工作了。比如说一个省长引咎辞职了,是不是他任何工作就不能干了?不是的。所以,对引咎辞职、责令辞职、免职的党政领导干部,可以根据工作需要以及本人一贯表现、特长等情况,由党委(党组)、政府按照干部管理权限酌情安排适当岗位或者相应工作任务。

第三,《暂行规定》讲得很明确,第一年内不得担任原职,一年后如果重新担任还要经过干部管理权限履行审批手续,即"引咎辞职、责令辞职、免职的党政领导干部,一年后如果重新担任与其原任职务相当的领导职务,除应当按照干部管理权限履行审批手续外,还应当征求上一级党委组织部门的意见"。这种审批包括公示等程序,而且它还加了一条,要征求上一级党组部门的意见,这实际上对这些人的复出提出了更严格的程序。如果确实做到这些的话,这个问题可以较好地得到解决。

一些被问责的干部想"带病复出",而且即使没有被问责的人也想"带病升官"。这种情况出现过,可能还会出现,因此,"带病复出"引起大家关注是很自然的。我以为,如果按照《暂行规定》这三个要求认真去做,还是能够比较有效地避免"带病复出"。对于重新任命的这样被问责的干部,一个有效措施就是增加透明度,实际上就是对于问责决定要公开,对他们的复出一个是公示的时间长一点,一个是公示的范围再大一点,甚至可以考虑当时是在什么样的范围内公开问责,也可以考虑在相应的范围内对重新任命进行公开,这样可能是能够有效防止"带病复出"的。

(五)科学界定党政领导干部责任限度,避免问责情绪化粗糙化

人民网记者:事实上,在以往的党政领导干部问责中的确存在着某种粗糙化与情绪化倾向。如何避免这种粗糙化与情绪化倾向?

王伟:问责的时候可能有一种情绪化,特别是公民对出现一些责任事故、责任问题感到很气愤,在这个时候可能觉得惩处得越严厉越好。情绪化有两种,从公众来讲,倾向于更严厉一点。从干部来讲,根据我们的调研,普遍认为问责一般来讲是对的,但是怎么问责,这是一个问题,或者说,不能把领导干部的责任都视为无限责任。这实际上涉及了"粗糙化倾向"。

实际上,党政领导干部的正确问责,其责任应该是与其职权相一致的有限责任。这个问题如果解决不好,问责制可能流于形式。即使问责问得看起来很严厉,但是如果问的责任超出了当事人所应负的责任

限度，可能也达不到问责的效果。责任事故的发生有多种原因，不都是领导干部自己就能够完全解决的，可能这里面有突发性的原因，还有其他各种各样的原因。所以说在这个问题上，要避免冲撞，要建立正确的党政领导干部问责的评价机制。简单地说，一方面，党的领导干部应该对自己的行为承担责任；另一方面只能在一定限度内承担责任，也就是他的责任是有一定限度的，要受各种客观条件和主观条件的制约。在这种情况下，关键是如何确定他的责任限度。我们过去讲无限政府是不对的，应该是有限政府，同样，党政领导干部的责任也是有限的，这是避免情绪化很重要的一个方面。

《暂行规定》第三条指出："对党政领导干部实行问责，坚持严格要求、实事求是，权责一致、惩教结合，依靠群众、依法有序的原则。"我的体会是，这里提出了建立和推行党政领导干部问责制的基本原则。一是权责统一原则。党政领导干部履行职责，必须符合法定权限和程序，同时要承担相应的法定责任，做到有权必有责、权责相统一。建立和推行党政领导干部问责制，要在科学界定政府职能的基础上，合理划分各级党政领导干部的职责权限，明确责任范围，使上下级之间、部门之间、岗位之间的权责规范化、明确化。二是依法有序原则。谁来问责，问谁的责，问什么责，怎样问责，都必须依法进行。建立和推行行政问责制，要以法律法规的形式，对问责受理机关、问责对象、问责事由、责任承担方式以及责任追究程序等予以规范，依法对党政领导干部违法或不当行政行为进行责任追究。三是民主公开原则。只有政府透明、政务公开，才能把行政行为置于民主监督之下。建立和推行行政问责制，必须大力推行政务公开，不断提高行政权力运行的公开性和透明度，要公开问世责的事由、过程和结果，建立和完善社会监督机制、民主评议制度等，保障人民群众的知情权、参与权和监督权。四是客观公正原则。建立和推行党政领导干部问责制，要以事实为依据，以法律法规和党纪政纪为准绳，准确认定党政领导干部的行为性质和责任归属，严格把握政策，恰当作出处理，做到过错和责任相适应、教育和惩戒相结合。五是赏罚分明原则。建立和推行党政领导干部问责制，要对党政领导干部履行职责情况进行科学的评估考核，对发现的问题严肃处理，追究有关部门或个人的责任。同时,要建立激励机制,对认真履行职责、工作业绩突出的予以表彰奖励。

(六)党政领导干部问责的实施需要一系列配套的制度和措施

人民网记者:有人认为,选举与问责是公民社会在实现民主过程中的两端,或者说是民主法治的起点与终点。问责制是政体改革的新切入点?您如何评价这个观点?

王伟:这是一个形象的比喻,强调了选举与问责的作用,应该说是有一定道理的。但是,它毕竟不是一种准确的说法。选举很重要,问责也很重要。但是问责,包括党政领导干部问责,仅仅是政体改革中间的一个环节,它不能代替一切,不要以为有了党政领导干部问责什么就可以解决了。

刚才讲了,要解决党政领导干部问责,要确定他的责任和责任限度问题。确定他的责任限度问题还要有很好的体制和机制问题,有很多连带的关系。如果把事情简单化了,认为只要抓好这两个头什么都解决了,这是不准确的。如果从强调问责的重要性来讲,这个比喻是有一定道理的,可以使我们对这个问题的重要性有一个认识,但是不能把它绝对化,因为问责毕竟还不是最根本的问题。

党政领导干部问责在我看来是一种特定的问责主体对行政机关及其工作人员承担的职责和义务履行情况实施监督和责任追究的一种制度,其核心内容是对违法或者不当的行为进行责任追究。所以这个问责和行政责任是紧密联系起来的,责任本身是一种行动的一个基本价值取向,但是党政领导干部问责制在我们整个政治制度中还不是一个最核心的内容。

切入点可以有若干个,如果说问责制是政体改革的新切入点,这一层意义倒是可以说。但切入点并不是说最核心的东西,切入之后,可能引出更核心的问题。党政领导干部问责制,首先有一个责任制度的建立,是建立一个责任政府。如果没有上述价值目标,单纯问责,解决不了根本问题。问责制有重大意义,这是毫无疑问的,但是不要说这个意义巨大到涵盖了一切,成为最主要的措施,相反,问责制只是整个系统工程中间的一个方面。

要把党政领导干部问责搞好，还需要一系列配套的东西。例如，健全制度体系，规范问责行为。一是规范问责的主体及其权力。依法明确上级行政机关、监察机关、党政首长以及其他问责主体在问责中的地位和权力，以解决谁来监督、谁来问责的问题，确保行政问责到位、合法、有效。二是规范问责的客体及其职责。明确政府纵向、横向部门之间以及部门内部各岗位之间的关系，合理界定各自的职责权限，根据职责的不同以及违法或不当行政行为的具体情形，规定应当承担的责任种类和不同的责任追究方式。三是规范问责的事由和情形。采取定性和定量相结合的办法，对什么事该问责，什么事可以免责，作出明确规定，尽可能做到既涵盖全面，使之具有普遍的适用性，又体现一定的量化依据，具有较强的操作性。四是规范问责的程序。逐步建立一套科学规范的问责程序，如提案、立案、调查、申辩、审议、决定、复议、申诉等，以规范化的程序来保证行政问责的有序进行，实现行政问责的制度化、程序化、规范化。

（七）问责程序是保证问责正确进行的必要途径

人民网记者：我们注意到，《关于实行党政领导干部问责的暂行规定》对问责程序作了明确规定，这是出于什么考虑？有什么积极的作用？

王伟：首先，问责应该是按照一定的法律和原则，现在没有上升到法律的高度，但肯定要按照一定的程序，这样为以后依据一定的法律做准备。一方面是保证该问责要能够及时得到问责，而且得到比较准确的问责；另一方面，实际上它也保护了当事人应有的权利，使得问责得以有效进行，刚才说的避免粗暴化、情绪化，问责程序就可以做到避免这个问题，这一点很重要。

《暂行规定》全文3000字，共26条。其中，“第三章”“实行问责的程序”就有1200字，共13条。党政领导干部问责程序占了整个问责的一半，凸显了程序是保证党政领导干部问责正确进行的必要途径，非常重要。

当然，我对《暂行规定》也有期望，即问责程序还需要随着实践的发展逐渐加以补充和完善。完善的一个很重要的方面就是要尽快补充定性党政领导干部责任的限度,这实质上是评价机制问题。党政领导干部既不能对行政行为都不承担责任,也不能对一切公共行政行为都承担全部责任。换句话说,党政领导干部必须而且只能在一定的责任限度内,对自己的行政伦理选择与公共行政行为承担责任。

怎样来确定党政领导干部的责任限度呢?从行政伦理学的视角"解读",也是关于党政领导干部行政选择的规定,涉及选择的界定、责任与责任限度,以及选择模式与评价标准等多方面内容。概括地说,党政领导干部必须而且只能在当时客观条件与主观能力所能够并应当选择以及有可能实行选择的范围之内,对自己行为承担责任。具体地说,党政领导干部对自己的行为应承担的责任限度主要由三个综合因素构成:一是现实社会已经制定或提出体现着人民利益与社会发展需要的准则与规范,使党政领导干部能够根据这些准则与规范进行行政选择;二是现实行政伦理选择处境的几种可供选择的方案中,已经包括党政领导干部应该选择的、符合国家根本利益的行为方案;三是党政领导干部已经具有或应该具有选择这种符合国家根本利益的能力。凡是在这样的范围内,党政领导干部就应该而且必须对自己的选择承担责任。这一点很难。但是无论怎么难,也得去做。这样的结果,就能够使我们正确地运用党政领导干部问责制度,或者说使党政领导干部问责制度的积极性发挥到比较大,使可能产生的消极东西减到最小。

第三节 行政责任的伦理研究

建立与推行行政问责制,必须准确把握行政责任。

行政责任是集中反映最本质、最普遍的行政伦理关系的核心概念,也是公仆意识的基础要素。

一、行政伦理责任的范畴内涵

范畴是科学的基本概念,它反映着科学对象的某些本质方面和人的认识发展的阶段。行政伦理学同其他任何一门科学一样,也有它自己的科学范畴。行政责任是构筑行政伦理学的核心或关键的行政伦理范畴。

（一）行政伦理范畴

所谓行政伦理范畴，从广义上说，就是反映行政伦理现象的一些基本概念。凡是反映和概括行政伦理现象的特性、方面和关系的基本概念，都可以看做行政伦理范畴，不但行政伦理观和行政伦理规范所包含的基本概念可以看做行政伦理范畴，就是反映国家公务员的行政伦理行为和行政伦理品质的基本概念，以及行政伦理评价、行政伦理修养和行政伦理教育的基本概念，也可以看做行政伦理范畴。从这个意义上说，作为行政伦理现象的理论表现的行政伦理学，就是一个由不同层次的一系列反映行政伦理现象的基本概念构成的范畴体系。但是，严格说来，行政伦理学的基本范畴只是行政伦理范畴的一部分，只有那些反映国家公务员与社会和公众之间的最本质、最重要、最普遍的行政伦理关系的概念，才具有行政伦理学基本范畴的意义，如行政责任、行政良心、行政信誉、行政效率、行政公正、行政纪律、行政能力、行政作风等。简言之，行政伦理学的基本范畴，就是反映行政关系的最本质、最重要、最普遍的行政伦理关系的基本概念，或者说是最基本、最一般的行政伦理范畴。如果把国家公务员对国家、对公众的关系看做主体同主体之间的关系，那么，行政伦理学的范畴就是国家公务员认识主体同主体之间的行政伦理关系的一些重要阶段，是帮助国家公务员认识和掌握行政伦理关系之网的网上纽结，是行政伦理建设的基础工程。没有行政伦理范畴，就不能使行政伦理观和伦理规范转化为国家公务员内心的行政伦理要求，产生自觉的符合行政伦理要求的伦理行为和伦理感情，也不可能形成完整的行政伦理学理论体系。因此，行政伦理学不但十分重视对行政伦理范畴的本质、内容和作用问题的研究，而且力求科学地确定行政伦理范畴在行政伦理学规范体系中的地位。

怎样看待行政伦理学的基本范畴在行政伦理规范体系中的地位呢？

第一，行政伦理范畴作为行政伦理关系的反映，它是受行政伦理观和行政伦理规范制约的。行政义务、行政良心、行政信誉、行政纪律、行政效率、行政公正、行政能力、行政作风等范畴,都反映着一定社会和一定阶级的行政伦理观和规范的要求,并以此作为区分对立范畴的界限和标准。从这方面说,行政伦理范畴从属于行政伦理观和行政伦理规范。如果把全部行政伦理关系看成一个网,那么,行政伦理观和规范就是这个网上的纲和经纬线,而行政伦理范畴便是网上的纽结。

第二,行政伦理范畴作为一定行政伦理观和规范的体现,它由客观的、外在的行政伦理要求转化为主观的、内心的行政伦理要求。因此,它对于客观的行政伦理观和规范来说,就是公务员内心的行政伦理观和规范。它使公务员具有强烈的行政伦理责任感和自我评价能力,使公务员能够自觉地调整自己的行为,实现行政伦理观和规范的要求。从这个意义上说,行政伦理范畴高于行政伦理观和规范。正如没有纽结就不能结成网一样,没有行政伦理范畴,行政伦理观和规范就不能发挥它的作用,就不可能在公务员的行政伦理实践中体现出来。

第三,从行政伦理范畴的体系来看,善恶、行政义务、行政良心、行政信誉、行政效率、行政公正、行政能力、行政作风等这些基本范畴,是行政伦理观和行政伦理规范所包含的行政伦理概念的概括和总结。它体现着公务员对各种行政伦理关系认识发展的阶段。同时,这些范畴也是公务员认识个人行为和品质、确立人生观和行政伦理理想等人格表现的概括和总结,体现着公务员对个体行为发展过程和人生意义的认识发展的阶段。对于公务员的行政伦理活动现象来说,这些范畴是掌握行政伦理评价、进行行政伦理修养和行政伦理教育的必要的理论前提。因此,行政伦理学的基本范畴在整个行政伦理规范体系中,甚至在整个行政伦理学理论体系中,都起着承上启下、沟通前后的作用。

新中国成立之初,毛泽东同志曾经从中国古代四大伦理范畴(礼、义、廉、耻)出发,阐述了行政伦理的核心命题之一“治国就是治吏”。毛泽东同志指出,治国就是治吏。礼义廉耻,国之四维;四维不张,国将不国。如果臣下一个个都寡廉鲜耻,贪污无度,胡作非为,而国家还没有办法治理他们,那么天下一定大乱,老百姓一定要当李自成。国民党是这样,共产党也会是这样。杀刘青山、张子善时,他讲过,杀了他们就救了二百个、二千个、二万个啊。我们共产党不是明朝的崇祯,我们决不会腐败到那种程度。谁要是搞腐败那一套，我毛泽东就割谁的脑袋；我毛泽东若是腐败，人民就割我毛泽东的脑袋。

综上所述，行政伦理范畴在行政伦理学规范体系中有着重要的、不容忽视的意义。行政伦理学应当研究、探讨行政伦理基本范畴的问题，而不应当否认和回避这个问题。从根本意义上说，研究行政伦理学基本范畴，是发展行政伦理学的重要条件。

（二）行政责任范畴

行政责任是集中反映最本质、最普遍的行政伦理关系的核心概念，也是构筑行政伦理学的核心或关键的行政伦理范畴。

"责任"一词，常常被当做"义务"的同义词使用。但作为伦理学范畴的"责任"概念，不仅指主体必须履行的由法律规章和伦理法典所确定的义务即客观责任，而且指主体基于"自由意志"对义务或客观责任的承担，即对某项义务或某项工作任务承担主观责任。正是在后一种意义上，作为伦理学范畴的"责任"被用来评价主体的行为（负责任的和不负责任的），并被赋予了伦理主体性的内涵。就"行政责任"而言，它一方面指称的是行政主体（在我国主要指执政党中国共产党、国家机构和国家公务员），对于其服务对象必须履行的法定义务或客观责任；另一方面则是指行政主体对其面临的义务或客观责任所承担的主观责任。正是在这一严格意义上，行政责任成为行政伦理范畴。

党、国家机构和国家公务员要承担的行政责任，包括外部责任和内部责任。外部责任是指党、国家机构对社会和公民的责任，即维护公共利益和公共秩序以及提供公共服务的责任；内部责任是指行政机构之间的互动责任和国家公务员之间的互动责任，以及国家公务员对于党、国家机构的责任。行政机构和国家公务员对社会和公民的责任，实质上是其作为公民代理人、公共利益代表者和人民公仆的责任。这一责任来源于社会分工和公民授权，也来源于承诺。由党、国家机构来专门管理公共事务、维护公共利益和公共秩序、提供公共品和公共服务，是社会分工的结果，也是在社会出现高度分化的背景下维持社会稳定、促进社会发展的必然要求。可以说，正是社会分工确定了党、国家机构在社会中角色地位，并决定了它的职能和责任。党、国家机构对社会公共事务行使有效管理的职权或行政权力来自于人民,是人民以直接或间接的方式所授予的。这表明,党、国家机构与人民之间的关系是代理人与主人(即国家权力主体)之间的关系。这种关系决定了党、国家机构必须对人民承担责任。在党、国家机构接受人民的授权时,不管是否经过正式的宣誓就职仪式,在契约伦理或习惯道德法的意义上都意味着党、国家机构对人民有其庄重的承诺,即承担与公共权力相应的行政责任。至于内部责任,则是与党、国家机构内部的分工和层级授权密切相关的。党、国家机构内部的分工既是职权的划分,也是责任的相应确定。一定的职权总是伴随相应的责任。党、国家机构自上而下的授权,既是分配行政权力,也是分配行政责任。下级接受上级的某种行政授权,实际上也意味着承担上级分配的特定行政责任。党、国家机构之所以设置不同的职能部门、不同的职能层级和不同的具体职位,并确定不同部门、层级和职位的具体职责,根本目的在于适应和满足人民对公共物品和公共服务的各种要求。所以,从根本上说,党、国家机构的行政责任(含党、国家机构和国家公务员承担的具体责任)来源于党、国家机构与人民之间的政治关系、法律关系和行政伦理关系,其内容也是由反映这些关系的政治原则、法律规范和行政伦理规则决定的。

党、国家机构和国家公务员对人民负责,这是人民当家做主的社会主义民主法治国家所确定的最根本、最重要的行政责任指向。由于人民的公共意志或普遍意志是以法律的形式表达并上升为国家意志的,人民的公共利益又在一定程度上表现为国家利益,因而,行政责任又要指向国家利益,并表现为党、国家机构和国家公务员对国家和国家法律的忠诚以及对国家利益的维护。那么,党、国家机构和国家公务员对人民承担行政责任的实质内容和目标指向是什么呢? 实质内容是提供公共物品和公共服务。公共物品包括公共制度环境、公共物质条件、公共文化设施和公共信息资源等,公共服务包括公共安全服务、公共卫生服务、公共教育服务、公共保障服务、公共救济服务和公共信息服务等。至于其价值目标指向,在公共物品的生产和供给方面,就是要在条件允许的情况下尽量满足人民对公共物品的需求,并且要保证其质量,保证供应的公正性和公平性;在公共服务方面,就是要尽量做到服务的高效率和高水准以及服务态度的真诚、积极、尊敬、谦恭和关怀。在不同的社会发展阶段,由于党、国家机构提供公共物品和公共服务的能力是不一样的,同时人民对公共物品和公共服务的要求也是有差异的,因而,行政责任指向的具体价值指标也会有所不同。但可以肯定的是,党、国家机构在公共物品供应和公共服务两方面都必须确定明确的行政责任目标指向。如建立逐步完善的社会主义市场经济秩序,就是中国党、国家机构在全面建设小康社会时期要实现的一项既属于公共制度环境建设,又属于公共服务的具体责任目标。

党、国家机构和国家公务员对人民和国家负责,应当体现为对人民需求和国家发展要求的积极而有效的回应。人民的需求和国家发展的要求是多方面的,既有政治上和经济上的需求,也有精神文化、社会关系和生态环境方面的需求。因而,党、国家机构和国家公务员所要承担的行政责任,也就必然包括从经济、政治、文化到生态环境等多方面的实质性内容。这些行政责任作为与权力或职权相对应的职责,或者说作为客观责任,是以法律法规和伦理法典等制度化的形式确定下来的,并体现为法定的政治责任、经济责任和文化责任以及伦理责任等。

行政责任的基本内涵就是全面履行政府职能。在社会主义市场经济条件下,政府的主要职能是经济调节、市场监管、社会管理和公共服务四个方面。

一是经济调节。就是对社会总需求和总供给进行总量调控,并促进经济结构调整和优化,保持经济持续、快速、协调、健康发展。经济调节主要运用经济手段和法律手段,同时通过制订规划和政策指导、发布信息以及规范市场准入,引导和调控经济运行,而不是靠行政审批管理经济,不是政府直接干预企业生产经营活动,更不是由政府代替企业决策招商引资上项目。

二是市场监管。就是依法对市场主体及其行为进行监督和管理,维护公平竞争的市场秩序,形成统一、开放、竞争、有序的现代市场体系。完善行政执法、行业自律、舆论监督、群众参与的市场监管体系,依法打击制假售假、商业欺诈等违法行为。建立健全社会信用体系,实行信用监督和失信惩戒制度。

三是社会管理。就是通过制定社会政策和法规,依法管理和规范社会组织、社会事务,化解社会矛盾,调节收入分配,维护社会公正、社会秩序和社会稳定。加强社会治安综合治理,保障人民群众生命财产安全。保护和治理生态环境。加强社会管理,必须加快建立健全各种突发事件应急机制,提高政府应对公共危机的能力。

四是公共服务。就是提供公共产品和服务,包括加强城乡公共设施建设,发展社会就业、社会保障服务和教育、科技、文化、卫生、体育等公共事业,发布公共信息等,为社会公众生活和参与社会经济、政治、文化活动提供保障和创造条件,努力建设服务型政府。

过去我们在经济调节方面积累了许多经验,近些年来市场监管方面也在逐步加强,今后还必须适应新形势,进一步改进经济调节和市场监管的方式方法,切实把政府经济管理职能转到主要为市场主体服务和创造良好发展环境上来。同时,更加注重履行社会管理和公共服务职能,把更多的力量放在发展社会事业和解决人民生活问题上。要继续推进政府职能转变,加快政企分开,政府该管的事一定要管好,不该由政府管的事要坚决交给企业、社会组织和中介机构,更大程度地发挥市场在资源配置中的基础性作用。同时,要合理划分中央和地方经济社会事务的管理责权,逐步理顺中央和地方在财税、投资、市场监管和社会管理、公共服务等领域的分工与职责。

正是由于行政伦理责任是公仆意识的基础要素,所以必须强化《中共中央关于加强和改进新形势下党的建设若干重大问题的决定》所特别强调的"责任意识","引导党员、干部增强党的意识、宗旨意识、执政意识、大局意识、责任意识,做到为党分忧、为国尽责、为民奉献"。

二、与行政责任联系的伦理范畴

与行政责任紧密联系的行政伦理范畴主要包括行政良心、行政信誉、行政纪律、行政效率、行政公正、行政能力、行政作风。

(一)行政良心

行政良心是与行政责任直接相关的行政伦理范畴。行政主体在行使权力、执行职务、履行和承担责任的过程中,一方面会形成角色责任意识,另一方面也会用内在的角色责任意识或伦理标准对自身的责任行为进行自我检查和评价,从而形成自我评价和自我约束的能力。这两方面的统一,便构成行政主体的良心。

由于良心有其复杂的心理机制和表现形式,因而人们往往将其视为神秘的不可捉摸的现象,甚至作出种种唯心的解释。其实,良心无论是作为人的内在伦理标准还是作为人的内在伦理评价能力,其来源、内容和表证都是客观的。就行政良心而言,它的一个重要方面——行政伦理责任感或"公仆"的角色伦理意识,实际上即是客观行政伦理责任在行政主体意识中的内化,而且这种内化是在行政主体履行和承担行政伦理责任的过程中发生并得以深化和升华的。行政良心的另一个重要的方面——行政主体依据内在伦理标准进行自我评价和选择的能力,则不但是行政主体在其接受行政伦理教育和行政文化影响的社会化过程中形成的,而且也是行政主体在其接受行政伦理要求,处理角色冲突、利益冲突和责任冲突的行政伦理实践过程中形成的。不经过处理复杂的行政伦理矛盾的实践磨炼,行政主体的自我评价能力和选择能力就无法形成。至于行政良心的表证,虽然也有主观心理方面的表现形式,但其实质性的表证形式却是行政自律的行为,其中特别是承担过错责任和严格责任的行为。这就是说,党、国家机构和国家公务员的良心只能通过其承担责任的行为表现出来并得到确证。行政良心并不是纯粹的精神之花,而是以行政责任为内容,以行政责任的价值取向为评价标准,以知、情、意的有机统一为心理机制的主体性行政伦理现象。

理解和把握"行政良心",还必须明确行政良心并不等同于主观行政责任。行政伦理学所讲的主观责任,是指行政主体意识到或认识到的行政责任。这种意识到的责任仍然具有外在性和他律性。而行政良心则意味着行政伦理责任要求已经变为行政主体内在的理性规定、情感规定、意志规定和信念规定,变为人格化的自由意志的自主调节系统。正因为如此,行政良心才成为行政主体自律的内部机制和支持力量。

行政良心作为行政主体内在的伦理追求和伦理调节力量,不仅是支持行政主体在制度之内积极行政、正确行政并实现责任目标的重要依据和推动力量，而且也是保障行政主体在制度之外正确处理矛盾冲突并作出正确行为选择的重要定向机制和控制力量。可以说，行政伦理的主体性、自律性和主动性特征，正是通过行政良心及其作用得到充分体现的。

（二）行政信誉

行政信誉是与行政责任、行政良心有着内在联系的行政伦理范畴。概括地说，行政信誉是衡量行政责任和良心实现的价值尺度。在行政伦理学中，行政信誉是指社会和公众对行政主体的伦理可靠性的评价，其中包括肯定性评价和否定性评价。肯定性评价构成良好的行政信誉。

“信誉”一词的重心和内核在于“信”即信用，而“誉”则是指声誉，即肯定或否定的社会评议。一般意义上的信誉，是社会主体在可信度方面获得的社会评价。行政信誉则是指中国共产党、国家机构及国家公务员在决策和服务的可信度方面获得的社会评价和公众评价。公众和社会对中国共产党、国家机构及国家公务员的信任期待体现在两个基本方面：一是对中国共产党、国家机构及国家公务员履行受托责任能力（即有效行政）的期望；二是对中国共产党、国家机构及国家公务员履行受托责任的伦理可靠性的期望。若是党、国家机构及其国家公务员能够满足公众和社会的期望，其信誉就好，反之，就会受到社会和公众的批评。行政信誉作为伦理范畴，其实质内涵在于对党、国家机构及国家公务员的伦理可靠性的评价方面。

良好的行政信誉，意味着中国共产党、国家机构与社会、与公众之间建立和形成了良好的信任关系，意味着党、国家机构及国家公务员获得了社会和公众的信任。这对党、国家机构及国家公务员来说，不仅是其有效开展行政工作、提高行政效率的基本前提，而且是其存在的合法性基础或根基。没有良好的行政信誉，就意味着权威的丧失和民心的丧失。行政信誉是行政的社会生命力之所在。

古人曰：“水能载舟、亦能覆舟。”说的是民心对于政权和执政党、国家机构存在的重要性。行政信誉的好坏意味着民心的得失，从而事关中国共产党、国家机构的社会生命力。因此，党、国家机构从行政决策到行政管理都必须有“取信于民”的考量，注重确立和维护良好的行政信誉。

中国共产党、国家机构及国家公务员靠什么取信于民？从内在素质上说，一是靠有效履行行政责任的能力；二是靠忠实地履行行政责任的全部德行。换言之，就是靠行政德性和行政能力所造就的服务于社会的卓越行政业绩和行政社会效益。

（三）行政效率

行政效率是与行政责任密切相关的行政伦理范畴。或者说，行政效率是履行行政责任所锁定的重要目标之一。

从责任伦理的角度看，行政效率是衡量中国共产党、国家机构和国家公务员是否真正承担其行政责任的重要价值标准。根据“责任政府”论的基本观点，党、国家机构和国家公务员只有真正承担和切实履行其作为代理人或公仆的角色责任，才是合乎理性和公理的，才是合乎伦理的。由于行政效率是行政责任的重要目标，因而，评价党、国家机构和国家公务员的行政工作是否切实履行了责任或是否称得上是负责任的行为，就必须看其实际的行政效率。行政效率很低，那就表明党、国家机构及其国家公务员的责任履行状况不佳；行政效率高，则意味着党、国家机构和国家公务员很好地履行了其责任，可以获得负责任的评价。当然，评价党、国家机构和国家公务员的行政行为是否合乎责任的要求，还有其他规则和标准，但行政效率却是具有实证意义的责任伦理标准。

温家宝同志 2003 年 9 月 15 日在国家行政学院举办的“省部级干部政府管理创新研究班”上的讲话中指出，小平同志强调，要真正提高效率。如果说经济工作体现在效益、体现在劳动生产率，那政府工作最终就体现在工作效率上。我们体制上很多障碍最终造成的问题就是工作缺乏效率。一件事情要盖几十个公章，这是体制问题；一个问题可以推一年得不出结论，这是体制问题，这是工作作风问题，首先是领导者的思想问题。

根据行政伦理的效率原则的要求，党、国家机构和国家公务员在其实际工作中至少要从行政伦理方面作如下考虑和努力：（1）在公共资源的投入使用方面，不仅要力行节约，避免浪费，而且要注意投入的有效性，力求使有限的投入产生最大的实际效益。(2)在行政效果的追求上，要立足于人民和社会的实际需要，把质量和整体效益摆在第一位，力求创造出最佳的行政社会效益。(3)在公共服务方面，不仅要有真诚、积极、尊敬和关怀的态度，而且要注重服务的质量和服务的及时性，要力求为人民和社会提供快速而令人满意的公共服务。(4)为提高行政效率，不仅要积极行政，而且要科学行政。就是说，一方面要发挥主观能动性，积极探索、开拓创新，力求找到提高效率的新路子和新办法；另一方面则要努力学习现代管理知识和技术，不断提高有效行政的能力。(5)要把提高个人工作效率与组织工作效率、个人业绩和组织业绩结合起来，避免不顾大局的效率追求和业绩追求，确立党、国家机构全局乃至社会全局的行政效率观和行政业绩观。

(四)行政公正

行政公正是行政责任另一至关重要的价值目标。

中国共产党、国家机构和国家公务员代表人民和社会施政，不仅意味着提供公共物品和公共服务，而且意味着行使属于人民和社会的权力，协调社会利益关系，保障良好的社会秩序。因此，公正地行使权力、维护社会公正、实现社会公平，是公正行政伦理的又一基本要求。

公正问题实质上是利益分配的平等与公平问题。中国共产党、国家机构和国家公务员所涉及的利益分配，首先是权利和义务的分配，然后才是某些具体利益的再分配，如公共资源的社会配置、公共服务的社会分享、社会福利的给予、社会救济的实施等。根据正义原则的要求，权利和义务的分配公正在于平等，实际社会利益分配的公正在于公平。因此，行政公正的实质是党、国家机构站在无偏私、无歧视的立场上平等地分配权利义务和公平地分配属于人民和社会的利益。或者说，就是正确行使行政权力、平等地对待社会成员的问题。而党、国家机构之所以要坚持公正，则是由党、国家机构和国家公务员所从事的行政的公共性本质所决定的。

维护和实现社会公平，是行政公正的本质要求。温家宝同志多次强调："要推进社会的公平正义。如果说真理是思想体系的首要价值，那么公平正义就是社会主义国家制度的首要价值。公平正义就是要尊重每一个人,维护每一个人的合法权益,在自由平等的条件下,为每一个人创造全面发展的机会。如果说发展经济、改善民生是政府的天职,那么推动社会公平正义就是政府的良心。”

党的十六届四中全会提出建设社会主义和谐社会,是我们从全面建设小康社会全局出发而确定的一项重大战略任务。建设社会主义和谐社会,必须调动一切积极因素,增强全社会的创造活力;协调好各方面的利益关系,维护和实现社会公平;营造良好的社会氛围,形成和谐相处的人际环境;加强社会建设和管理,切实维护社会稳定。为此,必须通过强化行政公正,以切实维护和实现社会公平。维护和实现社会公平,涉及最广大人民的根本利益,是我们党坚持立党为公、执政为民的必然要求,也是我国社会主义制度的本质要求。随着我国经济社会的发展,随着全社会民主法制意识的增强,人民群众的公平意识越来越强,对我们党和政府维护和实现社会公平的要求越来越高。维护和实现社会公平,不仅涉及收入分配、利益调节等经济问题,而且涉及公民权利保障、政府施政、司法公正等政治、社会问题。在任何社会中,社会成员之间存在一定收入差距是难以避免的,但应在合理范围内。如果社会成员收入差距悬殊而又长期得不到解决,就不仅会挫伤人们的积极性,影响经济社会发展,而且会影响社会的安定团结。我们必须高度重视收入分配问题,并进一步加强对这个问题的研究,以更好地处理按劳分配为主体和实行多种分配方式的关系。既要坚持鼓励一部分地区、一部分人通过诚实劳动和合法经营先富起来,并推动先富带未富、先富帮未富,同时也要在经济发展的基础上,通过改革税收制度、增加公共支出、加大转移支付等措施,合理调整国民收入分配格局,逐步解决地区之间和部分社会成员收入差距过大的问题,使全体人民都能享受到改革开放和现代化建设的成果。要进一步完善社会保障体系,逐步扩大社会保障的覆盖面,切实保障各方面困难群众的基本生活,让他们感受到社会主义大家庭的温暖。我们还要注重从其他方面加强和改进工作,切实维护和实现社会公平。要从法律上、制度上、政策上努力营造公平的社会环境,保证社会成员都能够接受教育,都能够进行劳动创造，都能够平等地参与市场竞争、参与社会生活，都能够依靠法律和制度来维护自己的合法权益。要坚决纠正损害群众利益的不正之风，重点解决当前在土地征用、城镇拆迁、企业重组改制和破产过程中损害群众利益的问题。随着我国经济社会的不断发展，我们已经有了解决社会公平问题的一定条件和初步手段，但我们也要认识到，我国仍处在并将长期处在社会主义初级阶段，经济文化发展水平还不高，人均国内生产总值不到世界平均数的五分之一，处理社会公平问题必须从实际出发，量力而行，尽力而为，长期努力，逐步推进。制定政策措施要考虑到财力和各方面的承受能力，注意与已经出台的有关政策措施相衔接，还要统筹兼顾不同地区、不同部门、不同群众的利益，不要提一些不切实际的目标和口号，关键是要扎扎实实地把人民群众的利益实现好、维护好、发展好。

中国共产党第十七届中央委员会第五次全体会议提出，着力保障和改善民生，必须逐步完善符合国情、比较完整、覆盖城乡、可持续的基本公共服务体系，提高政府保障能力，推进基本公共服务均等化。要加强社会建设、建立健全基本公共服务体系，促进就业和构建和谐劳动关系，合理调整收入分配关系，努力提高居民收入在国民收入分配中的比重、劳动报酬在初次分配中的比重，健全覆盖城乡居民的社会保障体系，加快医疗卫生事业改革发展，全面做好人口工作，加强和创新社会管理，正确处理人民内部矛盾，切实维护社会和谐稳定。

《中共中央关于制定国民经济和社会发展第十二个五年规划的建议》也指出："在当代中国，坚持发展是硬道理的本质要求，就是坚持科学发展，更加注重以人为本，更加注重全面协调可持续发展，更加注重统筹兼顾，更加注重保障和改善民生，促进社会公平正义。"

行政公正作为至关重要的行政伦理范畴，要求行政主体在执行公务的活动中必须有公正无私的伦理立场和正直刚毅的行政德性以及为维护正义而无所畏惧的伦理勇气和伦理坚定性。这种伦理品质是支持公正进行行政行为的重要力量。

（五）行政纪律

一般地说，行政纪律是一种行为要求。它要求国家公务员在行政生活中遵守秩序、执行命令和履行自己的职责，它是调节国家公务员和他人、和企业、和社会以及行政生活中局部与全局关系的重要方式。具体地讲，社会主义行政纪律是广大国家公务员在利益、信念、目标基本一致的基础上所形成的高度自觉的新型纪律。这种自觉的纪律是社会主义法规性和道德性的统一，成为行政伦理的重要范畴。

行政纪律是铁的纪律，包括政治纪律、组织纪律、经济工作纪律、群众工作纪律等。各级党和政府要充分认识纪律松弛的严重危害，坚决贯彻从严治党、从严治政的方针，严格遵守和维护党和国家的纪律。

一要严格遵守和维护政治纪律。政治纪律是最重要的纪律，是党和国家的全部纪律的基础。严肃政治纪律，首要的是严格遵守宪法、遵守党的章程和党内政治生活准则，坚持党的基本理论、基本路线、基本纲领、基本经验不动摇，自觉同党中央保持高度一致。坚决维护党的团结和统一，坚决维护以胡锦涛同志为总书记的党中央的权威，坚决维护党和政府在人民群众中的形象。广大国家公务员特别是领导干部要加强党性修养，增强明辨是非的能力，善于从政治上观察和处理问题，始终保持坚定的政治信念和清醒的政治头脑。要充分认识境内外敌对势力编造种种政治谣言的严重危害，不听不信，不为所惑，不为所动。

二要严格遵守和维护组织纪律。广大国家公务员特别是领导干部要坚持民主集中制，自觉遵守党和国家的组织原则，遵守宪法。要坚持集体领导，凡是重大决策、重要干部任免、重大项目安排和大额度资金的使用，都必须集体讨论作出决定，不准个人或少数人说了算。要坚持任人唯贤，不准任人唯亲；坚持五湖四海，不准搞团团伙伙；坚持公道正派，不准拉关系、徇私情。对于跑官要官的，要严厉批评；对于买官、卖官、骗官的案件以及拉票、贿选的行为，一经发现，要坚决查处。

三要严格遵守和维护经济工作纪律。近些年，在国家公务员特别是党员干部中违反经济工作纪律的现象比较突出。从纪检监察机关查处的违纪违法案件看，经济类案件一直处于第一位，集中表现为一些领导干部利用职权贪污受贿、以权谋私，搞权钱交易。这类案件还有一个特点，就是领导干部的配偶、子女和身边工作人员利用其职权和影响牟取非法利益。这是一些领导干部犯错误、栽跟头的重要原因。

四要严格遵守和维护群众工作纪律。我们党的最大政治优势是密切联系群众,党执政后的最大危险是脱离群众。因此,我们要特别强调群众工作纪律,坚决反对形形色色的形式主义、官僚主义。国家公务员特别是党员干部,决不允许与民争利,侵犯人民群众的权益。凡是涉及群众切身利益的事情,如城市拆迁、土地征用、国有和集体资产的管理处置等,都要充分向群众公开,听取群众的意见。要妥善处理新形势下的人民内部矛盾,维护社会稳定。对于那些作风霸道、欺压群众的党员干部,必须严肃查处。

(六)行政能力

中国共产党、国家机构和国家公务员必备的行政能力是履行行政责任、实现行政效率与公正相协调的基本保证,也是行政良心和行政信誉的具体体现。行政工作责任重大,往往是代表国家,归根结底是代表人民掌握和行使公共权力;行政工作角色多样,既是群体利益的代表者和维护者,又是群体意志的体现者和执行者,还是群体关系的设计者和协调者;行政工作对象特殊,面对各行各业的人、财、物,涉及社会生活各方面的方针、政策和战略,从根本上从事的是使社会有机体得以健康有序地运行所必需的领导、管理、协调、服务等精神性活动。基于这些职业特点,行政能力不但在行政实践中具有极其重要的伦理价值,而且必然成为行政伦理体系中不可缺少的基本范畴。

行政能力在本质上就是“党的执政能力”。《中共中央关于加强党的执政能力建设的决定》指出:“党的执政能力,就是党提出和运用正确的理论、路线、方针、政策和策略,领导制定和实施宪法和法律,采取科学的领导制度和领导方式,动员和组织人民依法管理国家和社会事务、经济和文化事业,有效治党治国治军,建设社会主义现代化国家的本领。”执政能力建设是党执政后的一项根本建设,党的三代中央领导集体对此高度重视,领导全党紧紧围绕提高领导水平和执政水平、提高拒腐防变和抵御风险的能力这两大历史性课题,着重从思想和作风、体制和机制、方式和方法、素质和本领等方面加强和改进,有力地推动了党和国家事业的发展。十六大以来,各级党委和领导干部按照提高科学判断形势、驾驭市场经济、应对复杂局面、依法执政、总揽全局的能力的要求，进行了新的探索和实践。执政五十五年来，党带领全国各族人民战胜各种风险和挑战，把四分五裂、贫穷落后的旧中国建设成为人民生活总体上达到小康水平、正在蓬勃发展的新中国，取得了举世瞩目的成就。我们党在实践中锻炼得更加成熟、更加坚强，党的执政能力同党肩负的重任和使命总体上是适应的。但是，面对新形势新任务，党的领导方式和执政方式、领导体制和工作机制还不完善；一些领导干部和领导班子思想理论水平不高、依法执政能力不强、解决复杂矛盾本领不大，素质和能力同贯彻落实科学发展观、全面建设小康社会的要求还不适应；一些党员干部事业心和责任感不强、思想作风不端正、工作作风不扎实、脱离群众等问题比较突出；一些党的基层组织软弱涣散，一些党员不能发挥先锋模范作用；腐败现象在一些地方、部门和单位还比较严重。这些问题影响党的执政成效，必须引起全党高度重视，切实加以解决。

《中共中央关于加强党的执政能力建设的决定》指出："当前和今后一个时期，加强党的执政能力建设的主要任务是：按照推动社会主义物质文明、政治文明、精神文明协调发展的要求，不断提高驾驭社会主义市场经济的能力、发展社会主义民主政治的能力、建设社会主义先进文化的能力、构建社会主义和谐社会的能力、应对国际局势和处理国际事务的能力。全党要紧紧围绕上述任务，立足现实、着眼长远，抓住重点、整体推进，不断研究新情况、解决新问题、创建新机制、增长新本领，全面加强和改进党的建设，使党的执政方略更加完善、执政体制更加健全、执政方式更加科学、执政基础更加巩固。"

《中共中央关于制定国民经济和社会发展第十二个五年规划的建议》再次指出："党的领导是实现'十二五'时期经济社会发展目标的根本保证，必须加强党的执政能力建设和先进性建设，不断提高党领导经济社会发展能力和水平。各级党委要准确把握发展趋势，科学谋划发展蓝图，努力创新发展模式，加强对发展的统筹协调，切实提高发展质量。推进学习型党组织建设，加强和改进干部教育培训，注重实践锻炼，增强领导班子和领导干部推动科学发展、促进社会和谐能力。"

行政能力的建设必须服从和服务于上述主要任务。

（七）行政作风

作为行政伦理范畴的行政作风，是指执政党、国家机构和国家公务员在长期的行政领域所表现出来的一贯态度。从其形成的角度分析，行政作风是上述七个行政伦理范畴，即行政责任、行政良心、行政信誉、行政效率、行政公正、行政纪律、行政能力相互作用所结出的硕果。

在我国，行政作风从其内涵上分析，包括执政党中国共产党的作风（简称党风）、国家机构的作风以及国家公务员的工作作风（简称政风）等。其中，核心内涵是执政党中国共产党的党风。

从行政伦理范畴的角度分析，党风、政风建设的中心就是坚持清正廉洁，反对以权谋私。立党为公、执政为民，是党和国家的性质与宗旨决定的，是党风、政风建设的根本目的。党员干部和国家公务员廉洁从政，直接关系人心向背和党的执政地位的巩固。必须围绕为人民掌好权、用好权这个根本问题，坚持标本兼治、综合治理，注重从源头上预防和解决腐败问题，进一步推进党风廉政建设。党员干部和国家公务员要坚定建设有中国特色社会主义的信念，牢记全心全意为人民服务的宗旨，正确对待权力、地位和自身利益，做人民的公仆。领导干部要以身作则，廉洁自律，管好自己，管好配偶、子女和身边工作人员，管好分管地区、部门和单位的党风廉政建设。建立结构合理、配置科学、程序严密、制约有效的权力运行机制，保证权力沿着制度化和法制化的轨道运行，是防止以权谋私的根本举措。党的各级组织和领导干部必须旗帜鲜明地反对腐败。党内和国家机构内绝不允许有腐败分子的藏身之地。党和国家机构要以党风廉政建设和反腐败斗争的实际成果取信于人民。

行政责任具有重要的行政伦理价值，甚至在一定意义上可以说，行政责任及行政作风就是行政伦理。

第三章 行政伦理选择：公仆意识的实践重心

行政伦理选择是国家公务员将公仆意识转化为公共行政实践的过程中必然面临的关键性课题。加强行政伦理建设必须将提高党、国家机构和国家公务员的行政伦理选择能力作为实践重心。

第一节 “水门事件”中的行政伦理选择

对行政伦理选择进行分析的难点在于，多数读者可能对行政伦理的基本理论缺乏了解，而有利条件则是公共行政中大量而丰富的公共管理实践经验。为便于理解公仆意识的实践重心在于行政伦理选择这个命题，这里提供了美国行政伦理选择中至今仍在使用的经典案例，即“水门事件”。

一、“水门事件”案例的按语①

“水门事件”是建国以来美国政府体制所承受的最大考验。关于它对美国政府及其社会的影响，至今仍在讨论。“水门事件”确实是考验在政治大戏剧中扮演着大大小小角色的政府官员的伦理观念和道德勇气的很好的实验场。

在下面的案例“星期六夜晚的大砍杀”中，埃利奥特·理查森对于“水门事件”中这一最富有戏剧性的事件为我们作了详尽的描述，他当时任美国司法部长。理查森生动地讲述了他当时所面临的伦理选择，

① ［美］R. J. 斯蒂尔曼. 公共行政学：观点和案例［M］. 北京：中国社会科学出版社，1989.

这些选择最终导致了他的辞职和特别检察官阿奇博尔德·考克斯和副部长威廉·拉克尔肖斯的被解雇。

理查森讲述了围绕着这场政府大危机的各个事件:他在“水门事件”阴云密布时作出就任司法部长的决定;选择特别检察官的艰难的过程;他要扮演的两种角色的冲突性——既要忠实于他的顶头上司美国总统,又要遵守他对国会的誓言,允许特别检察官对水门事件进行公正的、独立的调查。他还讲述了他最后如何被迫以辞职来作为抗议手段。这个故事读起来就像一部情节紧凑的希腊悲剧,而作者又是非常客观、不动感情地讲述着他在处理“水门事件”的过程中所面临的一个接一个的伦理上的抉择。这些抉择是在一种独一无二的艰难形势下所面临的非常棘手的问题,在它们上面压着非常大的赌注——总统职位和国家存亡。这种特殊形势使每个人的善恶都得到了充分的暴露。理查森的故事着重讲述了政府行政官员在面临伦理困境时的经验教训,强调了行政选择中的伦理标准。

请结合以下思考题,阅读案例的内容:

1. 在理查森被任命为司法部长之后,他面临着哪些重大的伦理问题?

2. 他经过了怎样的过程才作出他的决定?

3. 你认为他的决定与行政伦理标准相符吗?

4. 如果你是当时的美国司法部长,你会以不同的方式处理这些伦理问题吗?

5. 你能否概括一下,这个案例对政府官员面临的伦理选择作了哪些描述?

二、案例:星期六夜晚的大砍杀[①]

“上帝对傻瓜、醉鬼和美国都予以照顾。”这句俗语在“水门事件”中又一次应验了。美国还算是幸运的,因为水门丑闻在被揭露出来时还来得及予以挽救纠正。对未来的掌权者来说,这个滥用权力的事件

① 埃利奥特·理查森.大西洋月刊[J].1976(3).有删节.

是一个恶劣的先例。对已陷进去的人来说，继续滥用权力却是很自然的事情。对于他们这两种人来说，滥用权力都是有瘾的，而当发现已养成滥用权力的习惯时，可能就已经不可救药了。

1973 年的两个星期六，一个在 4 月，一个在 10 月，使我有充分的理由考虑水“水门事件”的影响。它给我们的启迪是：必须进一步保障人民的利益，防止权力的滥用。

头一个星期六是 4 月 28 日。当时我还在五角大楼里作“水门事件”的旁观者。上午，我的朋友和老上司威廉 · P. 罗杰斯，当时的国务卿，给我打来了电话。第一句话就是：“你是要袖手旁观吗？”他说，总统想让我离开国防部去接任司法部长。

自从民主党总部被人闯入以来，已将近一年。新闻界有许多报导说，前司法部长约翰 · N. 米切尔被授权贿赂“水门事件”中的那些盗贼，要他们保持沉默。还说钱是从白宫尼克松的办公室主任 H. R. 霍尔德曼掌管的经费中拨出来的。

罗杰斯告诉我，司法部长理查德 · G. 克兰丁斯特快要辞职了，这并不是由于他本人卷入了水门事件，而是因为与他联系非常密切的一些人——米切尔、迪安和罗伯特 · C. 马迪恩——据说卷入了这个事件。总统还准备接受霍尔德曼、迪安和他的国内事务的主要助手埃利希曼的辞职书。一位新的司法部长需要立刻上任，他要能够恢复公众对司法部领导的信任。总统要罗杰斯给他提出建议，而罗杰斯推荐了我。他说，总统认为在当时的形势下我是最好的候选人。

在此前的 1 月 30 日，我曾宣誓就任国防部长。接管“水门事件”的调查工作，其前景并不使人感到愉快。但我意识到，任命新的司法部长是刻不容缓的。我决定：如果总统要坚持任命我，我将接受；但要向他讲明，我不适合这个职位。

1973 年 4 月 29 日，星期日，春光明媚。总统在他的别墅的草坪上迎接了我。总统对我讲，司法部比国防部更需要我。作为司法部长，我有权控制“水门事件”的调查工作；我的“特别责任便是将此事完全弄清楚，任何有罪者都应受到起诉，不管这件事将伤害谁”。我有权决定是否委任一位特别检察官。总统希望我相信，直到 3 月份他亲自参加调查之前,他不知道白宫卷入了"水门事件"。他最后说:"如果总统犯了错误,你要保护总统这个职位,而不是总统本人。"

以前我一直在埋头研究国防部的问题,对水门事件的细节很不熟悉。大概由于当时我觉得总统比任何时候都需要我,我说道:"我希望你对'水门事件'带来的信任危机的反应,将是开放你的政府,并以更宽宏大量的态度去与人民打交道。""我觉得您的最大问题就是没有意识到您取得的竞选的胜利,不是一般的胜利。即使那些没有投您选票的人也希望您获得成功。"

我试图弄明白是什么原因造成了权力的滥用,这种滥用在"水门事件"中达到了顶峰。据我现在所知,我认为有三种起作用的因素。第一种因素是尼克松本人的缺乏自信的作风,它是尼克松本人的不安全感和对外部强烈攻击所作出的反应的混合物。第二种因素就是他过于轻率地要他办公室的人员一切照他的意旨办,这些人员的政治经验不足,组织观念较强,他们是一心想夺取胜利而从事工作的。第三种因素是在尼克松上任之前就已存在的总统权力扩张和滥用权力的倾向。

在我同尼克松总统于戴维营会面后的几天中,我一直在考虑委任特别检察官这个问题。我感到,对"水门事件"的调查无论在表面上还是在事实上都应该是独立的。公众对"水门事件"在调查上的公正性是否有信心是非常重要的。我当时正在总统给我的第四个职位上工作,而这位总统的白宫工作人员正在受到调查,总统本人也可能牵扯进去。我明白自己是一个效忠感很强的人,为了保持独立性而必须进行的斗争,对我来说一定是很痛苦的。

1973 年 5 月 7 日,星期日,在总统宣布对我的提名七天之后,我在国防部的一个记者招待会上宣布了我的决定:

> 我将任命一位特别检察官(如果我被提名作为司法部长得到批准的话),并给他以完全的独立权限和人员配备方面的支持以保证他去完成他的任务。虽然他将隶属于司法部,并向我汇报情况(仅向我一人汇报),但他应认识到他的最高责任是向美国人民负责。
>
> 选出的这位人物必须符合极严格的标准。作为个人他不

仅要具有崇高的道德和正义感,而且他的这种品德必须为大家所承认。他必须与任何一位被认为或被怀疑为与被调查事件相牵连的人都没有发生过任何来往。他必须具备审慎的性格和独立的精神。

挑选特别检察官的工作立刻开始了。我和我的助手在全国范围内搜集到了250名候选者。最终人选阿奇博尔德·考克斯没有做过检察官。但作为美国司法部副部长,他曾连续五年在最高法院负责全部政府的诉讼案件。我认为,他作为工会的仲裁人和学生抗议的调解人时,显示了彻底的公正和坚定。他的民主党人的身份和被肯尼迪总统任命为司法部副部长,使我(一位共和党人)省去了如果任命另一位共和党人会带来的许多质询。

特别检察官的工作条款最初是由我起草的。条款规定,我作为司法部长要授予特别检察官"全权"去调查"水门事件",而仅"对司法部权限范围之内的事务负法律责任"。我坚持将这条写上,是因为任何授权予他人的人都不可能完全逃脱行使这项权力所带来的责任,这已是一条公理。由于这个原因,条文还规定了司法部长保留罢免特别检察官的权力,但前提是检察官做了"极不得体的事"。

所有这三个关键部分——特别检察官所得到的完全授权、司法部长的最终责任及有关罢免的条款——在1973年10月20日星期六的事件中都起到了决定性的作用。

这些规定的直接后果使我处在总统和特别检察官之间的"真空地带"。我为了履行对考克斯的独立性所作的誓言,放弃了按惯例去充当政府最高检察官的角色。按惯例,司法部长还应是总统的法律顾问。在当时的情况下,这个角色对我来说也是不合适的。因为,调查总统行为的人是在使用我授予他的权力,如果我在法律问题上为总统出谋划策,实际上就是在削弱我授予他的权力。

这些牵制使我必须与双方都保持一定的距离。在我以司法部长身份出席的第一个记者招待会上,这个问题就暴露出来了。在回答问题时,我说:"如果白宫与特别检察官之间发生了矛盾,总统不能指望司法部长去做他的法律顾问,他需要另聘律师。"我从各方面听到的反映都表明,总统对我的声明"深感不安"。看来,总统对我们之间这种新的关系还没有完全理解。

随着时间的推移,我开始试着扮演一个(在有限的程度上)"应付形势的律师"。考克斯接触白宫文件的努力不断遇到各种阻碍和拖延,我则尽力为他开路。白宫办公室主任、五星上将黑格和白宫顾问巴扎德不断地抱怨说,考克斯韵调查僭越了他的身份。我感到,我总是努力就各方面的司法权限问题进行裁决。尼克松则不断听到办公室官员向他反映考克斯企图弄垮总统,是"肯尼迪的走狗"。

当时的形势是很困难的。但这没有先例的棘手关系也是意料之中的。10月6日,在椭圆办公室中的一次会议结束时,总统说:"这件事已经过去,我们可以将考克斯抛开了!"他这话是随便说出来的,还是反映一个早已下定的决心,我那时候无从得知。但无论他是怎样考虑的,都不会影响我要做的事情。

直到1974年5月,当我力图重新回想一周来导致星期六的大砍大杀的事件,以供众议院司法委员会参考时,我才不得不作出这样的结论,即从那天起,他们活动的目的就是抛开考克斯。这项行动计划有两个部分:一是引诱考克斯辞职。如不辞职,就设法使他犯大错误,这样开除他就显得理由充足了。二是设法取得我的配合。

10月的第二周充满了动乱。10月15日,星期一的早晨。作为副国务卿,当我走进黑格的办公室时,黑格在周末给我打来紧急电话,说要就中东形势与我讨论。但真正的话题是,考克斯的调查使总统大大分散了精力,不能处理重要事情。这是不能容忍的!黑格说,总统打算将他的经过验证的磁带按法庭的要求交给赛里卡的法庭,同时将考克斯解雇,以此使事情结束。

我对黑格讲:"假如总统这样做,我将不得不辞职!"

那天下午,黑格打电话把一个新的方案告诉我。这方案后来被称为"斯坦尼斯"建议。白宫将准备出那些磁带的概要,由密西西比州的参议员约翰·C.斯坦尼斯将概要与原磁带进行核对,然后将概要交给特别检察官。假如考克斯与这项计划合作,他将继续留任。黑格说,他费了好大的劲才使总统接受了斯坦尼斯的建议,他已"竭尽全力"了。

他还说总统非常生气地提出要求,说是对于考克斯,“这就是它了”!意思说,以后再不能允许考克斯接触总统的录音带和文件。

就当时法庭用传票索要的磁带和文件来说,我认为斯坦尼期斯建议是通情达理的。我尽力说服考克斯按照斯坦尼斯建议行事。他在星期四下午却给我送交了一份备忘录,拒绝接受斯坦尼斯建议。备忘录很有条理地陈述了他的立场。

当天晚上,我来到了黑格的白宫办公室。除黑格外,总统的律师弗雷德·巴扎德、伦那德·加门特也在那里。在场的还有宪法法律权威、得克萨斯州法律学院教授查理斯·艾伦·赖特先生,他在赛里卡法官和上诉法院介入之前就在录音带问题上为总统方面辩护过。我将考克斯的备忘录的副本交给了他们。

赖特首次听说斯坦尼斯建议,他好像十分有把握地认为总统的乐意合作的态度是非常明智、宽宏大量的。我建议他去试着说服考克斯接受建议。其他人表示,假如赖特不能使考克斯接受建议,就将考克斯解雇。

我认为赖特说服考克斯去改变主意的希望不大。星期五早晨,我来到我的司法部办公室,做好辞职的准备。我得知赖特确实未能成功后,立刻给黑格打了个电话,要求见总统。当我到达白宫时,黑格又拿出了另一项建议,看来我辞职的理由又不能成立了。建议内容是:由参议员斯坦尼斯验证过的磁带将呈交给法院,白宫将告诉法院这是总统所能做出的最大让步,这样就可以不解雇考克斯了。

头天晚上的那些人又在黑格的办公室聚集。其中一人递给我一份考克斯给赖特的信件副木。考克斯在信中说他不能接受赖特的要求,即“必须无条件地同意不再索取任何其他的白宫磁带和文件”。我问:“为什么考克斯的信提到这个问题?”我指出,在我与考克斯的谈判中,从未在斯坦尼斯建议上加上这条限制。我以为是出现了误会。当我要求重新草拟一封信更正以前的记录时,没有人指出:根本就不存在什么误会,考克斯的信正确反映了赖特对他提出的限制。赖特随后给考克斯的信重申了那条限制,并在信尾写道:“我们的分歧仍然很大,所以进一步的讨论是不会取得什么结果的。”

当天下午，我给黑格和巴扎德打了电话，告诉他们我认为斯坦尼斯妥协方案不应该把对考克斯行动自由的限制加进去，还告诉他们我改变了原来的推断，认为即使限制了他的权力也不会促成他的辞职。我的意见受到了注意，他们说在作出任何决定之前还要与我进一步协商。

同一天下午七点钟，黑格在电话里给我读了总统的一封信，并说送信人已在途中。信的内容是："我指示你命令特别检察官考克斯，要他不要再通过司法程序索取总统谈话的磁带、记录和备忘录……"

我非常生气和不安。我终于认识到，总统以为找到了一种抛开考克斯而又不使我辞职的方法。他们要等到最后时刻才让我知道对考克斯的限制是白宫计划的一个组成部分。直到总统要我对考克斯实行限制的信已在半路时，他们才告诉我：总统对于我反对限制考克斯的意见一直不予理睬！

考克斯面临三种选择：

一是默认这项指示，总统认为这样做是很好的；二是辞职，这也不错；三是拒绝从命，这就为白宫解雇他提供了理由。

信是在黑格打电话 12 分钟之后送达的。我给考克斯打了电话，将信读给他听。我向他强调，我只是在向他转告这件事，而不是在执行信中的指示。那天晚上的晚些时候，我又给他打了个电话，告诉他我准备发表一个简短的声明，明确表示我反对总统的指示。

回家后，我和夫人安妮讨论了当时的形势。我不能执行总统指示，这是非常明确的！在谈到体面地辞去职务时，她用了睡进"红木棺材"这句话。夜里，我写下了"红木棺材"这个标题。

星期六早上，我整理了一封致总统的信。与此同时，考克斯宣布要在下午一点钟举行记者招待会。在招待会开始时我的信送到了白宫。我在考克斯去记者招待会的路上遇到了他，并将我给总统信中的主要内容念给他听：

> 我多次重申，我要确保特别检察官独立性的意向。在我讲到他的义务和责任时，我特别强调他享有"完全的权力可以决定他是否要对'行政特权'或其他'有依据的特权'的维持提出抗议"。由于特别检察官可以因为"极不得体的行事"

被罢免,所以关于他的职务规则便特别讲明:"司法部长不得撤回或干涉特别检察官的决定或行为。"

很清楚,您10月19日来信里对我的指示给我带来极大的困难。如您所知,我认为根据建议让参议员斯坦尼斯准备出一个检验过的所谓水门磁带的录音是合情合理和具有建设性的,而且我也尽了最大努力去劝导考克斯相信这个建议是解决问题的好办法。但是,我不认为他要取得磁带就必须付出不再使用司法程序的代价。

我同一些关系较密切的人及朋友在我的司法部客厅观看了考克斯的记者招待会。他选择了第三种方案:不接受斯坦尼斯建议,并要到法院去就尼克松公然不服从法院命令的问题,要求法院作出裁决。没过一会儿,我接到了黑格的电话,总统要我解雇考克斯。我问黑格,当天下午总统什么时间可以会见我。

我与总统会谈的调子很低,而且气氛紧张。对我来说,最棘手的问题就是要拒绝他的紧急要求。他要我等到中东危机过去后再辞职。总统说:"很遗憾,你坚持将你个人的许诺放在公共利益之上。"我感到血直往头上涌。"总统先生,"我极力用平和的语调讲:"我坚信我的辞职是符合公共利益的。"尼克松将身子靠到椅背上,他意识到了我们之间对于公共利益的认识是各不相同的。

司法部代理部长威廉·D.拉克尔肖斯也提交了辞呈。总统拒绝接受他的辞呈,反而叫黑格将他罢免了。那么还剩下谁来罢免阿奇博尔德·考克斯呢?下一个轮到了司法部副部长罗伯特·H.博克了。他认为总统有权命令将考克斯罢免,而且他对予充当刀斧手也没有什么反感。但是他认为,在办完这事之后,他自己也应提出辞职。他说:"我不想继续留任让人们将我看做刽子手。"比尔和我都劝他说,如果仅仅是由于这个原因不应辞职。因为如果他再辞职,司法部工作的连贯性会受到极严重的损失。

回想此事,我不理解为什么理查德·尼克松和他的顾问们会断定能够说服我解雇考克斯,并且仅仅因为他拒绝了验证用传票索要的磁带的建议,而这个建议是与他不得再接触总统其他录音带和文件的限制联系着的。考克斯的立场是正确的。我绝不可能将考克斯的这种行为看做“极不得体的行事”。

总统让人觉得他不得不下令将考克斯罢免的努力失败了。他使我除了辞职之外别无选择。我给特别检察官的许诺是对参议院司法委员会的宣誓,是对整个参议院的宣誓,并且是通过参议院向全体国民的宣誓。虽然我预先料到这个罢免和两个辞职会引起公众的强烈反应,但我没有料到,在全国各地如此强烈的反应。国会收到了300万件函电,国会因这种事情收到这么多的函电还是第一次。后来我在各地遇到的许多人都告诉我,他们排几小时队等待发个电报,但总是打不通。

特别检察官要把事实查个水落石出的公正努力受到了挫折,这是引起这些反应的部分原因。给他以完全的独立性的诺言被收回了,人们也对此表示抗议。许多人都渴望在这个原则问题上分清是非界限。正如霍姆斯曾说过的,“我们依靠各种信念生活”。通过那个星期六所发生的各种事件,我们看到了美国人民意志的集中体现。

在阿奇博尔德·考克斯、比尔·拉克尔肖斯和我离开司法部后的一段时间里,对总统权力的宣传比“水门事件”整个肮脏历史的所有阶段更为甚嚣尘上。在那段不长的时间里,联邦调查局根据尼克松的命令占领了我和比尔·拉克尔肖斯在司法部楼内以前的办公室,并设立警戒线禁止“水门事件”特别检察小组进入设在K街1425号的办公处。接着,总统又命令将考克斯的全班人马解散,并且将水门事件调查权收回给司法部刑事司,不再任命新的特别检察官。尽管赛里卡要总统交出法院索取的磁带和文件的命令期限在上一个星期五的午夜已经期满了,但总统却指示他的律师在下一个星期二出庭,宣布他本人不准备服从法院的命令。他将向法院呈交他自己根据磁带整理的副本来代替呈交原磁带。

一个法治的政府眼看就要变成一个独夫统治的政府!

美国人民显示了他们不可动摇的力量,他们决不能容忍进一步滥用权力的现象。代理司法部长罗伯特·博克坚持要“水门事件”特别检察小组继续负责调查“水门事件”,并任命一位新的特别检察官。公共舆论的强大力量支持了代理司法部长的坚定立场。尼克松总统就范了。星期二也就是总统原定仅交出他自己的磁带整理稿的那一天,他的律师将原磁带交给了赛里卡法官。说得更精确些，只交出了九盘磁带中的七盘，其中一盘还有一段臭名昭著的18.5分钟的空缺。

10月20日，考克斯在他举行的记者招待会上曾说过："我们的政府是否继续成为一个法治的政府而不是人治的政府，这个问题要由国会来决定，而归根结底要由美国人民来决定。"考克斯讲对了，只是还有点欠缺：决定我们政府性质的首先是美国人民，然后才是国会。他们作出决定，认为我们的意志依然是政府继续保持法治，而不是人治。

三、"水门事件"提出的行政伦理选择问题

1. 是哪些因素迫使埃利奥特·理查森辞去了司法部长的职务？他在辞职前必须考虑的重大选择都有哪些？假如你是司法部长，你会以同样的方式作出同样的选择吗？

2. 你认为理查森在职时的行为符合政府官员应有的道德准则吗？根据你阅读本案例并研究后的体会，你可以为政府官员和公职人员的正确道德行为加上一些其他内容吗？

3. 为什么政府中出现的问题总包含某种程度的伦理或道德抉择？你认为在私营部门的决策中也存在着同样的抉择吗？讲出你的理由。

4. 有些人认为我们无法教育那些从事政府领导工作的人怎样达到道德伦理要求。换言之，家庭背景、宗教、个人态度、教养这些因素对一个人的道德方面所起的作用要大于正规教育的作用。你同意这种观点吗？你是否认为可以通过某些方式向政府官员和公职人员灌输道德行为的准则？如果你认为可以，请说明怎样进行。

5. 在政府工作中，用埃利奥特·理查森那种办法来表示抗议的现象相对来讲是不多见的。你能讲讲这是为什么吗？你作为一名公职人员，在什么情况下有可能提出辞职？

6. 建议通过这个案例，去思考行政伦理选择是公仆意识的实践重心。

第二节 行政伦理选择的界说与模式

这里,笔者想着重指出,20 世纪 70 年代美国行政伦理的研究和建设得到迅速发展,关键的推动力即在于美国 20 世纪 70 年代发生的“水门事件”。有关内容将在第四章展开。现在先来阐述“水门事件”已经涉及的行政伦理选择的基本理论。

一、行政伦理选择的界说

研究行政伦理选择,不仅要指出行政伦理选择的基本内涵,而且要研究行政伦理选择的心理机制与社会机制、行政伦理选择的社会自由和意志自由以及行政伦理选择的伦理责任等理论问题。

(一)行政伦理选择的基本内涵

《中华人民共和国公务员法》第五十四条指出:“公务员执行公务时,认为上级的决定或者命令有错误的,可以向上级提出改正或者撤销该决定或者命令的意见;上级不改变该决定或者命令,或者要求立即执行的,公务员应当执行该决定或者命令。执行的后果由上级负责,公务员不承担责任。但是,公务员执行明显违法的决定或者命令的,应当依法承担相应的责任。”全国人大法制工作委员会在解读时指出,本条是关于公务员认为上级的决定或者命令有错误时的处理方法和责任的规定。

依据本条的规定,同时结合“水门事件”中理查森的选择,可以归纳出以下几点:

1. 认为上级的决定或者命令有错误,可以向上级提出。“忠于职守,勤勉尽责,服从和执行上级依法的决定和命令”是公务员的义务。但公务员执行上级的决定或者命令的前提条件,是上级的决定或者命令应当是合法有效的。这种合法性可以从以下三个方面去判断:一是作出的决定或者命令应当在其职权范围内,不能是越权作出的;二是作出的决定或者命令的内容应当是合法的,不能是违反法律、法规和国家的方针政策的;三是作出的决定或者命令应当符合法定程序。公务员的行政伦理责任要求，如果认为上级的决定或者命令有错误，应当提出，不要将错就错。

2. 上级不改变决定或者命令，或者要求立即执行的，公务员应当执行该决定或者命令。这是机关组织纪律性的要求。但是，由于公务员对上级所作出的决定或者命令已提出了不同意见，如果最后证明这个决定或者命令是错误的，该公务员可以免责，由上级承担责任。

3. 公务员执行明显违法的决定或者命令的，应当依法承担相应的责任。在西方法学中有一种抵抗权理论，说的是公民对明显违反宪法的法律，即所谓的“恶法”有不执行和不遵守的权利。公民这种抵抗权是人权的最后保障。在德国，公民的这种抵抗权甚至得到基本法的确认。德国基本法第二十条规定：“立法应遵循宪法秩序，行政和司法应遵守正式法律和其他法律规范……对于企图废除上述秩序的任何人，如没有其他对抗措施时，所有德国人均有抵抗权。”抵抗权是公民权利的最后救济手段，是其他法定的救济手段都无效时所采取的一种自力救济。我国法律体现了抵抗权的精神。本法没有正面规定公务员对明显违法的决定或者命令可以拒绝执行，但规定公务员执行明显违法的决定或者命令的，应当依法承担相应的责任，从特定角度肯定了公务员可以不执行违法的决定或者命令。这样规定既是现实的需要，也是法治进步的表现。因此，对于上级明显超越职权、滥用职权或者严重违反法定程序等明显违法作出的决定或者命令，公务员可以拒绝执行。如果公务员执行了明显违法的决定或者命令的，应当承担责任，包括刑事的、行政的责任。

从行政伦理学的视角解读，《公务员法》第五十四条也是关于公务员行政伦理选择的规定，涉及行政伦理选择的界定、责任与责任限度以及选择模式与评价标准等多方面内容。

那么，什么是行政伦理选择呢？

行政伦理选择是具有特殊价值的社会选择，是国家公务员在行政伦理观的支配下，根据行政伦理规范体系，在不同的价值准则或善恶冲突之间所作的抉择。行政伦理选择作为一种价值取向，是国家公务员为达到伦理目标而主动作出的取舍。因此，行政伦理选择又是行政伦理价值观的表现形式，它把国家公务员内在的价值观念、伦理品质等以心理活动和行为活动的形式呈现给自己或别人。行政伦理选择则渗透于公共行政的一切领域，不仅包括公共行政行为动机、意图、目的的选择，而且包括行为的方式、过程、结果的选择；不仅表现为外在的行动、交往、调节等伦理实践活动，而且表现为认识、情感、意志等伦理精神活动。行政伦理行为的一切内容都具有选择的意义。

（二）行政伦理选择的心理机制与社会机制

行政伦理选择作为复杂的精神活动，所以能进行并发挥作用，根本原因之一在于它是一种自觉、自主、自控的活动，在于它具有相应的意识结构和基础。这种结构和基础，可称之为行政伦理选择的心理机制。知、情、意是人类心理的三个基本要素。行政伦理选择首先来自于国家公务员认知的选择性。认知是人类最早发展起来的一种选择能力，也是行政伦理选择的基本心理依据。选择性则是国家公务员认知能动性的一种表现。其次，行政伦理选择又依托于情感。情感是人类伦理发生的直接心理基础，也是行政伦理选择的重要心理依据。在行政伦理选择中，伦理感是广义情感中的最高层次，其选择作用最为突出。伦理感是国家公务员自觉修养、学习、调节、实践而获得的稳定品质，具体有责任感、是非感、荣誉感、羞耻感等，其中每一种都具有特殊的选择意义。最后，行政伦理选择取决意志。如果说认识、情绪的选择还多少具有潜在的、间接的意义，那么意志就是一种直接的、现实的选择机制。意志，就是自觉确定目的，根据这一目的来支配、选择、调节自己行动的心理过程，是知识和情感相互作用而形成的一种活动能力，它不满足于反映或体验，也不停留于默想或沉思，而是要把主观的东西见之于客观，把内部的倾向变为外部的活动。意志通过自己的活动，使行政主体形成一定的倾向和目的。意志每作出这样一个决定，就是在多种可能性中通过权衡而进行的一次选择。这一心理过程为行政伦理选择提供了依据，奠定了基础。

行政伦理选择是国家公务员的社会性选择，它不仅基于特定的心理机制，而且基于特定的社会机制，是在心理机制与社会机制的交互作用中实现的。行政伦理选择的社会机制是指行政伦理选择是怎样在社会结构中进行的。为此，我们必须从社会现实来把握行政伦理选择的特点、过程和规定性。社会是由多层次并存、多领域互接所组成的有机体，每一个层次都有相应的伦理要求，层次越高伦理要求也就越高，高低不等的层次形成了由低到高的伦理规范体系。其中，行政伦理位于全社会的最高层次。而每一个领域也有自己特殊的伦理，如职业伦理、家庭伦理、社会公德等。这些不同的伦理又组成了横向的伦理关系网络，彼此相互独立又相互联系和相互影响。纵向和横向的伦理要求交织在一起，为行政伦理选择提供了可能性和必要性。行政伦理选择不仅要在多种可能性和必然性之间进行，而且要在价值冲突中进行。价值冲突扩大了行政伦理选择的意义和作用，也增加了行政伦理选择的困难，它常常会把国家公务员推向两难的境地，迫使国家公务员作出非此即彼的抉择。

（三）行政伦理选择的社会自由和意志自由

行政伦理选择是国家公务员依据一定的标准在多种伦理可能性中进行的抉择，是在不同的伦理价值之间、在对立的价值准则之间作出的取舍，是经过国家公务员的一系列心理意识活动而达到的价值取向。因此，也就成为国家公务员的自由自觉活动。在这种活动中，国家公务员的本质、特性得到充分的发挥，行政伦理的功能、作用得到充分的表现。但行政伦理选择不是凭空而生的，而是在国家公务员与社会相互作用中进行的。行政伦理选择必须有一定的前提，这个前提就是自由。行政伦理选择的自由表现为两种形式，即社会自由和意志自由。

社会自由是指行政伦理选择的外在可能性。要选择，首先必须有选择的对象，而且至少有两个以上的选择对象，只有一种可能性的选择不叫选择，而叫规定。行政伦理选择时可能性是由社会提供的，是由社会发展内部结构造成的。社会越发展，展现在人们面前的选择可能性就越丰富，选择的自由也就可能越大，对于选择而言，可能性只是外在的自由。这种自由能否实现，还依赖于国家公务员的选择。国家公务员的意志自由是选择的内在自由，也是更为重要的行政伦理选择前提。意志自由表现了国家公务员的能动性、主动性，它使国家公务员在多种可能性中根据自己的需要、信念和理想进行选择。在一定时期，社会所提供的外在自由限度是确定的，但在这些确定的条件下，国家公务员可以作出自己的选择。意志自由使国家公务员获得了独立的地位和人格，使国家公务员不是屈从于外界的压力，按照别人指定的方式去行动，而是按照自己的意愿，通过选择自己的生活方式、行为方式，造就自己的德性和价值。在伦理冲突中，意志自由的作用尤为明显。它给国家公务员以思考和行动的机会，使之辨别真伪、是非和善恶，作出扬善弃恶的抉择。意志自由使行政伦理选择得以进行，又赋予选择主体以相应的伦理责任。

我们强调行政伦理选择的前提是意志自由，但国家公务员的意志自由是社会自由与个人自由的统一，是必然与自由的统一。意志一方面是国家公务员的自决能力，另一方面又是被决定的。意志将自由与不自由合于一身，表现出与其他心理因素不同的特性。意志自由不是抽象的自由，而是具体的现实自由。现实的自由来自国家公务员的公共行政活动，在公共行政活动中国家公务员的需要与满足需要的对象达到了统一。国家公务员的需要不仅具有外在的形式，而且具有现实的内容。通过这种需要和需要的满足，国家公务员摆脱了自己的抽象性，而成为活生生的人。国家公务员也由需要的奴仆变成了需要的主人，成为支配、控制自身一切感性东西的人。

意志自由是特殊性与普遍性的统一。意志作为国家公务员个人的意志，是特殊性。意志的出发点是特殊的国家公务员个人需要。意志所要达到的目的也是由特殊的个人规定的，但意志又不能仅仅停留在特殊性之中，它必须由特殊上升到普遍才能达到自由。自由代表着意志中的公共行政普遍规定性，反映着公共行政普遍的规律。意志和自由的结合就是特殊与普遍的结合。意志既必须在特殊物中表现自己，又不能受特殊物的束缚和限制，而必须在特殊之中保持公共行政普遍的本性。意志自由也是主观与客观的统一。意志与国家公务员个人的动机、意图是分不开的。但它又不能陷于主观性中不能自拔，意志的活动在于扬弃主观性和客观性之间的矛盾，而使它的目的由主观性变为客观性，超出主观的范围进入客观的领域，把主体内在的要求变为客观的要求。主体通过能动的认识和实践活动，可以把必然的对象主体化，纳入自己的要求之中,从而扬弃必然、超越必然而获得自由。

(四)行政伦理选择的伦理责任

在行政伦理领域,必然性蕴藏在国家公务员个人与他人、个人与社会整体的利益关系中,正确地认识这种关系,深刻地理解这种利益关系中所包含的客观必然性,就为行政伦理选择的自由打下了基础。“人对一定问题的判断愈是自由,这个判断的内容所具有的必然性就愈大;而犹豫不决是以不知为基础的。”意志自由又表现为主体的选择和决定能力,“是借助于对事物的认识来作出决定的那种能力”。[①] 行政主体不仅能够认识伦理必然性,能够分辨善恶,而且能够择善去恶。能否根据对伦理关系的认识自主地选择自己的生活方式、行为方式,是行政主体自由与否以及自由程度高低的主要标志。选择和决定不是任性的偶然的决断,而是建立在认识能力基础上的实践能力的表现。它表明意志既可以选择,也可以不选择(不选择也是一种选择),还可以把已经决定选择的东西再放弃。国家公务员意志自由尤其是一种自觉行动的能力。

最后必须明确,行政伦理选择以意志自由为前提,以伦理责任为结果。因为,国家公务员在自由地选择行政行为的同时,也选择了责任。伦理责任是行政伦理选择的基本属性,是和自由同样重要的行政伦理选择的条件。恩格斯讲得非常深刻:“如果不谈谈所谓自由意志、人的责任、必然和自由的关系等问题,就不能很好地讨论伦理和法的问题。”[②]有关内容在本章第三节中将详细阐述。

二、行政选择的伦理模式

在行政选择中,选择的伦理动因问题占据着核心位置。从根本上讲,利益和利益关系是影响公共行政主体进行行政选择的决定性动因,并成为一切行政伦理现象的基础。但是,利益和利益关系的这种决定性影响和基础作用,往往又需要经过一系列中间环节,才能对公共行政

---

① 马克思恩格斯选集(第三卷)[M].北京:人民出版社,1995:1543.

② 马克思恩格斯选集(第三卷)[M].北京:人民出版社,195:152~153.

主体的行政选择显示其力量。因此,从更直接的角度上观察,公共行政责任(他律)、公共行政良心(自律)、公共行政价值目标(他律和自律的统一),实际上成为影响公共行政进行主体进行行政选择的三大伦理动因。从行政伦理选择伦理动因的角度,可以把行政伦理选择的伦理模式分为责任型行政选择模式、良心型行政选择模式和价值目标型行政选择模式。

(一)责任型行政伦理选择模式

所谓责任型行政伦理选择模式,是指以公共行政责任作为行政伦理选择唯一伦理动因的行政选择。

怎样评价责任型行政伦理选择模式呢?一般说来,需要结合实际情况,从两方面进行分析和研究。

第一,责任型行政伦理选择在国家公务员的公共行政中颇为通行,具有相当的合理内核和一定的积极作用,成为行政伦理选择的低级然而又是基础的选择模式。其基本根据在于:行政伦理选择,在其最基本的意义上是为了履行公共行政责任。公共行政责任以其具有的他律性质,从总体上反映了公共行政领域所提出的客观的行政伦理要求,进而从外在方面影响国家公务员的公共行政行为,成为国家公务员进行行政伦理选择的基本的行政伦理动因之一。公共行政责任作为一个伦理范畴,表现为公共行政主体在处理对政府、对公共行政机关以及对人民的利益关系时,应该履行的公共行政责任,因而是行政伦理选择理论所要研究的最重要的问题之一。简言之,当"责任"是客观的、实在的、真实的责任,遵循这种责任,人们可以作出正确的道德选择。以上是关于责任型伦理选择模式的肯定性评价方面。

第二,需要研究责任型伦理选择模式的另一个方面。责任型行政伦理选择模式与作为国家公务员行政伦理选择基本伦理动因之一的公共行政责任,是既有联系又有区别的两个范畴。其联系,前面已作了论述。其区别在于,责任型行政伦理选择模式把公共行政责任夸大为国家公务员行政伦理选择的唯一伦理动因或最根本的动因,进而排斥或忽视了公共行政良心和公共行政价值目标在行政伦理选择中的作用,致使行政伦理选择走向片面。责任型行政伦理选择模式有其消极的一面。

（二）良心型行政伦理选择模式

所谓良心型行政伦理选择模式，是指以公共行政良心作为行政伦理选择唯一或基本伦理动因的行政选择。与责任型行政选择模式相比，良心型行政选择模式是新的升华。

有关研究告诉我们，存在着以下两种行政伦理：一种是约束的或他律的行政伦理，另一种是主动的或自律的行政伦理。公共行政主体自发建立的约束与单方面的尊重的关系有助于形成第一种行政伦理的控制。这是一种导致他律、因而造成行政伦理实在论的强制。于是，绝对服从上级的意志就是“正确”的，而具有自己的意志便是“错误”的。在这样的行政伦理选择模式里，没有与外在的责任相对照的公共行政良心的地位。公共行政良心与公共行政责任应该齐头并进，其前提是外在的公共行政责任需要向内在的公共行政良心升华。否则，外在公共行政责任强制的行政伦理关系只能停滞于公共行政他律。他律时期的行政伦理，不足以形成真正的行政伦理。对于行政伦理选择和行政伦理行为来说，公共行政主体需要在公共行政良心的指引下选择行政伦理行为，并正确评价行政伦理责任的价值。在行政伦理选择领域内，公共行政良心具有一种解放的与建设的作用。

良心型行政伦理选择的优越性在于，它重视公共行政良心在行政伦理选择中的自律作用，从而赋予行政伦理选择以比较充分的主体性。公共行政良心使公共行政主体意识到自己对社会负有公共行政责任，对公众的命运负有公共行政责任，而这也就是对自己的公共行政行为的评价。对自己的公共行政行为的伦理满足或者与之相反的公共行政良心谴责，即羞耻心，就是这种伦理评价的结果。这种情感在与缺点作斗争中有重要的意义，因为“耻辱就是一种内向的愤怒”。① 需要指出，在行政伦理的自律时期，如果忽视作为他律的公共行政责任，也是片面的，并且会走向行政伦理的唯意志论。所谓行政伦理的唯意志论是指这样一种倾向，即作为公共行政主体的国家公务员把自我意志等同于

① 马克思恩格斯全集（第一卷）[M].北京：人民出版社，1956：407.

公共行政良心,并以此作为行政伦理选择的根本动因。在这种情况下,主体所谓“凭良心办事”,往往就变成了依个人的主观意志办事。一旦国家公务员的主观意志违背了客观规律,行政选择就必然陷入困境。从实践上分析,以公共行政良心作为选择的唯一动因,尽管在一定范围内可以作出符合行政伦理的行为选择,然而毕竟范围有限;或者说,在广泛的公共行政领域中的公共行政行为的选择中,仅仅依据国家公务员的个人良心就不够了。在复杂的公共行政领域中的行政伦理选择中,作为自律的公共行政良心需要有作为他律的公共行政责任的辅助,更重要的是需要向公共行政价值目标升华。

(三)价值目标型行政伦理选择模式

所谓价值目标型行政伦理选择模式,是指以公共行政价值目标作为公共行政主体行政选择根本伦理动因的行政伦理选择。它是行政伦理观在行政伦理选择中的实践性体现。

公共行政价值目标即是在行政伦理观的指导下形成的关于行政伦理总的、评价命令性的目标,其价值在于保证行政伦理意识、行政伦理活动和行政伦理规范的作用的统一,保证对公共行政行为进行调节的明确目的性。它是一种特殊的“定位器”,在复杂情况下确定行政选择的方向,在行政选择中寻求特定的价值。

公共行政价值目标作为社会关系和公共行政关系相互作用的产物,是社会发展、公共行政的客观进程所提出的要求与党、国家机构、国家公务员的自觉认识的统一。也可以说,公共行政价值目标就是作为公共行政主体的国家公务员的公共行政自律与他律的统一。其中,公共行政自律就是公共行政良心的自我制约、自我调节,公共行政主体以公共行政良心为尺度和方法承担和衡量主客体相互作用的后果,并调节自己的需要、目的、选择和行为。公共行政主体在与公共行政客体相互作用时,对于相互作用的结果负有责任,这个责任是由于公共行政主体的需要、目的、选择和行为等内在要素所决定的。作为公共行政主体的国家公务员履行这种责任的方式之一,就是随时检验相互作用的过程和结果是否符合公共行政良心,并依据这种检验适当调整与客体的关系。当然,公共行政主体的伦理自律不是孤立的,不是纯粹自省式的，这里已包含了伦理他律的因素。以公共行政责任为核心的行政伦理他律，是基于物质的社会关系与思想的社会关系以及公共行政关系所提出或制定的一系列客观的标准和要求。从根本上讲，国家公务员的公共行政自律的能力和方法，是他们在长期的公共行政实践中遵守公共行政他律的经验的积淀。因此，公共行政良心与公共行政责任是可以统一的。以公共行政良心为主，在公共行政良心中反映并遵从着公共行政责任，从而使公共行政他律与公共行政自律有机地统一起来，这便是公共行政价值目标的总特征。

从行政选择的伦理动因的角度分析，价值目标型行政选择模式是完善的行政伦理选择，它的全面性、完整性和科学性主要表现在以下三个方面。

第一，价值目标型行政伦理选择模式是责任型行政伦理选择模式与良心型行政伦理选择模式的辩证统一。我们已经知道，责任型行政伦理选择与良心型行政伦理选择分别都有其片面性的方面与合理性的方面。因此，如果能把这两种行政伦理选择模式有机结合起来，就可以发挥它们各自的长处，避免其各自的短处。价值目标型行政伦理选择模式恰恰具备这种优点。作为行政伦理选择伦理动因的公共行政价值目标，本身就是在公共行政责任与公共行政良心、公共行政他律与公共行政自律相统一的基础上形成的。它既包含着作为公共行政主体的国家公务员所自觉意识到的客观性（公共行政他律），又形成于国家公务员的主体性（自律）。所以，价值目标型行政行为选择实质上是以公共行政责任、公共行政良心和公共行政价值目标三者的有机结合作为行政伦理选择的伦理动因的。在这种行政伦理选择中，责任型行政选择与良心型行政选择不仅是统一的，而且由于置于公共行政价值目标的统帅之下，使得公共行政责任与公共行政良心的统一升华到新的高度，从而使国家公务员的行政伦理选择更加科学化和完善化。

第二，价值目标型行政伦理选择模式从深层次上体现了个人利益与社会利益的正确结合。我们所主张的公共行政价值目标是建立在社会主义利益关系和利益基础之上的。其中，国家公务员个人利益与社会利益的正确结合，又是公共行政价值目标形成和发展的关键环节。

反过来，公共行政价值目标一旦形成，并通过各种途径深入国家公务员的行政伦理选择实践之后，又会指导作为行政伦理选择主体的国家公务员处理好个人利益与社会整体利益的关系。价值目标型行政选择模式的基本精神，不在于个人利益与社会利益一致时能够服从集体利益，而在于个人利益与集体利益不一致时也能够牺牲个人利益，服从集体利益，它的内涵是个人利益服从集体利益。在任何情况下都不愿牺牲个人利益的公务员，或者致力于部门权力利益化的公务员，都是不称职的国家公务员，是不可能作出正确的行政伦理选择的。

第三，价值目标型行政伦理选择模式是国家公务员完善公共行政人格的有效途径。行政伦理选择的基本目的之一，即是通过具体的、长期的、一系列的行政伦理选择实践，推动国家公务员走向行政伦理人格完善。然而，只有通过价值目标型的行政伦理选择，国家公务员才能逐步抵达行政伦理人格完善的彼岸。马克思在其著名的《青年在选择职业时的考虑》中曾经写道："在选择职业时，我们应该遵循的主要指针是人类的幸福和我们自身的完美。不应认为，这两种利益是敌对的，互相冲突的，一种利益必须消灭另一种的；人类的天性本来就是这样：人们只有为同时代人的完美、为他们的幸福而工作，才能使自己也达到完善。"①青年马克思谴责了那种仅仅按照自私自利的打算或根据物质利益进行行为选择的做法。他自己就有志于为全人类服务，愿为人类创造新的生活贡献力量："如果我们选择了最能为人类服务的职业，我们就不会为任何沉重负担所压倒，因为这是为全人类作出牺牲；那时我们得到的将不是可怜的、有限的和自私自利的快乐，我们的幸福将属于亿万人，我们的事业虽然并不显赫一时，但将永远发挥作用，当我们离开人世之后，高尚的人将在我们的骨灰上洒下热泪。"17 岁的马克思就已开始意识到应该把伦理选择同社会现实和社会需要辩证地结合起来。这也是国家公务员在行政伦理选择时所应遵循的基本方向。

① 马克思恩格斯全集(第四十卷)[M].北京:人民出版社,1956:7.

第三节 行政选择的伦理评价

行政伦理选择发生之后,不可避免地存在着对它进行伦理评价的问题。行政伦理评价是行政伦理学中非常重要的组成部分。

一、行政选择的伦理责任与责任限度

行政选择的伦理评价首先要分析行政伦理选择的责任与责任限度问题。

(一)行政选择的伦理责任

从本质上分析,行政伦理选择的客观可能性以及国家公务员行政伦理选择能力的大小,是进行行政伦理选择的根本条件。其中,客观可能性具体化为行政伦理选择的主体制约性或内在制约性。在行政伦理选择中,环境的外在制约性与公共行政主体的内在制约性是紧密地联系在一起的。或者说,在行政伦理选择中,公共行政环境与国家公务员的决定是作为一个整体的两个因素相互制约的,它们是行政伦理选择中国家公务员"意志自由"的客观方面和主观方面的有机结合的行动体系。

概括地说,只有在行政伦理选择的可能性与行政伦理选择的能力相互作用时,国家公务员才能获得行政伦理选择自由的必要条件和充分条件。在这个意义上,行政选择的自由,就是作为选择主体的国家公务员依据对公共行政工作的必然性与行政伦理的必然性的认识而进行正确行政选择的能力,也就是国家公务员为了实现公共行政价值目标而卓有成效地从事公共行政工作的能力。在此基础上,便合乎逻辑地引出国家公务员行政伦理选择中的责任与责任限度问题。

需要肯定,国家公务员应该对自己的行政伦理选择承担责任。这是因为:其一,行政伦理选择中的责任是有客观规定性的,国家公务员可以正确地从这种有着客观规定性的公共行政责任出发,选择适当的公共行政行为。其二,国家公务员在必然性所规定的公共行政责任面前,是可以发挥主观能动性的。公共行政关系属于社会关系,它所具有的客观必然性是通过国家公务员的行政伦理选择来起作用的。在通常情况下,国家公务员对行政伦理选择有着不可推诿的责任。其三,强调国家公务员对行政伦理选择的责任,不论对国家公务员本人,还是对公共行政机关以及国家和人民都是十分必要的。对于国家公务员来说,只有以高度的公共行政责任感,凭借着对公共行政必然性的自觉认识进行行政伦理选择,才能真正获得意志自由,真正享有同公共行政相适应的公共行政行为自由。对于政府和人民来说,通过各种途径和方法,增强国家公务员行政选择的责任心,对加速社会主义现代化建设事业有着不可估量的社会价值。

胡锦涛同志在中央纪律检查委员会第三次全体会议上指出,要激励干部做到求真务实,必须加强对干部的监督,及时发现并坚决纠正违背求真务实精神的各种不正之风和错误做法,保证干部全面准确地贯彻党和国家的方针政策和工作部署,保证领导干部对自己的决策和各项职务行为负责。一是要着力健全发现问题的机制,扩大信息来源,前移监督关口,做到防患于未然。二是要着力健全纠正错误的机制,促使发现的问题迅速得到解决,防止小错拖成大错。三是要着力健全追究责任的机制,干部在工作中出了问题,该给什么处罚就给什么处罚,决不袒护姑息。

温家宝同志在国务院第三次廉政工作会议上的讲话中要求"推进行政执法责任制",并具体指出,"行政执法是政府依法履行管理职能的基本形式和经常性工作。各级政府以及各个部门,都有与职能相应的行政执法权,如果这个权力被滥用,执法违法,以权谋私,就会导致腐败,损害群众利益。必须看到,许多腐败现象和损害群众利益的问题,就发生在行政执法过程中。因此,必须推进行政执法责任制,规范行政执法行为。行政执法必须坚持权责一致,做到有权必有责、用权受监督、侵权要赔偿、违法要追究。要完善行政执法程序。目前在行政执法工作中,忽视执法程序的现象十分普遍,这是滥用职权和执法犯法的一个重要原因。各级政府机关及其工作人员必须养成按法定程序办事的习惯,行政决定要符合法定程序,执法行为要遵守法定程序。要实行行政执法依据公开制度、执法过错追究制度和执法行为评议考核制度。

对于违法或不当的行政执法行为,必须坚决纠正和严肃处理。这样才能保证政府机关及其工作人员公正执法、文明执法,减少和杜绝侵害群众合法权益的事情发生”。

(二)行政伦理选择的责任限度

需要指出的是,国家公务员只能在一定限度内对行政伦理选择承担责任。如前所述,国家公务员的行政选择是要受到各种客观条件与主观条件制约的。在客观方面,国家公务员的行政伦理选择要受到现实社会的政治、经济、法律、伦理道德等状况以及国家公务员在现实社会关系体系特别是公共行政关系中的地位等因素的影响。在主观方面,国家公务员的行政伦理选择,还要受到其本人的人生观、伦理价值观、知识水平、心理状态等因素的制约。国家公务员经过努力固然可以改变甚至超越某些主客观条件的制约,但是,绝不可能改变或超越制约公共行政行为为选择的全部条件。正是由于总会存在主客观条件的制约,所以,国家公务员进行行政伦理选择的客观可能性与主观能动性,都必然是有一定限度的。因此,国家公务员既不能对任何公共行政行为都不承担责任,也不能对一切公共行政行都承担全部责任。换句话说,国家公务员必须而且只能在一定的责任限度内,对自己的行政伦理选择与公共行政行为承担责任。

怎样来确定国家公务员行政伦理选择的责任限度呢?概括地说,国家公务员必须而且只能在当时客观条件与主观能力所能够并应当选择以及有可能实行行政选择的范围之内,对自己的公共行政行为的善与恶承担行政伦理责任。

具体地说,国家公务员对自己的公共行政行为应承担的责任限度主要由三个综合因素构成:一是现实社会已经制定或提出体现着人民利益与社会发展需要的公共行政准则与行政伦理规范,使国家公务员能够根据这些准则与规范进行行政选择;二是现实行政伦理选择处境的几种可供选择的方案中,已经包括国家公务员应该选择的、符合国家根本利益的行为方案;三是国家公务员已经具有或应该具有选择这种符合国家根本利益的公共行政行为的能力。凡是在这样的范围内,国家公务员就应该而且必须对自己的行政伦理选择承担行政伦理责任。

这样规定行政伦理选择的责任限度，是不是降低了国家公务员对行政伦理选择所负的行政伦理责任呢？不是。按照这个公共行政责任限度的要求，国家公务员不仅要对行政伦理信念本身负责，而且要对行政伦理信念的真实性负责；不仅要对不符合行政伦理的公共行政行为本身承担责任，而且要对自己认识方面和实践方面的某些幼稚性承担责任。这种责任限度的规定还表明，随着社会和公共行政事业的发展，随着行政伦理选择的范围的扩大，国家公务员对行政选择所承担的责任也会相应增强与提高。所以，在肯定国家公务员对于行政伦理选择应承担责任的前提下，科学地规定这种公共行政责任与伦理责任的限度，正是为了给行政伦理选择与公共行政行为评价提供行政伦理学的理论依据。

二、评价行政行为善恶的标准

（一）评价行政伦理选择，需要确立公共行政行为善恶的标准

所谓善与恶，是人们在社会生活中，对人的行为和事件进行评价的最通行的概念，是个人与社会之间所形成的复杂的社会关系的伦理反映。行政伦理学上所说的善，主要是指符合国家和人民利益以及行政伦理准则要求的公共行政行为；所说的恶，主要是指违背国家和人民利益以及行政伦理准则要求的公共行政行为。

（二）确立行政行为善恶的阶级标准与客观标准

首先应该承认，在阶级社会中，公共行政主体的行为究竟是善还是恶，主要是以自己所属阶级的阶级利益为标准的。马克思主义伦理学的阶级性的特点之一，就是不隐瞒这个客观事实，强调指出，在阶级社会中善恶标准的基础就是各自的阶级利益。同时，它公开申明，无产阶级的阶级利益是无产阶级判断善恶标准的基础。就是说，凡是有利于无产阶级的行为，就是善的，也就是符合行政伦理的；反之，违背无产阶级的利益，以致损害无产阶级的阶级利益的，就是恶的，就是不符合行政伦理的。恩格斯说："社会直到现在还是在阶级对立中运动的，所以道德始终是阶级的道德；它或者为统治阶级的统治和利益辩护，或者当

被压迫阶级变得足够强大时，代表被压迫者对这个统治的反抗和他们的未来利益。”①

强调阶级利益和由阶级利益所贯穿的系列道德规范是评价行为善恶的标准，这样一来，善恶是否就没有客观标准了呢？也不是。这就要求对具体问题作具体分析，看它是否有利于社会的进步和社会的发展。一般说来，在政治上符合社会发展的趋势，能够起到促进作用的，就是善；否则，就是恶。无产阶级由于是历史上最进步的阶级，它代表和反映了历史进步的客观趋势，因此，无产阶级评价善恶的标准是正确的、客观的标准。

2004 年 8 月 31 日，温家宝同志在会见出席“人民满意的公务员”表彰大会的“人民满意的公务员”和“人民满意的公务员集体”代表时强调指出，对政府和公务员来说，最高的评价标准是人民满意不满意，人民满意就是最高的奖赏。“意莫高于爱民，行莫高于乐民。”做一名人民满意的公务员就是要爱人民，让人民高兴。这里提出的即是判断公共行政行为善恶的根本标准。

综合以上所说的“阶级标准”和“客观标准”（或曰历史标准），并结合社会主义中国的行政伦理实践，可以得出结论：评价公共行政行为善恶的标准，就是社会主义行政伦理选择的规范系统。也可以说，就是邓小平同志指出的三个“有利于”：“判断的标准，应该主要看是否有利于发展社会主义社会的生产力，是否有利于增强社会主义国家的综合国力，是否有利于提高人民的生活水平。”②就是江泽民同志提出的“三个代表”重要思想。

（三）全面落实科学发展观

胡锦涛同志在党的十六届四中全会上的讲话中指出：“科学发展观，是我们党长期艰苦探索的结果，也是我们继承和发展党的三代领导核心关于我国发展的重要思想、从新世纪新阶段党和人民事业发展全局出发提出的重大战略思想。”以胡锦涛同志为总书记的党中央提出

① 马克思恩格斯选集（第三卷）［M］．北京：人民出版社，1995：134．

② 邓小平文选（第三卷）［M］．北京：人民出版社，1993：372．

的“科学发展观”,是判断公共行政行为善恶的基本标准。

坚持以人为本,树立和落实全面、协调、可持续的发展观,做到统筹城乡发展、统筹区域发展、统筹经济社会发展、统筹人与自然和谐发展、统筹国内发展和对外开放,是我国20多年改革开放和现代化建设实践经验的总结,是全面建设小康社会的必然要求,符合社会发展的客观规律。树立和落实全面发展、协调发展和可持续发展的科学发展观,对于我们更好地坚持发展才是硬道理的战略思想具有重大意义。全面落实科学发展观,这是20多年改革开放实践的经验总结,是战胜非典疫情给我们的重要启示,也是推进全面建设小康社会的迫切要求。实现全面建设小康社会的宏伟目标,就是要使经济更加发展、民主更加健全、科教更加进步、文化更加繁荣、社会更加和谐、人民生活更加殷实。要全面实现这个目标,必须促进社会主义物质文明、政治文明和精神文明协调发展,坚持在经济发展的基础上促进社会全面进步和人的全面发展,坚持在开发利用自然中实现人与自然的和谐相处,实现经济社会的可持续发展。这样的发展观符合社会发展的客观规律。生产力的发展是人类社会发展的最终决定力量。只有坚持以经济建设为中心,不断解放和发展生产力,才能为社会全面进步和人的全面发展奠定坚实的物质基础。同时,经济发展又是同政治发展、文化发展紧密联系的。从根本上说,经济发展决定政治发展和文化发展,但政治发展和文化发展也会反过来对经济发展产生作用,在一定条件下还可以产生决定性作用。全面落实科学发展观,十分重要的一环就是要正确处理增长的数量和质量、速度和效益的关系。增长是发展的基础,没有经济的数量增长,没有物质财富的积累,就谈不上发展。但增长并不简单地等同于发展,如果单纯扩大数量,单纯追求速度,而不重视质量和效益,不重视经济、政治和文化的协调发展,不重视人与自然的和谐,就会出现增长失调、从而最终制约发展的局面。忽视社会主义民主法制建设,忽视社会主义精神文明建设,忽视各项社会事业的发展,忽视资源环境保护,经济建设是难以搞上去的,即使一时搞上去了最终也可能要付出沉重的代价。各级党委和政府一定要坚持科学发展观,不断探索促进全面发展、协调发展和可持续发展的新思路新途径,进一步提高发展质量,实现更好更快的发展。全面落实科学发展观的过程,就是根据党和人民事业发展的新要求、大力提高党领导发展能力的过程。必须看到,要使科学发展观真正为党、国家机构和国家公务员所掌握并真正贯彻到各项工作中去,还需要我们付出极大的努力。我们一定要从贯彻落实"三个代表"重要思想、确保实现全面建设小康社会目标的高度,进一步增强贯彻落实科学发展观的自觉性和坚定性,切实把科学发展观贯穿于发展的整个过程和各个方面。

(四)树立正确的政绩观

以胡锦涛同志为总书记的党中央提出"树立正确的政绩观",是判断公共行政行为善恶的又一基本标准。

胡锦涛同志2005年1月在新时期保持共产党员先进性专题报告会上的讲话中就再次强调了"正确的政绩观"。他指出,创造一流的工作业绩,要求我们必须坚持和落实科学发展观和正确政绩观。要按照客观规律和科学规律来谋划发展,一切从实际出发,立足当前,着眼长远,积极进取,量力而行,不搞主观臆断、违背客观规律的"拍脑袋"决策,不追求脱离实际的高指标和盲目攀比,不喊哗众取宠的空口号;要求真务实,埋头苦干,扎实工作,要察实情、讲实话、办实事,不搞形式主义、官僚主义,不搞劳民伤财的"形象工程"、"政绩工程",不搞虚报浮夸和报喜不报忧。要通过自己的勤奋工作,促进经济发展和社会进步,促进安定团结和社会和谐,使人民群众得到切实利益。

"三个代表"重要思想的本质是立党为公、执政为民,学习贯彻"三个代表"重要思想必须以最广大人民的根本利益为出发点和落脚点。改革开放以来,各级党组织和广大党员干部,认真贯彻落实党的路线方针政策,兢兢业业地工作,创造了实实在在的政绩,受到广大人民群众的衷心爱戴。但也有一些同志,对政绩问题缺乏正确的认识,工作的出发点不是更多地为群众办实事、谋实利,而往往是考虑个人的得失,热衷于上项目、铺摊子,搞华而不实、劳民伤财的"形象工程"。这样做的结果,往往会加大财政负担、影响经济持续健康发展、破坏资源和环境,干部群众对这种现象反映强烈。对这个问题,我们要高度重视并切实加以解决,强调树立正确的政绩观。

树立正确的政绩观，说到底就是要忠实实践党的宗旨，真正做到权为民所用、情为民所系、利为民所谋。要实事求是，按客观规律办事，坚持讲真话、办实事、求实效，不盲目攀比；要深入实际，深入群众，脚踏实地，艰苦奋斗，不搞花架子；要顾全大局、统筹兼顾，立足当前、着眼长远，不急功近利。一切工作都要经得起实践、群众和历史的检验，衡量政绩的最终标准是人民拥护不拥护、赞成不赞成、高兴不高兴、答应不答应。各级干部特别是领导干部，都必须把实现最广大人民的根本利益作为工作的最高目的，做合格的人民公仆。

要树立正确的政绩观，首先就要树立科学的发展观，不坚持科学的发展观，就不可能落实正确的政绩观。反过来讲，要树立科学的发展观，也要树立正确的政绩观，不坚持正确的政绩观，也不可能落实科学的发展观。各级党委、政府和各级领导干部，要真正树立与科学发展观相适应的政绩观。创造政绩是为了发展，是为了造福人民。我们讲的发展，是以经济建设为中心，经济社会的全面发展、协调发展和可持续发展；我们所讲的政绩，是为实现这样的发展而创造的政绩。我们要用全面的、实践的、群众的观点看待政绩。所谓用全面的观点看政绩，就是既要看经济指标，又要看社会指标、人文指标和环境指标；既要看城市变化，又要看农村发展；既要看当前的发展，又要看发展的可持续性；既要看经济总量增长，又要看人民群众得到的实惠；既要看经济发展，又要看社会稳定；既要看“显绩”，又要看“潜绩”；既要看主观努力，也要看客观条件。所谓用实践的观点看政绩，就是重实干、办实事、求实效，各项政绩应该经得起实践检验和历史检验。所谓用群众的观点看政绩，就是倾听群众呼声，忠实履行全心全意为人民服务的宗旨，把实现人民群众的利益作为追求政绩的根本目的。衡量干部政绩，最根本的是看人民群众拥护不拥护、赞成不赞成、高兴不高兴、答应不答应。说到底，只有按照客观规律办事，真正树立和落实科学的发展观和正确的政绩观，才能更加自觉地坚持以经济建设为中心，更加自觉地促进社会主义物质文明、政治文明和精神文明的协调发展，更加自觉地促进社会全面进步和人的全面发展，更加自觉地促进经济社会的可持续发展。

(五)要结合新的实际,运用党执政的成功经验,不断认识和把握共产党执政规律、社会主义建设规律、人类社会发展规律,坚持科学执政、民主执政、依法执政

《中共中央关于加强党的执政能力建设的决定》指出:“必须坚持科学执政、民主执政、依法执政,不断完善党的领导方式和执政方式。要结合中国实际不断探索和遵循共产党执政规律、社会主义建设规律、人类社会发展规律,以科学的思想、科学的制度、科学的方法领导中国特色社会主义事业。要坚持为人民执政、靠人民执政,支持和保证人民当家做主,坚持和完善人民民主专政,坚持和完善民主集中制,以发展党内民主带动人民民主,壮大最广泛的爱国统一战线。要坚持依法治国,领导立法,带头守法,保证执法,不断推进国家经济、政治、文化、社会生活的法制化、规范化。”要坚持科学执政,就要继续加强对共产党执政规律、社会主义建设规律和人类社会发展规律的探索和认识,继续加强对党自身建设规律的探索和认识,不断提高以科学的思想、科学的制度、科学的方法领导中国特色社会主义事业的本领。要坚持民主执政,就要进一步贯彻全心全意为人民服务的宗旨,坚持为人民执政、靠人民执政,发展党内民主,发展社会主义民主政治,充分调动人民群众的积极性、主动性、创造性,不断把人民群众的智慧和力量转化为推动事业发展的强大力量。要坚持依法执政,就要始终坚持依法治国的基本方略,坚持依法执政的基本方式,完善社会主义法制,建设社会主义法治国家,增强法制观念,严格依法办事,不断推进各项治国理政活动的制度化、法制化。同时,我们要结合新的实际,继续进行新的创造、积累新的经验,不断认识和把握执政规律,不断探索和完善有利于科学执政、民主执政、依法执政的体制机制和方式方法,既把党和人民的事业不断推向前进,又使党的执政实践不断从必然王国进入自由王国。

简言之,认识规律、把握规律、遵循和运用规律,是确立公共行政行为善恶的标准的根本要求。在长期的实践中,我们对共产党执政规律、社会主义建设规律和人类社会发展规律的认识取得了重大成果。这些成果深刻地体现在毛泽东思想、邓小平理论和“三个代表”重要思想之中,体现在党的基本路线、基本纲领和基本经验之中,体现在十一届三中全会以来党和国家的一系列方针政策之中。我们要坚持用这些宝贵成果武装领导干部和国家公务员,使之在推进各项工作时能够更好地把握规律性、增强主动性、减少盲目性、克服片面性。

三、评价行政行为善恶的根据

国家公务员行政伦理选择中的动机、效果及其相互关系,是具体评价公共行政行为善恶的基本根据。对于这个问题的考察和研究,有着重要的行政伦理意义和现实意义。

毛泽东同志在《在延安文艺座谈会上的讲话》中深刻地指出:"唯心论者是强调动机否认效果的,机械唯物论者是强调效果否认动机的,我们和这两者相反,我们是辩证唯物主义的动机和效果的统一论者。为大众的动机和被大众欢迎的效果,是分不开的,必须使二者统一起来。为个人的和狭隘集团的动机是不好的,有为大众的动机但无被大众欢迎的效果,也是不好的。"①

依据马克思主义关于动机与效果的辩证统一关系的理论,行政伦理学提出了关于行政选择的伦理评价中对待根据问题的总原则。概括地说就是:考察和判断某一行政伦理选择的善恶,必须既看动机,又看效果,联系动机看效果,透过效果查动机。

在总体上坚持统一考察和判断动机和效果的善恶,并不排斥在行政伦理选择评价的具体环节上有所侧重。从对行政伦理选择的伦理善恶的过程看,一般说来,应当把对效果善恶的考察放在首位。所谓"考察",就是要弄清楚还不了解或不甚了解的东西。在动机和效果的善恶状况都不清楚的情况下,显然只能首先注重于对效果善恶的调查研究。其一,这是因为效果上的善恶,相对于动机上的善恶,表现得更直接,也更明显。它直接表现出有利于或有害于国家与人民的利益合乎不合乎行政伦理的要求,并且是以容易被人感知的客观事实而存在的,从而也就容易让人按照一定的善恶标准进行善恶判断。其二,只有弄清楚了效果的善恶,才能进一步去考察动机的善恶。这是人们考察公

① 毛泽东选集(第三卷)[M].北京:民出版社,1991:868.

共行政行为善恶的实际过程。当人们要考察某个国家公务员的公共行政行为的善恶时,一般是在他的公共行政行为已经带来了后果,才进一步想到要考察这一公共行政行为的因果关系和行为者的责任问题,并由此而分析这一公共行政行为中过程中的客观环境与行为者的主观动机。当公共行政行为的善恶还不分明时,人们往往不甚注意去考察行为者的动机善恶。即使对行为动机的善恶进行了考察,所作的判断也难以令人接受和理解。其三,检验动机的善恶主要凭借公共行政主体的行动及其效果。公共行政主体的动机是否正确,是否善良,不能随意揣测,也不能只听信其表面,而主要是看他的行为对国家和人民的利益产生的效果。如果一时一事的行为效果不能断定其动机的善恶,那就应该看他以往和现实的全部行为及其效果。在已有事实证明效果是恶的时候,还应该看他是如何对待已经产生的效果的,例如是否认真总结经验,是否有完全诚意的自我批评,是否有改正缺点错误的决心和行动等。经过这样的考察,各种动机的善恶,便难以隐匿,便可以查明。由此可见,结合动机和效果,而又以效果为重点考察行为的善恶,是比较妥当的。

此外还需特别指出,在公共行政行为的动机与效果的善恶都已经查明的情况下,对某一公共行政行为善恶的判断应注重其动机。

关于行政选择的动机与效果的关系,一般可以分为四种情况:好的动机产生好的效果,坏的动机产生坏的效果,坏动机产生好效果,好动机产生坏效果。在前两种情况下,行政伦理的评价不会发生困难,问题是第三、第四两种情况,必须明确判断的重点是动机还是效果的判断,那就势必把第三种情况的公共行政行为判定为善,把第四种情况的公共行政行为不加区分地一概判定为恶。这样的判断,即使从生活常识来看,显然也是不公正的。其中,对第三种情况的判断,因肯定了伪善,是荒唐的;对第四种情况的判断,因没有排除国家公务员个人责任以外的客观因素,而可能也会是不公正的。相反,如果对公共行政行为总的善恶判断,着重于动机的善恶,结论就正好相反,即把第三种情况判定为伪善,即还是恶;把第四种情况判定为或善或恶,(其中效果虽然不好,但与公共行政主体行为责任无关即不可视为恶,与责任有关即为恶)。如此看来,当动机与效果的善恶都分别判定之后,在对公共行政行为总体作善恶判断时,结合动机与效果而又着重于动机的善恶,是更为合情合理、更为公正的。

综上所述,行政选择中动机与效果的辩证统一关系的原理表明,在评价公共行政行为善恶的过程中,既要注意在整体上把动机和效果结合,又要注意在具体环节上分别对动机和效果有所侧重,只有全面地把握动机与效果的辩证统一论,才能对行政选择与公共行政行为作出正确的评价。

第三节　利益冲突中的行政伦理选择

"水门事件"中,理查森面临的选择就是比较典型的利益冲突中的行政伦理选择。本节着重从理论上阐述利益冲突中的行政伦理选择。

一、行政选择中的利益冲突与功利价值

(一)行政选择中的利益冲突

利益冲突是人类社会实际生活中普遍存在的社会现象。无论国家公务员是否认识到、是否愿意、是否喜欢,实际上都不可能完全置身于当代社会的利益矛盾和利益冲突之外。凡是有群体生活的地方就有利益冲突的存在,每一个人在生存的过程中都会以某种方式卷入到利益矛盾和利益冲突之中。

利益冲突中的选择是行政伦理的一种特殊情况。它的特点在于公共行政主体在进行行政选择时面临着尖锐的矛盾,即所选择的公共行政行为虽然符合了某种行政伦理要求,但同时却又违背了有一定价值的另一种行政伦理要求。换句话说,公共行政主体必须在相互冲突的利益关系与伦理价值之间进行行政选择,选择其中的一个行政伦理价值,并通过这种方式解决面临的矛盾而实现公共行政价值目标。显然,在利益冲突的情况下进行行政伦理选择是困难的。这就要求公共行政主体不仅要了解各种行政伦理的价值内涵,而且需要具有解决可能出现的各种利益冲突的能力。

利益冲突表现在国家公务员身上,是社会角色所承担的伦理义务的冲突。国家公务员在社会中总要具有一定的地位并承担相应的义务,这种地位就叫社会角色。当国家公务员扮演一个角色或同时扮演几种不同的社会角色时,往往会在不同的伦理义务之间造成冲突。根据引起冲突的原因不同,社会角色的利益冲突有以下几种形式:第一,由于社会或他人对同一角色的期待或要求不一致时,所引起的该角色内心的矛盾。比如,作为一个朋友,应该互相帮助,履行对对方承担的诺言,这是社会对朋友这一角色规定的义务。但同时,社会又要求国家公务员"永做人民公仆",无论谁做了有损于社会利益的事情,都应加以阻止或告发。这两种义务反映到国家公务员头脑中,在特定的情形中会出现尖锐的对立。第二,由于国家公务员改变角色而形成的新旧角色所承担的责任之间的冲突。人在社会生活中总是不断地变换地位的,当地位变了,而责任意识没有随之改变,往往也会产生矛盾。比如一个一般工作人员被提拔到领导岗位后,社会对他的要求就不仅仅是忠于职守,而且要正确地决策。该下决心时,如果瞻前顾后,或不敢承担责任,就不能履行领导者的责任,从而在内心中形成冲突。第三,由于社会生活的复杂性,国家公务员往往身兼几种社会角色,不同的角色往往赋予其不同的义务,从而形成义务间的冲突。比如,对家庭要承担赡养父母、教育儿女等义务。在特定时间内同时履行这些义务,往往十分困难,从而造成义务间的冲突。在以上种种冲突的情况下,国家公务员往往要作出选择,而究竟作何选择,又要依国家公务员的价值倾向、修养水平、伦理信念而定。

利益冲突表现在公共行政中,呈现出两种性质不同的形式,即同一价值体系内部的不同伦理要求之间的冲突和不同价值体系之间的对立,前者是大善与小善、高层次的义务与低层次的义务之间的矛盾,而后者则是善与恶、履行义务与不履行义务之间的冲突。

在同一价值体系内部,存在着由低到高不同层次的伦理要求。行政伦理规范体系是由包括行政伦理观、行政伦理规范、行政伦理范畴等在内所组成的梯级结构,这些不同层次的要求在本质上是同一的,但在特定环境中又会出现矛盾,形成利益冲突。又如国家公务员作为公共行政组织一员、家庭一员和社会一员，都承担着不可推卸的责任，公共行政组织、家庭和社会提出的伦理要求又是不同的，履行对家庭的义务，就有可能放弃公共行政组织的责任。这种利益冲突也同样需要国家公务员作出选择。

在复杂的社会生活之中，普遍的伦理要求与特殊的伦理要求有时也会发生矛盾和冲突。在同一价值体系内不同要求的冲突中，作出正确的选择，需要国家公务员具有如下几个条件：第一，要培养和提高选择主体的选择能力。选择能力是由多种因素组成的，不仅有知、情、意，而且要积累经验。只有具有较高选择能力的国家公务员，才能在复杂的利益冲突中作出正确的选择。第二，要确立选择的标准。任何伦理体系都是由高低不同的价值准则组成的，以较高的行政伦理准则作为选择依据，就可以使选择者站在新的高度、判断出冲突各方的优劣。第三，认清选择所要达到的社会目的。根据这一目的，把冲突各方分为有利于达到这些目的的和不利于达到此目的的，进而把前者再分为主要的和次要的，从而确定最有利于目的实现的选择。

在不同的价值体系之间也同样存在着激烈的冲突。在社会主义社会，除了占主导地位的社会主义伦理之外，还有历史遗留下来的封建伦理和资产阶级伦理。

这几种伦理在本质上是对立的，在形式上也是互不相容的，但又都具有一定的势力和影响范围，反映在具体行为中，反映在人们头脑里，就形成了价值的冲突。这种冲突与前一种冲突的不同之处在于，它不是发生在价值与价值之间，而是发生在正价值与负价值、善与恶之间。社会主义行政伦理要求国家公务员爱祖国、爱人民、维护公共利益，而资产阶级利己主义则要人们自私自利，为满足自己的欲望，不惜损害别人和社会。这两种要求是不能共存的：在这一冲突中，国家公务员要么择善去恶，否定利己的倾向和行为；要么趋恶远善，置国家、集体利益于不顾。此时作何选择，最能反映出行政主体的伦理价值观。由于社会发展的局限性，由于行政伦理虽有强大生命力但还没有达到完善，由于社会现实还不能完全消除腐朽伦理的影响，所以，不同伦理体系之间的对立还将是长期的、广泛的。对于那些受不同伦理体系影响的国家公务员来说,面临着这样的冲突,常常会作出不符合社会期望的选择。对于那些信奉行政伦理的国家公务员来说,选择也并不能总是毫不犹豫的。利益冲突必然要求国家公务员思考、抉择,这就是行政伦理选择。

(二)行政选择中的功利价值

从根本上讲,解决利益冲突中的行政伦理选择问题,必须正确评价利益冲突中的功利价值问题,即要确立行政伦理价值的等级次序,承认社会利益高于国家公务员利益,并要认识到采用行政选择系统时需要处理好绝对性与相对性的辩证关系。

功利价值是人类社会中产生的第一种价值形式。马克思指出,在物的效用的基础上产生出各种使用价值,其中也包括主体选择中的伦理价值。正是在这个意义上,可以说所有的行政伦理选择都是为了实现功利价值。同时,对于每一个具体的行政伦理选择来说,又要求公共行政主体必须选择特定的功利价值作为自己的目的,这便是行政伦理选择中功利价值的普遍性与特殊性的关系。其中,功利价值的特殊性问题尤其值得重视,因为这恰恰是解决利益冲突中的行政伦理选择的实质所在。

那么,如何把握行政伦理选择特别是利益冲突中的行政伦理选择的功利价值问题呢?列宁在论述折中主义与辩证法的区别时曾经谈道:“辩证逻辑则要求我们更进一步。要真正地认识事物,就必须把握、研究它的一切方面,一切联系‘中介’。我们绝不可能完全地做到这一点,但是,全面性的要求可以使我们防止错误和防止僵化。这是第一。第二,辩证逻辑要求从事物的发展、‘自己运动’(像黑格尔有时所说的)、变化中来观察事物。第三,必须把人的全部实践—作为真理的标准,也作为事物同人所需要它的那一点的联系的实际确定者——包括到事物的完美的‘定义’中去。第四,辩证逻辑教导说,‘没有抽象的真理,真理总是具体的’。”①依照列宁的思想,只有运用唯物辩证法,才能正确把握行政选择,特别是利益冲突中行政选择的功利价值的普遍性与特殊性及其相互关系。

---

① 列宁全集(第三十二卷)[M].北京:人民出版社,1984:83.

在历史上，许多思想家都十分重视伦理选择中的功利价值问题，并在此基础上提出了功利主义的伦理学说。马克思主义也有自己的功利主义理论。毛泽东同志在《在延安文艺座谈会上的讲话》中指出："唯物主义并不一般地反对功利主义，但是反对封建阶级的、资产阶级的、小资产阶级的功利主义，反对那种口头上反对功利主义、实际上抱着最自私最短视的功利主义的伪善者。世界上没有什么超功利主义，在阶级社会里，不是这一阶级的功利主义，就是那一阶级的功利主义。我们是无产阶级的革命的功利主义者，我们是以占全人口百分之九十以上的最广大群众的目前利益和将来利益的统一为出发点的，所以我们是以最广和最远为目标的革命的功利主义者，而不是只看到局部和目前的狭隘的功利主义者。"①为此，行政伦理选择必须以最广大人民的根本利益作为最高标准。

二、利益冲突选择中的行政目的与手段

（一）目的可以使手段正当化吗？

在利益冲突的情况下进行行政伦理选择，常常会使国家公务员产生一种看法，即认为行政伦理选择就是解决利益冲突，就是偏重一个方案而轻视另一个方案。虽然任何行政伦理选择都要求国家公务员有所侧重，但不是所有的行政伦理选择都面临利益冲突，都需要牺牲某种伦理价值。为此，需要把真实的伦理冲突与由于国家公务员没能理解行政伦理发挥功能的机制、不善于创造性地使行政伦理选择规范系统适应公共行政规律而产生的虚假冲突区分开来。其中，行政选择的目的与手段之间的相互关系，便是需要认真加以研究的。具体地说，行政伦理选择的目的与手段之间是存在着不可分割的联系呢，还是彼此之间毫无关系？为了达到公共行政目的，在选择手段时是否有某些限制？这些限制是取决于目的的性质呢，还是取决于手段的性质？或者，它们是处于公共行政目的与公共行政手段的关系之外呢？在行政选择体系中，客观上是否存在着一种最高目的，它能够决定其他各种目的的价值

① 毛泽东选集（第三卷）[M].北京：人民出版社，1991：864.

及其实现的方式，因而能作为行政选择的决定性的根据呢？解决好这些涉及公共行政目的与公共行政手段的相互关系的一系列问题，有助于做出正确的行政伦理选择。

关于行政选择中目的与手段的关系问题，存在着两种根本对立的答案。一种观点认为，目的可以使手段正当化。所谓"正当化"，是说目的的本身同手段的性质毫不相关，即不存在什么"卑鄙的"手段和"伦理的"手段。为了达到公共行政目的，可以不考虑公共行政手段的性质；公共行政目的本身就已经能够说明任何一种手段。从这种观点出发，就必然导致只重视手段的效果标准，而忽视手段的伦理标准。照这种理论，只要能达到预期目的，浮夸和假冒、行贿和受贿等都是可以允许的，甚至是最佳的。早在1821年，德国著名哲学家黑格尔就曾批判过这类选择理论："这里牵涉'只要目的正当，可以不择手段'这一恶名昭著的命题。"他分析说，"仅仅志欲为善以及在行动中有善良意图，这毋宁应该说是恶"。① 这一批判是击中要害的。

（二）正确把握公共行政目的与公共行政手段的关系

马克思说过，我们不能同意过去耶稣会教徒的格言，这种格言说好的目的可以为坏手段辩解。恩格斯曾严厉批评了拉萨尔在"选择手段上恬不知耻"，"倾心于把名声很坏和卖身求荣的人们拉在自己周围，把他们当做单纯的工具使用，然后再抛弃掉他们"。② 列宁也曾尖锐地批评了修正主义者放弃工人阶级斗争的最终目的。

马克思主义经典作家的上述思想，对于我们现实的行政伦理选择有着重要的指导意义。例如，党风和社会风气不正，是当前亟待解决的严重问题。广大群众和国家公务员对此都是愤愤不平的。然而，在具体工作中，一些国家公务员则是一方面对不正之风愤慨，另一方面却又采取请客送礼、走后门拉关系等做法，理由是："不走后门办不成事"，"这也是为了工作"等。应该承认，其中多数同志的主观愿望的确是想把工作尽快完成，而且采取了"不正当"的手段后，也能在一定的场合

① 黑格尔.法哲学原理[M].北京.商务印书馆，1985：151～152.

② 马克思恩格斯书信选集[M].北京：人民出版社，1962：478.

下奏效。然而,从更广泛的社会角度讲,却是不自觉地投身到“不正之风”的行列,助长了“不正之风”的蔓延,从而妨碍了社会风气根本好转的斗争,其最终还是会损害国家与人民的根本利益。

在公共行政目的与公共行政手段的关系中,公共行政手段的价值取决于用以达到的公共行政目的的伦理性质,但公共行政目的只是决定公共行政手段,而不能证明公共行政手段的正确。认为公共行政目的能证明公共行政手段的见解,实际上是把公共行政目的与公共行政手段客观上并不具有的特性分别强加在公共行政目的与手段上。从行政伦理选择的意义上说,这不过是以崇高的公共行政目的为借口,来掩饰不符合行政伦理的行为。实际生活反复表明,公共行政手段的真正价值是在结果中体现出公共行政目的。如果选择的公共行政手段不适合公共行政目的,就不会产生预期的结果,进而会歪曲公共行政目的的性质。

此外,手段的伦理价值取决于目的伦理性质。公共行政目的与公共行政手段是相互影响、相互联系的关系。这就是说,此时的公共行政目的,有可能在另一种情况下成为公共行政手段;相反,一个公共行政手段在新的情况下,也可能成为公共行政目的。仅仅通过公共行政手段与最近目的的对比来确定某种公共行政手段的必要性,这样的根据是不充分的。因为,当最近的公共行政目的一旦实现,这个公共行政目的本身又会成为实现更高的公共行政目的的公共行政手段。因此,国家公务员确定公共行政目的与选择公共行政手段时,必须注意保持严格的连续性。如果某种公共行政行为是以取消更高的公共行政目的的伦理性质为代价才能实现最近目的,那么,这种达到公共行政目的的公共行政手段就应当视为是不道德的而予以否定。为了保证行政选择的伦理性质,不仅必须从长远的、更高的公共行政目的中,同时也需要从已经实现的公共行政目的中,引出当前具体的公共行政目的。简言之,必须高度重视实现最高目的的过程中的每一个阶段上的公共行政手段。

综上所述,公共行政手段的有效性决不能违背公共行政目的的伦理性,而必须是真正为了实现这个公共行政目的。对于公共行政目的与公共行政手段来说,伦理性与有效性这两个要求是不能分开的,行政伦理的监督的对象不只限于公共行政目的,也包括公共行政手段。

三、利益冲突选择中的行政伦理妥协

(一)行政选择中的伦理妥协

所谓利益冲突中的行政选择的伦理妥协,是指国家公务员在利益冲突的境遇下进行行政伦理选择时,不得不放弃或牺牲某些行政伦理价值或社会利益准则,以维护更高的行政伦理价值或社会利益准则。行政伦理妥协是利益冲突中国家公务员进行行政伦理选择的特殊方式。

在马克思主义关于行政伦理选择的理论中,伦理妥协是有其立足之地的。列宁在著名的《共产主义运动中的"左派"幼稚病》中曾经通俗而又深刻地分析道,结论很清楚:"原则上"反对妥协,不论什么妥协都一概加以反对,这简直是难于当真看待的孩子气。愿意做一个有利于革命无产阶级的政治家,就应当善于辨别哪种具体情况下的妥协是机会主义和叛卖的表现,因而是不能容许的。① 认真学习列宁的上述思想,可以帮助我们全面地理解行政伦理妥协问题。

在我国的实行生活中,行政伦理妥协的情况也是时有发生的。1980 年 8 月,意大利记者奥琳埃娜·法拉奇曾经发问:"在中国有这么一个人,他在任何时候都没有被碰到过,这就是周恩来总理。为什么周总理一直在台上,一直在掌权,虽然有的时候他也处在很困难的地位,他又不能纠正当时的那些错误?"邓小平同志从伦理妥协的角度作了如下的答复:"周总理是一生勤勤恳恳、任劳任怨工作的人。他一天的工作时间总超过十二小时,有时在十六小时以上,一生如此。我们认识很早,在法国勤工俭学时就住在一起。对我来说他始终是一个兄长。我们差不多同时期走上了革命的道路。他是同志们和人民很尊敬的人。'文化大革命'时,我们这些人都下去了,幸好保住了他。在'文化大革命'中,他所处的地位十分困难,也说了好多违心的话,做了好多

---

① 列宁选集(第四卷)[M].北京:人民出版社,1995:198~199.

违心的事。但人民原谅他。因为他不做这些事,不说这些话,他自己也保不住,也不能在其中起中和作用,起减少损失的作用。他保护了相当一批人。"①邓小平同志的答记者问,令人信服地说明:周恩来总理是一位善于运用行政伦理妥协的伟大的无产阶级的政治家。

(二)伦理妥协是行政选择中最复杂的行为

对行政伦理选择中的伦理妥协问题还需要作更深入的分析。在行政伦理学中,"伦理妥协"与"最小恶果"是相通的。"最小恶果"问题主要有两层意义:

其一,从行政伦理选择的原则上说,要求"最大的善",就是说要求行政选择不仅能实现公共行政目的,而且要运用具有相对独立的最大伦理价值的手段。这个行政伦理要求的反面说法,就叫做"最小的恶"。

其二,"最小的恶"可以理解为行政选择中客观因素和主观因素辩证统一的结果。例如,可以理解为国家公务员在"愿望"与"条件"之间作出的行政伦理妥协。在这种特定的情况下,"最小恶果"起着调节各种不良公共行政环境的特殊作用。在行政伦理选择中,"最小的恶"的主要伦理价值在于,它表明公共行政妥协在原则上是允许的,以及在何种情况下作出何种程度的行政伦理妥协。这种公共行政妥协反映着利益冲突和利益冲突的客观性,并通过"最小恶"的形式特殊地反映着历史必然性。

需要特别指出,行政伦理妥协是行政伦理选择中最复杂最微妙的行为。行政伦理在行政妥协中,公共行政目的的伦理性在实现目的的过程中被损害甚至被毁灭的危险性特别大。

黄克诚同志在回顾"庐山风云"时写道:"冤枉自己也是不容易的。叫我承认右倾,我可以心甘情愿,因为我心里从没有赞成过总路线、大跃进、人民公社运动。但要我承认反党,而且是有组织、有目的、有计划的反党,可就太难了。实逼如此,硬着头皮违心地认账后,心中耿耿,无日可安。彭、黄、张一个个被劝认账后,在大会上都作了检查,只有小舟

---

① 邓小平文选(第二卷)[M].北京:人民出版社,1994:348.

没作。于是，八届八中全会在总理、彭真主持下，写出了决议草案。写成后又要我们签字承认。这字好难签，但我们已经是不得不签了。我们这样违心认罪，除了听从一些与我们关系好的同志劝告，要我们顾全大局，暗示应牺牲自我外，还有一个因素，这一因素不仅影响我们，而且影响许多中央政治局的领导同志和与会的成员。许多年来，我们已习惯于认为：主席比我们都高明，习惯于服从主席的决定，习惯于接受主席的批评，尽管心里有不同意见，也接受了。虽然这一次实在不能接受，也不应该接受，也强迫自己接受了。等我冷静下来时，我认识到：违心地作检查，违心地同意'决议草案'，这才是我在庐山会议上真正的错误。我后来一想起就非常难过。"①这些用巨大代价换来的经验教训，值得我们记取。

胡耀邦同志在1988年冬天，也曾经非常坦诚地讲道："有两件事难以原谅自己。"据朱尚同同志在2000年第1期《百年潮》撰文回忆，当时他就农村教育向胡耀邦同志汇报说：上面热衷于加快九年义务制教育进度，下面就报假数字对付检查。可见讲真话也真不容易。对此，耀邦同志深有感触地说：我也讲过违心的话。我这个人做过些工作，也犯过错误，就不说了。但回顾一生，有两件事是难以原谅自己的，提高来看，也是做人的道德的问题。一件事是1959年庐山会议批判彭老总。我明知彭老总是对的，心里很矛盾，但因为相信中央，也举了手。第二件事是1968年党的八届十二中全会，大多数中央委员都被打倒了。为了凑足到会人数，我被匆忙解放出来出席会议。一看到说少奇同志是"内奸"的材料，根据我的政治经验，就知道是不可靠的，这时我已经并不以为上边说的就一定是正确的了，而是抱着不得已的态度，勉强举了手。会议公报虽然说是"一致通过"，但就是有那么一位老大姐，敢于冒天下之大不韪，没有举手，她就是陈少敏同志。在表决前，她说自己的心脏病又犯了，伏在桌上，拒绝举手，真是难能可贵。耀邦同志又说，为什么那么多的人不得不举手，这当然是由于长期缺乏民主，容不得不同意见，加上"四人帮"实行顺我者昌、逆我者亡的高压手段，使党内普

---

① 黄克诚自述[M].北京：人民出版社，1994：261.

遍形成一种奴化思想意识的结果。我们党由于没有摆脱封建主义的影响,有相当一段时期,不能充分尊重不同意见,不能保护持不同意见的同志,甚至有的自然科学专家,因为反对修建黄河三门峡水库,持不同意见,而划了右派,政治上的右派呵!我过去讲过,也是从马列著作看来的,奴隶社会中,大多数人是“奴隶”,极少数是“奴隶主”,也有少数“奴才”。过去到现在,这种奴化思想都是有的,只是程度不同而已。

这里,黄克诚同志和胡耀邦同志以严格解剖自己的无私行动,为我们打破了从行政伦理的高度总结重大历史事件的禁区,其本身即是一种高境界的政治伦理与行政伦理行为选择。我们应该以他们为榜样,深入研究我国一些重大历史事件中所反映出的政治伦理与行政伦理问题,从中总结出必要的经验教训,以推动和加强我国刚刚起步的行政伦理研究和行政伦理建设。

当然,从对行政伦理妥协性质的担心中得出的结论,不应是教条主义地否定行政伦理妥协,也不应是相对主义地推崇行政伦理妥协,而是应确定和遵守行政伦理妥协的限度。就是说,妥协性的行政伦理选择,必须是选择所谓“迫不得已的手段”,即非如此就不能解决利益冲突和伦理冲突的手段。

所以,列宁强调指出,马克思主义者的任务,不是为了“神圣的目的”而抽象地否定“迫不得已的手段”,而是要善于通过一切策略妥协“忠于自己的原则、自己的阶级、自己的革命任务”。这也即是我们对待利益冲突和伦理冲突中行政伦理妥协问题的总的原则立场。

第四章 行政伦理法制:公仆意识的制度支撑

胡锦涛同志在中国共产党第十七届中央纪律检查委员会第五次全体会议上的重要讲话中指出,深入推进党风廉政建设和反腐败斗争,必须重点抓好反腐倡廉制度建设。制度建设既是党的建设的重要内容,又是党的建设的重要保证。反腐倡廉制度建设既是党的制度建设的重要方面,又是反腐倡廉建设的重要保障。

加强行政伦理法制建设,既是实施这一重大战略决策的有效措施,也是增强公仆意识的制度支撑。国家公职人员财产申报制度作为我国行政伦理法制建设的探索,近年来是社会关注的热点。在这一章我们将重点围绕我国对这一制度的理论分析和初步实践来分析行政伦理法制建设问题。

第一节 中国财产申报制度渐行渐近

2009 年 3 月 27 日人民网、人民政协网以《中国特色官员财产申报在抵触情绪中渐行渐近》为题,将社会各方面对财产申报的各种见解进行了归纳编辑,是一份很有价值的资料。人民网、人民政协网在编者按中写道:官员财产申报、公开的话题贯穿今春全国两会。看到曙光的民众,期盼从未如此热切;高层和有关负责人的正面回应,也从未如此频繁。

鉴于此资料有三万字之多,我们又作了重新编选,选取了三篇比较有代表性的报道。

一、我国实行财产申报制度的困境

据《瞭望》新闻周刊多方了解,官员财产申报、公示的制度建设目前处于一种胶着状态中:对这一制度本身的意义基本没有争议,但对推出时机和实施举措仍缺少共识。与此同时,对官员财产申报的一些难题,各方仍在继续梳理中。①

(一)核查困难

如何做得真实而不走过场,有关部门认为还存在一定困难。中央纪委副书记、监察部长、国家预防腐败局局长马馼在"两会"期间举例,比如金融的实名制、现金流通、财产登记等制度,这些基础条件目前还不完善。

有关部门负责人告诉本刊记者,在一系列技术条件不完善的情况下,若想对申报的财产进行准确核查,难度几乎相当于对申报者立案调查,以"有罪推定"的方式逐一核查是不实际的。

综合来看,造成核查难题的因素大致有:

一是金融实名制覆盖不了现金交易。

对金融实名制本身,中国人民大学金融与证券研究所所长吴晓求教授向本刊记者介绍,近年来,储蓄、证券交易已相继实行实名制,且金融机构之间已经联网,要摸清金融资产,"95%以上的条件已经具备,有少量缺陷,也要在实践中才能发现"。

而在实际操作中,难题在于金融实名制覆盖不了现金交易。2000年4月1日,《个人存款账户实名制规定》实施,已经显示出一定的反腐效果。较早提出相关建议的全国政协委员宋林飞说,储蓄实名制实施后,个别腐败官员不得不把大面额人民币成堆地放在家里。

我国仍大量通行现金交易,"金融实名"覆盖不全,对此,吴晓求认为,现金交易确实会导致核查困难。

二是身份信息仍需更加准确。

---

① 中国特色官员财产申报在抵触情绪中渐行渐近.人民网,人民政协网.2009-03-27.

金融实名建立在身份信息真实的基础之上。2007 年 6 月,中国人民银行会同公安部建成联网核查系统,全国各银行业金融机构都加入进来,可通过该系统核查身份信息。

不过,有知情人士对本刊透露,近年来换发的第二代居民身份证还存在一定漏洞。第二代身份证造假事件也屡有发生。它在技术上虽拥有强大的防伪功能,但在执行上有待更严格把关。

三是不动产登记制度不完备。

作为物权法重要配套措施之一的不动产登记法尚未出台,全国政协委员、国务院法制办副主任张穹对本刊表示,这也是财产申报应做的准备工作之一。

四是境外资产、珠宝、古董等财产的底数,现有技术与配套制度更不能轻易摸清。

有专家指出,台湾地区前年修订的相关法案,日前增加了珠宝、字画、古董也要申报的规定,被称为"吴淑珍(陈水扁妻子)条款",正是靠民众与记者对其抛头露面与申报数据作对比而发现问题,进而由立法机构修改。陈水扁家族后来曝光之"世纪弊案",也是部分依靠社会与媒体的强力监督、穷追猛打才得以不断推进。

五是信用意识缺失。

全国政协委员、重庆市监察局副局长杜黎明提到,当前社会信用意识缺失,如果大量申报者不自觉,抱着"法不责众"心态,虚报、瞒报,将带来很大的制度运转成本,效果难彰。

虽然有上述种种困难,北京大学法学院姜明安教授称,"瞒住组织相对容易,但要瞒住老百姓就很难,群众的眼睛是雪亮的",财产申报、公开在很大程度上倚重社会监督,正可弥补技术条件之不足,亦可反过来促进社会信用意识之建立。

"你要是在市里、县里工作,老百姓对你的情况其实很清楚。"全国人大代表、陕西铜川市市长冯新柱说,财产公开,关键是对当地群众公开,受其监督,这对官员有很大的约束作用。但他同时认为,若无清晰的财产权归属等前提,这一制度的推开也将面临较大麻烦。

姜明安认为,一定的技术手段固然是"阳光法案"出台和运作的前提，而“阳光法案”的出台和运作又是诸多技术难题、法律制度设计难题解决的条件。两者的关系是互动的。

（二）心理抵触

多次为官员财产申报求法的十届全国人大代表王全杰曾作过一项调查，称接受调查的官员 97% 对“官员财产申报”持反对意见。不过，在本刊采访的多名官员中，无一对其提出异议。

“肯定有的官员愿意，有的不愿意。有的还想最好是不要监督。”全国人大法律委员会副主任委员、中纪委原副书记刘锡荣对本刊记者说。

大部分受访人士表示，腐败的官员肯定反对公开自己的财产，即使申报也一定瞒报。这一点不辨自明。而大部分官员都是清清白白做事的，不过，出于种种考虑，也会在心理上有一些抵触。对这一“革自己命”的制度，“很难想象有多少人愿意给自己套上紧箍咒”。

姜明安说，在沿海地区，存在大量没有非法财产但拥有大量合法财产的官员，这些人很可能持不露富心态。财产不多者可能也不会很愿意公开，“至少填表就有点麻烦”。

有分析人士表示，不露富是中国传统观念，除含蓄、内敛的性格外，还有一种现实的因素，即与传统的人情、面子关系相伴，“比如说，某个在大城市工作的司长、处长财产公开出来有几十上百万，在他贫穷的家乡亲戚看来，这可是个大数目，盖房子、娶媳妇的就要跑来借钱了”。

另有人指出，过去和当前的“红眼病”、“仇富情结”，也进一步加重了一些官员公开财产的心理负担。

再者，现代权利观念的影响，尤其随着物权法的实施，私人财产权、隐私权得到越来越大的重视。有官员亦以此为由难以接受财产公开。

还有对“灰色收入”曝光的担心，比如，一些司局长们到地方、单位讲课“走穴”，一条不成文的潜规则是动辄上万、数万元的“讲课费”或“咨询费”。“这里面很难讲清是靠官位、内部信息挣来的，还是凭自己的真才实学得来的。”

再如，一些与职务无关或没有直接关系的人情往来，是否合理，是否该申报，这也是一个界定难题。

对此,全国政协委员、香港福万公司总裁林铭森说:"灰色收入,就是要在阳光下让大家来评论是否合理。"

多名受访人士称,前述诸多心理抵触固然可以理解,但从根本上要辨明的是官员的权利与义务。今年第四次提交官员财产申报建议的全国人大代表韩德云律师对本刊说,相当一部分官员还未从心里认识到公开财产是其义务。2006年实施的《公务员法》于此留下"遗憾",在官员看来,这并非其法定义务。

"出来做官应当以国家、民族为重,为人民服务,要堂堂正正把财产公开,讲话做事才有说服力。"林铭森认为,没有一定程度的"牺牲"精神,就"没有资格做领导","也完全可以不来做领导"。

财产公开是因为掌握公共权力。姜明安称,"阳光法案"的出台和运作须以公职人员具有相应的法治文化观念为前提条件。如果政府官员过于以管理者或"天然代表人民利益者"自居,"阳光法案"肯定是难以出台和运作的。但另一方面,"阳光法案"的出台和运作反过来也可以促进公职人员的观念转变。

(三)家属障碍

官员财产申报的复杂性之一为"涉及面广",即牵涉家属、近亲。全国人大代表、沈阳市人大常委会主任赵长义认为,从我国的国情看,公务员个人财产与其家庭财产相互融合,二者界限难以区分。如何确保公务员申报财产又不侵犯其他公民的私有财产权,是必须要考虑的一个重要问题。

姜明安也认为,需要解决官员申报和公开其本人及其家庭财产的义务与保护官员及其家庭成员隐私权二者的平衡,需要解决保障社会公众知情权与保护官员及其家庭成员进行有关市场交易活动的商业秘密二者的平衡。

通观各国、地区官员财产申报规定,申报主体不尽一致,如最早为官员财产申报立法的英国规定,英国政府官员申报财产和收入只限于本人,而不需要申报子女、配偶、父母和其他亲属的收入和财产。知情人士说,让官员公布家属和亲属的财产,在英国被认为是侵犯公民隐私权的,很难被大众接受。

但为数更多的做法是包括配偶、未成年子女在内。如去年底通过《反腐败法》的俄罗斯要求,"国家公职人员应当申报自己、配偶以及未成年子女的财产和收入情况"。

在绝大部分受访人士看来,申报主体理应包括配偶、未成年子女。在我国已有的两部收入/财产申报的政策性文件中,配偶等其他家属情况也包括其中。

如果说在配偶方面尚属共识,在子女方面则有较大分歧。韩德云代表与林铭森委员都提议,申报对象应包括另立家庭的成年子女。这方面没有国际惯例,其理由正是现实"国情","很多干部子女做生意,靠山都是当官的父亲"。林铭森说。

全国政协委员、中国社科院学部委员李崇富也主张:"我们社会主义国家应当做得更加真实彻底、更加符合民意。"

姜明安则主张,申报主体应限于"一个锅里吃饭的",若推及成年子女,一来于隐私权不合,二来阻力太大。

有折中意见认为,家庭成员和近亲属的财产是否要申报,要看该职务的高低以及涉腐风险的大小。

一受访人士还担心,不管申报主体延伸到何种程度,财产申报若仓促出台,可能会出现财产大量转移的情况,比如夫妻离婚、向境外亲属转移等,对此应未雨绸缪,准备好防范措施。

(四)稳定之忧

在诸多受访人士看来,在各种表层的困难之下,围绕财产申报还有对稳定的深层考量。

一位全国政协委员对本刊表示担心,如果大量官员财产太多、高官子女从商甚众,公之于众,"老百姓会怎么想"?

林铭森也说:"是不是有些干部担心自己声誉受到影响,或者担心一些高级干部的信誉受影响。"

韩德云也表示,如果多年来宣传的"干部廉洁奉公"观念和"很多官员拥有巨额财产"的现实形成极大反差,在当前中国社会收入差距很大的情况下,可能会引起一些社会震荡,这是一个难题。另一方面,鉴于多年反腐显示出的情况,不少民众心中可能对官员存在"原罪"认识，这一点也需要估计。

对此，在湖南省委组织部任职的反腐专家王明高曾称，建立财产申报制度存在着一定的“政治、经济和社会风险”。一些国家实施财产申报制度后，一些级别很高的官员被查出问题，直接使民众失去了对领导层的信任，比如韩国牵出了前总统卢泰愚的腐败案；另外经济上也存在资金外逃的风险。

姜明安对此则较为乐观，他说，只要相信绝大多数官员是清清白白做事的，即使有一定数量的官员，其家庭财产中有较多来源不明或来源非法的部分，对之予以公开、查处，不仅不会影响社会稳定，反而会有助于增加人民群众对政府和政府官员整体的信任，有助于加强社会稳定。

在采访中，有部分受访人士因财产申报制度迟迟“不下楼”而对其出台产生消极态度，透露出信任危机的苗头。

另外，还有分析人士称，当前干部队伍因级别、地区、领域的不同而导致较大的收入差别，假如行政任命制下的国企负责人财产也要公开，某机关干部调任国企负责人后，收入大增，其他干部可能会想：“同样是党和国家的干部，差距怎么这么大呢?”会否在官员内部引发心理失衡，也值得注意。

（五）求全之虑

为减轻推行阻力，韩德云在此次全国人代会上提交的相关建议中提出“三年豁免期”，即自首次申报起的三年内，申报对象若主动上缴全部违法违纪财产、收入及增值收益，可免于纪律处分并减免刑事责任，否则加重处分。

接下来的网络调查与媒体评论大多对此持反对意见，认为此举乃“降低反腐底线向贪官示弱”，主张对腐败“零容忍”。也有少数人认为，以此妥协换取相关法律出台未尝不可，“坦白从宽”也并不全然违反法治精神。

从大半的反对之声中，韩德云看到的是财产申报立法将更显艰难。“立法必须接受现实”，若民众期望太高，只会加剧与现实及官员可接受程度的反差，“带来很大社会成本”。

姜明安也称，正如当年对资本家的赎买政策，也如在引渡中免除死刑的承诺，一定程度的妥协可化解部分阻力，可求得实效。“制度的出台必然要付出代价，豁免有利有弊，但利大于弊。若想一步到位，力求十全十美，很可能反倒搞成僵局，还不如先出台一个切实可行的方案。”

尽管“准备工作要做好，马上推出不现实”，但姜明安强调，不能光等，应当在实践当中慢慢完善。财产申报只是反腐体系与民主政治建设的一环，制度的出台无法齐头并进，“正如小平同志讲让一部分人先富起来，也可以让一部分制度先动起来，解决部分问题，又把更多问题带出来，形成制度的良性循环。”

年初阿勒泰等地方试验带来的有限作用让姜明安对这一制度在全国的推行有信心。为进一步减少风险，他认为可以继续试点，循序渐进。

全国政协委员、西藏自治区副主席甲热洛桑丹增也对本刊记者表示，从爱护干部、预防腐败的角度看，财产申报乃当前所需，且宜早不宜迟，“推得越晚，陷进去的人越多”。

从日前有关负责人的多次回应来看，受访人士解读，其态度是尽量将基础工作做扎实，既不至于“走过场”，又防止各种风险。

中纪委副书记何勇在“两会”期间表示，中纪委正在想办法制定官员财产公示的有关条例或者规定，新疆阿勒泰的试点经验，将是重要的参考。

据新疆阿勒泰地区纪检委书记吴伟平透露，不久前，自治区纪检委等有关部门听取了阿勒泰地区纪检委有关此项工作经验的汇报。同时，中纪委也已来电通知，将派人来阿勒泰实地调查讨论。

“感情不能代替工作”，杜黎明表示，可以参照的是近年公务员统一津补贴改革，也是十几年前就曾呼吁，正是先有了整治小金库等基础性工作，这一改革才得以顺利推进，效果明显。而统一津补贴正是更为复杂的财产申报的前提工作之一，再加上储蓄实名制等，一系列前提工作说明它已在积极推进之中。

在他看来，“阳光法案”要有一个从量变到质变的过程，不会仓促出台，也不会遥遥无期，“等不得，也急不得”。

二、委员称：具有中国特色的官员财产申报制渐行渐近[①]

1月中旬，浙江慈溪市在全国率先施行“廉情公示”，向社会晒出700名官员的资产家底。

2月17日，经过半年多运作后，新疆阿勒泰地区也对外公布了近千名官员的财产情况。

2月28日，温家宝总理在与网友在线交流时明确表示，建立官员财产申报制度是反腐败重大举措，政府正在积极准备这项工作。

一东一西两个地区的“试验”所引起的社会强烈反响，使官员财产申报这一从地方开始“破冰”的制度，成为今年“两会”讨论的“热门话题”之一。

（一）民众期待使官员财产申报制度渐行渐近

“财产申报制度推行后，有些干部不再当着大家的面肆无忌惮地抽中华了。”谈到官员财产申报制度的作用，新疆阿勒泰地区党校讲师熊广平在接受媒体采访时曾这样表述。

新疆阿勒泰地区纪委设立的廉政账户也由申报前的几万存款，激增至公示前的76万，这无疑从侧面说明了这项制度的威慑力。

正是因为官员财产申报制度所具有的这种强大威慑力，使其被普遍认为是预防和反腐败的强有力工具。众所周知，官员财产申报制度又叫“阳光法案”，在许多国家证实为行之有效，且已经走向成熟完善，是被世界各国广泛采用的反腐手段之一，“阳光法案”已在90多个国家实施。

而民众对这一制度在全国正式出台一直充满期待。早在去年“两会”期间，一项网上调查显示，对于当前反腐倡廉工作，90.1%的人认为有必要实行领导干部财产公示制度。2008年5月，有媒体曾就“公众最希望政府公开的信息是什么”作了一项调查，结果显示，有77.5%的人选择了“官员财产情况”。

“我们有理由相信，具有中国特色的官员财产申报制度已经离我

---

① 光明日报.2009-03-24.

们越来越近。”全国政协委员、南开大学法学院副院长侯欣一教授接受本报记者专访时开门见山地表示。

他表示，最近一段时间官方频繁的公开表态，“两会”期间代表、委员们的高调呼吁，网上网民们的热烈讨论，以及媒体的积极配合，这一切使他对出台官员财产申报制度更有信心。

侯欣一委员的上述表态在“两会”期间可以找到大量佐证。

为促使“公务员财产申报法”早日出台，十一届全国人大代表、重庆索通律师事务所律师韩德云在全国人代会上提出“公务员财产申报法”相关议案，这是他第四次提交相关议案。

全国政协委员、湖北兆麟律师事务所律师吴德立，亦在政协会议上建议尽快制定《公务员财产公示条例》。

中共中央书记处书记、中央纪委副书记何勇 3 月 7 日表示，中纪委正在想办法制定官员财产公示的有关条例或者规定。同一天，中央纪委副书记、监察部部长、预防腐败局局长马馼列席全国政协联组讨论会时表示，新疆阿勒泰的官员财产申报制度值得肯定，要给予支持。

3 月 9 日，对于近年呼声很高的官员财产申报立法，全国人大常委会法工委副主任安建在记者会上表示，有关部门一直在研究。

“从上述表述我们不难看出，在全国推行官员财产申报已经有了雄厚民意基础，官员财产申报制度会不会出台已不是问题，关键是何时出台、怎样出台。”中国编辑常务副主编周彦召博士表示。

“政府、民众和媒体的上下齐动已经形成一股社会合力，使官员财产申报制度渐行渐近。”侯欣一委员对记者强调说。

（二）最终目标是让官员不想贪、不敢贪和不能贪

“在我看来推动这一进程的最根本动力是中华民族对正义、公平的不懈追求，是对制度作用认识的深化。”侯欣一委员对推动财产申报制度的动因有着自己独特的理解。他认为，改革开放 31 年来，国人对于制度在维系国家良性运转方面的作用有了深刻的变化。

改革开放以来，中国政府对腐败问题一直高度重视，并始终坚持标本兼治的原则，积极探索制度反腐，没有这一大的背景，官员财产申报制度的产生是不可能的。侯欣一委员强调。

北京大学法学院教授、北京市法学会行政法学研究会副会长王锡锌日前撰文指出："在当前，执政党具有进行改革和社会动员的最大能力，且这种能力在获得群众支持时将发挥至最大。从目前的社会公众心理期待层面来看，通过完善包括财产申报立法等制度建设，整治滋生腐败的'制度生态环境'，正在成为社会公众的共识。"

当然，共识虽已形成，但真正推行却有难度。我们可看到，无论是浙江慈溪市的"廉情公示"，还是新疆阿勒泰地区的"财产申报"，都遭遇到了一些质疑和诘问，批评其"作秀"者有之，预言其必将"流产"者有之。

"任何制度的出台都会遇到一定的阻力，官员财产申报制度自然不能例外，特别是这一制度还涉及部分官员的既得利益。"周彦召博士表示，这并不能成为阻碍这一制度出台的理由，因为从世界各国预防和反腐败的经验来看，官员财产申报制度是治理腐败的第一步。事实上，在反腐制度健全的国家和地区，各级官员都要申报财产，亲属的收入与官员职位有关，也要公布。

"出台官员财产申报制度的最终目的是要使官员不想贪、不敢贪和不能贪。"侯欣一委员这样对记者表示。

（三）制度配套建设中媒体和社会的监督极为重要

出台官员财产申报制度，尽管民众的呼声很高，高层也频繁表态，但短期内正式出台全国性的官员财产申报制度的可能性并不高。这主要是因为这一制度的推行，在操作层面将会遇到大量现实难题。

中共中央党校党建部教授陈凯龙在接受媒体采访时表示，中国人的财产关系不像西方那样明确。财产申报在做，但配套措施实施很难，因受制于民主政治发展程度等深层问题。财产公示将给反腐败带来一场风暴，网络社会老百姓将给贪官带来压力。立法规划留下变数和空间。

诚然，这些困难的确客观存在，但它只是说明出台官员财产申报制度需做好配套制度的跟进工作，并不能成为抵制官员财产申报制度出台的理由。

北京大学法学院教授姜明安曾撰文指出，"阳光法案"的出台和运作需要一定的技术手段和理论准备为条件。但是,很多技术性问题和理论性问题只有在实践中才能暴露,在实践中才能解决。目前,我国制定“阳光法案”,建立官员财产公开申报制度的条件应该说基本具备了,尽管不是很完备。

侯欣一委员也认为,要达到预防和反腐败的成效,仅有官员财产申报制度显然是不够的。财产申报制度的有效实施,还需要其他制度的配套。如金融方面的储蓄实名制,法律方面的不动产登记制、登记后的公开制度、当事人违反申报制度诸如不按时申报、漏报的处罚制度,等等。

“在配套制度建设中,媒体和社会的监督极为重要。”侯欣一委员接受采访时特别强调,“如果没有媒体和社会的有效监督,仅凭政府的监督是远远不够的。”

相关链接

1987年11月17日,时任全国人大常委会秘书长、法工委主任的王汉斌指出:“我国对国家工作人员是否建立申报财产制度问题,需在其他有关法律中研究解决。”

1994年,第八届全国人大常委会将《财产收入申报法》列入立法规划,但一直未能实际进入立法程序。

1995年,中共中央办公厅、国务院办公厅印发《关于党政机关县(处)级以上领导干部收入申报的规定》,但申报内容“不向社会公布”。

2001年6月,《关于省部级现职领导干部报告家庭财产的规定(试行)》出台,增加了报告财产的内容,未规定信息公开的办法。

2007年9月,国家预防腐败局正式挂牌时,有关人士曾表示,“正在抓紧研究财产申报制度,在适当时候将建立财产申报制度”。

最终目标:让官员不想贪、不敢贪和不能贪。

三、制度反腐不宜财产申报单兵突进①

官员财产申报,在我国可以算得上是历久弥新的话题。近来,随着

① 法制日报.2009-03-17.

新疆阿勒泰地区县(处)级以上官员财产申报制度付诸实施，官员财产申报问题在我国又掀起了新一轮的讨论热潮。官员财产申报，这一240多年前诞生于西方国家的制度，素有“阳光法案”之称，被视为政治文明程度的重要标志，在我国独特的社会土壤中，将如何生根发芽并结出什么样的果实，值得我们认真思考和研究。

官员财产申报对于反腐败的积极意义是不容置疑的。从公共行政学理论来说，腐败源于权力缺乏有效监督，而监督的前提是公开和透明。公职人员的有关信息及其执行公职的行为做到公开和透明，监督才有可能。财产申报，就是把公职人员的财产状况公之于众，曝晒在阳光下，再与其应有合法收入进行比较，是否贪腐就显而易见。虽然这仅仅是官员单项信息的公开，但由于财产具有极强的指标特性，能够充分说明官员的廉洁与否，因此，这一剂良药在众多国家较好地医治了腐败毒瘤。

但是，空有良好的目的与意愿是不够的。官员财产申报制度本身的设计，对于制度的成功与否有着关键意义。因此，科学的申报程序、严密的制度环节设计是制度建设必须解决的问题。制度设计的目的在于把制度的本质功能最大限度地发挥出来。因此，我们必须认识到，官员的财产既不应是隐私，更不应是秘密，“内部申报”、“部分公开申报”，都从根本上违背了官员财产申报的制度目的，也必将使申报流于形式。在我们对官员财产申报制度望眼欲穿，甚至为其在个别地区的试点取得一点进展而欢欣鼓舞的同时，我们也应清醒地认识到，官员财产申报虽然是一剂反腐良药，但对腐败顽疾而言，寄望于它能够药到病除却是不切实际的。毕竟，官员财产申报制度还要受到实施环境、配套制度、先天缺陷等诸多因素的制约。

首先，我国的全民信用体系尚未建立，为官员隐匿个人财产提供了很多可乘之机。财产申报制度的目的不在于申报，而在于最终认定申报情况与实际状况是否吻合，这就需要能够准确掌握官员的个人资产状况，而只有当社会信用体系严密到可以无缝拼接并且系统通畅才能达到这一要求。但是，我国目前连严格意义上的金融实名制尚未实现，全民信用体系更是无从谈起，庞大、复杂而又存在漏洞的金融体系难以准确核定个人金融资产,成为制约官员财产申报制度实施效果的一个具体而又巨大的障碍。

其次,对官员腐败所得财产的转移缺乏有效拦截机制。官员如果可以轻松地将腐败所获取的财产转移,再完善的财产申报也只能成为其标榜清廉的机会。而近年来贪官海外账户已经成为我国腐败官员暴露后的常见问题,秘密通过各种渠道将腐败所得财产转移海外,贪官不仅可以轻松公开在国内的财产来应付申报,还可为一旦东窗事发逃亡国外事先铺垫道路。此外,由于收受的贿赂一般都是现金或者贵重财物,官员往往将其转移至认为可靠的亲友处隐藏,在近年已经查处的腐败案件中,就有贪官把大量现金和贵重物品存放在农村远房亲戚家厕所垫脚石下的事例,又有哪种信用体系严密到能够察觉到这臭气熏天的垫脚石之下的秘密呢?不能切断财产转移,就不能实现如实全额申报。试问又有哪个官员会把这些财产公开申报呢?

同时,明确区分官员个人收入与家庭其他成员收入,存在较大现实困难。在官员财产申报制度实施中,只有能明确区分官员个人收入与家庭其他成员收入,才能判断官员实际财产与其应有合法收入是否基本吻合,而这在实践中操作难度较大。由于我国监管机制还不够严密,一般情况下对个人经营、投资活动收益很难准确计算,如果官员仅申报个人合法收入,而将贪腐所得都作为其他家庭成员合法经营活动收入,要查证其是否属实较为困难。尤其当官员利用手中权力,为其家庭成员的经营活动提供便利而获得收入时,这种腐败收入由于披上了合法经营的外衣,更具隐蔽性,更加难以认定为腐败所得。而现实中,利用权力为亲属谋取经济利益已经成为常见的腐败现象。

此外,财产申报对非物质财产腐败现象鞭长莫及。虽然权钱交易是腐败的典型模式,也是财产申报制度能够最有效遏制的腐败类型,但腐败却绝不限于此。腐败的毒液,可以渗透到社会肌体的每一个角落,权色交易、权权交易、权与利(非物质利益如子女受教育机会、本人获取高等教育证书等)交易、权名交易(如以权获取某种头衔)、对稀缺社会资源的占有,等等,都是腐败的常见方式,但这些都不直接增加腐败者的物质财产,因此也不能通过财产申报发现问题,财产申报制度自然也无法对其发挥作用。此外,对我国非常严重的公款消费腐败问题,财产申报制度也无能为力。

最后,官员财产申报制度甚至还可能产生一定的副作用。由于只是对申报时间点拥有的财产进行申报,对那些因消耗性消费而丧失的财产,则可以逃避申报,也难以查出。因此,财产申报可能会刺激一些贪官挥霍贪腐所得财产,如用于狂吃海喝、色情活动甚至赌博等。对于相当一部分人生观、道德观沦丧的贪官而言,"今朝有酒今朝醉"、"吃了喝了不后悔"等享乐主义思想本已根深蒂固,财产申报只怕难免会刺激其加紧挥霍不义之财。

这里,本书作者想顺便指出,我们在2009年和2010年曾前往浙江慈溪市、新疆阿勒泰地区、湖南浏阳与重庆市四个热点地区进行实地调研。我们深切感受到,财产申报制度对反对腐败而言,只是一道闸门,虽然可以遏制腐败的泛滥,但无法切断腐败的源头。它虽是一剂反腐的良药,但不足包治百病。要根治腐败,尚需综合施治。无论如何,我们还是热切期待这一重要制度在我国的全面建立,毕竟,只有建立,才有可能完善。

第二节　财产申报制度的行政伦理法制研究

中共中央《建立健全惩治和预防腐败体系2008—2012年工作规划》在"健全反腐倡廉法规制度"部分明确指出:"建立健全防治腐败法律法规,提高反腐倡廉法制化水平。在国家立法中,充分体现反腐倡廉基本要求。适时将经过实践检验的反腐倡廉具体制度和有效做法上升为国家法律法规。"并突出强调"研究论证建立国家公职人员财产申报方面的法律制度"。

温家宝同志2009年2月28日到中国政府网、新华网与网友在线交流时指出,提起反腐败,我以为,最重要的还是解决制度问题。因此,就要解决权力过分集中而又不受制约的问题,只有权力受到制约,才能够从根本上防止腐败的滋生。许多网友在网上提出为什么还不建立官员的财产申报制度,我认为这个建议是正确的,这应该是反对腐败的一项重大举措。我们说要实行政务公开,也要对官员的财产收入实行公开。当然,这件事情要做得真实而不走过场,就必须建立制度和制定法律,并且长期地保持下去,使它收到真正的效果。我们正在积极准备这项工作。

建立并实施国家公职人员财产申报制度,是增强公仆意识的制度保障。

一、财产申报制度是行政伦理法制的重要内容

(一)公职人员财产申报制度的伦理内涵

所谓公职人员财产申报制度,就是通过行政伦理立法要求担任公职的人员在任职之初、任职期间,在规定的时间以及离职之后的一定期间内向相关机构报告或公布自己及共同生活的亲属的财产状况和变动情况。其作用和意义在于:第一,可以更加全面地反映申报人任职期间的经济状况特别是其任职以来的财产增量情况,有助于有关部门更好地掌握更完整的信息资料,作为监督其廉政情况的重要依据。当其财产有明显的变动特别是与其收入不相符合时,有关部门即可以而且应该予以查究。第二,可以保护公职人员的合法财产,澄清猜疑,维护公职人员的声誉。第三,通过公职人员财产申报,进一步增强政治生活透明度,丰富和发展现代民主政治的内涵。

公职人员家庭财产申报制度于 1766 年首先在瑞典施行。1883 年,在英国形成法律。英国《净化选举与防止腐败法》规定,各候选人在选举结果公布之后,必须按照规定申报其竞选中各项费用的开支情况,并向社会公开。然而,严格意义上的公职人员财产申报制度则是从 20 世纪 70 年代西方主要发达国家陆续推行行政伦理法制开始。到 80 年代,一些发展中国家也陆续建立和实施了公职人员财产申报制度。目前,不管是美、英、法这样的发达国家,还是尼日利亚、阿尔巴尼亚等经济欠发达国家,还是像新加坡这样的新兴国家,以及我国的香港、台湾地区,都广泛建立了公职人员财产申报制度,并取得实效。

公职人员财产申报制度被世人称之为"阳光法案"。作为一种十分有价值的反腐倡廉特别是预防和遏制腐败的手段,它已经得到越来

越多的国家的认可。根据联合国犯罪预防和控制委员会的建议,联合国经济及社会理事会以第1990/23号决议,向第八届联合国预防犯罪和罪犯待遇大会转交一份关于在发展条件下预防犯罪和刑事司法的国际合作的决议草案,并附有一系列有关该主题的建议。其中第8项建议如下:"如果有了法律和规章,规定公职人员应全面公布个人情况(在进入政府部门任职时即公布本人的全部资产、债务和社会关系)或定期提供简要情况(每年的全部收入或商业活动)或公布应予报告的事项(职务以外的收入、出售或购买超过一定数额的资产的单据),那是很有价值的反腐败手段。它有两个方面的作用。第一,它可起到早期警报作用,据此可以看出一个公职人员的消费水平和生活方式是否与其薪金收入水平相符合,如不相符,即应要求本人作出解释,或对其进行认真的观察。第二,当明知他有贪污舞弊行为,从而产生非法收入或资产,但拿不到确凿证据时,这也可以作为起诉的根据。每一国家均可根据本国社会关切的舞弊问题,如参与股份或参与社会集团的各种利益关系等,制定出公布财产的要求。"第八届联合国预防犯罪和罪犯待遇大会决定将公职人员的财产申报并公开化,作为一项有效的反腐倡廉的政策推荐给各成员国。

《联合国反腐败公约》也提出要求:各缔约国均应当根据本国法律制度的基本原则,制订和执行或者坚持有效而协调的反腐败政策,这些政策应当促进社会参与,并体现法治、妥善管理公共事务和公共财产、廉正、透明度和问责制的原则。为了打击腐败,各缔约国均应当根据本国法律制度的基本原则,在本国公职人员中特别提倡廉正、诚实和尽责。各缔约国均尤其应当努力在本国的体制和法律制度范围内适用正确、诚实和妥善履行公务的行为守则或者标准。各缔约国均应当根据本国法律的基本原则,酌情努力制定措施和建立制度,要求公职人员特别就可能与其公职人员的职能发生利益冲突的职务外活动、任职、投资、资产以及贵重馈赠或者重大利益向有关机关申报。各缔约国均应当考虑根据本国法律的基本原则,对违反依照本条确定的守则或者标准的公职人员采取纪律措施或者其他措施。在不违背本国宪法和本国法律制度基本原则的情况下,各缔约国均应当考虑采取必要的立法和其他措施,将下述故意实施的行为规定为犯罪:资产非法增加,即公职人员的资产显著增加,而本人无法以其合法收入作出合理解释。我国是该公约 2005 年 12 月 14 日生效后即施行这一国际法的首批国家之一,也应制定实施国家公职人员伦理法。

公职人员特别是高级官员将个人的财产状况向社会公开,已经成为现代民主政治的基本惯例。它已经成为政治文明发展与进步的一个象征,成为民主政治的重要标志,成为公仆意识的有效制度保障。

我们要充分认识反腐败斗争的长期性、复杂性、艰巨性,把反腐倡廉建设放在更加突出的位置,坚持标本兼治、综合治理、惩防并举、注重预防的方针,以完善惩治和预防腐败体系为重点,强化权力制约和监督,努力形成拒腐防变教育长效机制、反腐倡廉制度体系、权力运行监控机制,深化改革和创新体制,拓展从源头上防治腐败工作领域,切实增强反腐倡廉建设的整体性、协调性、系统性、实效性。要加强对各级领导干部的管理和监督,建立健全决策权、执行权、监督权既相互制约又相互协调的权力结构和运行机制,让权力在阳光下运行,最大限度地堵塞以权谋私的漏洞。国家公职人员财产收入申报制度,就是实现上述目标的有效措施。

(二)美国公职人员财产申报制度中的公仆意识

美国公职人员财产申报制度建立的关键的推动力,是本书第三章已经涉及的美国在 20 世纪 70 年代发生的“水门事件”。概括地说,“水门事件”是美国建国以来“法治”与“人治”的一次最严重的较量。在美国国会开始启动对尼克松弹劾案的 1974 年,美国参议院总统竞选活动特别委员会邀请美国公共行政学会成立专门小组对“水门事件”进行研究。该小组的研究报告于当年由纽约基础书籍公司出版,题为《水门:对负责政府的含意》。报告指出,造成水门事件的隐患无疑是多年前多届政府中就已埋下了的,但是,这些最终发展成对美国政府民主形象有严重损害的隐患,要求对政治和行政体制作出认真的重新评价,并采取适当的补救措施。这篇关于“水门事件”的权威研究报告在题为“伦理和公职”的“结束语”中明确指出,这篇报告的大部分内容已经直接或间接地涉及公共服务中的伦理主题。蕴含在水门事件中的特征之一,就是对于政府的作用和责任的认识。这种认识,说得轻点是过于简单粗暴,说得重点则是政治与行政腐败。研究报告特别强调,一个民主政府不应该是“家营”,即由家长来统治,也不应该是军营或政治竞选大本营,它是一个产生出来的组织,属于它的成员,其成员包括全体公民。“为政府工作、从政府领薪的公务员,归根结底是全体公民的仆人,而认识到这一点是十分必要的。”研究报告建议,美国国会和美国政府应采取包括公职人员财产申报的有效措施,切实加强行政伦理与廉政建设。

以美国国家公共行政学会专门小组为代表的一批专家,从行政伦理角度研究“水门事件”的众多份报告,在美国公职人员财产申报制度建立中发挥了巨大作用。其直接成果,即是直接推动卡特政府于1978年提交并由国会通过了《美国政府伦理法》。其目的在于建立某种联邦政府机构,适当改组联邦政府,对联邦政府的工作进行某种改革,保持并提高官员和国家机关的廉洁性。时任美国总统的卡特在签署该法案时表示,《美国政府伦理法》将有助于使美国政府成为一个诚信的、公开的、不为利益冲突困扰的政府。《美国政府伦理法》共分7章。第1、2、3章分别为立法、行政、司法机关人员的财务申报规定。第4章是关于政府伦理办公室的设立及其职能。第5章至第7章是关于“利益冲突”。《美国政府伦理法》的出台标志着美国公职人员财产申报制度正式建立。

1989年1月25日,刚刚宣誓就职的美国总统布什向联邦政府3700名高级行政人员发表了“本届政府决心维护行政伦理”的演说。当天,布什任命了一个由8位专家组成的总统伦理委员会,要求提出一套新的伦理准则,保证政府工作的更严格、更令人满意。1989年4月2日,国会通过了布什总统提交的《1989年伦理改革法》,该法对1978年《政府伦理法》作了进一步的修订,对联邦政府的行政、立法、司法三大机构的工作人员规定了更为严格的伦理标准和更为完备的财产申报制度。

(三)韩国公职人员财产申报制度中的公仆意识

韩国行政伦理在社会生活,特别是在廉政建设与反腐败斗争中发挥了巨大作用。两位前总统卢泰愚、金斗涣巨额秘密资金被揭露，即是金泳三政府认真实施《韩国公职人员伦理法》的结果。以“把公职人员、公职候选人的财产登记和财产登记公开予以制度化”为基本目的的《韩国公职人员伦理法》，早在全斗焕当选总统的1981年即颁布实施，在卢泰愚执政期间又多次修订。但是，由于这两位总统自身存在着严重腐败，不可能认真遵守；再加上当时的《公职人员伦理法》本身也不尽完善，使之长期以来没有能够发挥应有的作用。相比之下，金泳三总统在任期内对《韩国公职员伦理法》进行了再次修订，使之日趋完善。特别是金泳三政府采取了严肃认真的态度，于是，公职人员财产申报制度终于在韩国开始发挥出其巨大的社会作用。

韩国公职人员财产申报制度中的公仆意识内涵是有坚实的法制基础的。

首先，韩国宪法确立了公仆意识。《大韩民国宪法》规定，公职人员应该为全体国民服务。公职人员总的伦理标准，是把国民利益作为价值基础，而不是为特定集团局部利益服务。韩国宪法确立的公仆意识，在韩国《国家公务员法》、《地方公务员法》、《公职人员伦理法》、《〈公职人员伦理法〉实施令》、《公职人员伦理法实施规则》、《公职人员伦理宪章》、《公共事务条例》、《公务员服务规定》以及《防止腐败法》中都得到具体体现。

例如，适用于行政机关、立法机关和司法机关全体公职人员的《国家公务员法》，规定了公务员应该遵守的“伦理原则：诚信”。公务员不应做出任何有损于政府地位或违背《公务员法》所规定的事情。“与工作有关的具体伦理规范”包括：(1)遵守法律和规章制度的职责。公务员在执行公务和日常生活中都应该忠实地遵守规章制度，遵守法律和法规。(2)服从上级命令的职责。公务员在执行公务时应该服从上级下达的与工作有关的命令；除非这些命令不合法、非法或明显不恰当，公务员可以不予执行。(3)全力以赴做好公务的职责。(4)限制参加劳工运动的职责。(5)和蔼和公正无私的职责。公务员作为全体国民的公仆，应该为公众的利益履行其职责，并在执行公务时竭尽全力，公正无私。(6)保守机密的职责。

1970年6月,韩国以总统令形式颁布了《公务员服务规定》,其后又进行了多次修订。韩国《公务员服务规定》的突出特色,是以公仆意识为价值核心,将行政伦理的基本要求加以系统化,并具有可操作性。以下是该规定的部分内容:第一章"总则"的第一条指出:"本令以规范有关公务员的服务事项为目的。"第二条"宣誓"规定,"1.根据《国家公务员法》第五十五条的规定,公务员就任之时,应在所属机关的首长面前宣誓。2.宣誓内容依照附件一的《誓词》统一进行。"《誓词》全文如下:"本人保证以一名公职人员应有的荣誉和良心,为国家和国民奉献自己的一切。现宣誓如下:本人决心遵守法令,服从上级的指挥和命令。本人决心站在国民一边,以正直和诚实的品质投身于公务。本人决心以崭新的工作和主动的精神去履行应尽的职责。本人无论是在担任公职人员之时,还是在不担任公职人员之后,绝不泄露在履行公务的过程中所掌握的机密。本人作为一名正义事业的实践者,决心在根除腐败的斗争中起表率作用。"此外,"总则"还明确规定:"公务员作为全体国民奉养的公仆,为了保证民主而有效地履行职责,应该以创新和诚实的态度做好本职工作。""公务员应遵守国家法令和公务方面的命令,确立公务规范,遵守纪律。""公务员应公私分明,尊重人权,亲切、公正、高效、准确地处理业务。"

(四)加拿大公职人员财产申报制度中的公仆意识

加拿大政府于2003年9月1日开始实施的公务员行政伦理手册,即《公共服务的价值与伦理规范》规定,避免和预防可能引起利益冲突的情形,或避免和预防利益冲突的出现,是公务员维持公众对公共服务客观公正信心的主要方法之一。公务员要向部门领导提交"机密报告"。机密报告主要说明公务员的资产、接受礼物、款待和其他相关利益问题,以及是否在外兼职或参与可能引起利益冲突的活动的问题。

该行政伦理手册第一章的标题是"公共服务的价值与伦理"。内容如下:

一、加拿大公共服务的作用:加拿大公共服务是一个重要的国家制度,也是加拿大议会民主必不可少的组成部分。公共服务制度为宪政政府和公务员提供了一个基本的方式,使他们致力于建设一个好政府,一个民主的加拿大社会。公共服务的作用在于协助加拿大政府保持和平安定的社会秩序和政府的良好形象。《加拿大宪法》和责任政府的原则为公共服务的作用、责任和价值提供了基础。公共服务的民主使命是依法协助部长为公共利益服务。

二、本规范的目的:《公共服务的价值与伦理规范》提出公共服务的价值和伦理,以指导和支持公务员的职业行为。本规范有助于保持和提高公众对公共服务诚信的信心。本规范也有助于加强民众对公共服务在加拿大民主政治中所扮演的角色的尊重和赞赏。本规范叙述了公共服务的价值、利益冲突和聘用终止后的有关规定。本规范以《部长和国务卿指南》中所规定的职责和责任为背景。部长们有责任确保公众对自己部门的管理工作有足够的信心,保持公共服务的政治中立传统,保持其持续地提供专业的、坦率而真诚的建议的能力。

三、公共服务的价值:公务员的工作和职业行为应该由公共服务的平衡的价值体系所指导,即:民主的、职业的、伦理的和以人为本的价值。这些价值不是独立的而是互为依存的。透过这些价值可以看出公共服务行为的总体水平。

1. 民主价值:依法协助部长为公共利益服务。(1)公务员应该提出诚实、公正的建议,并且提供所有相关信息以备部长决策之需。(2)公务员应该忠实地执行部长依法作出的决定。(3)公务员应该支持各部门履行自己的行政职责,并且向国会和人民提供关于工作结果的所有信息。

2. 职业价值:胜任、优秀、高效、客观、公平。(1)公务员必须在加拿大法律的规范下工作,并且保持公共服务的政治中立传统。(2)公务员应该努力保证公共资金恰当、有效、高效率地使用。(3)在公共服务中,实现结果的过程应该与结果本身同样重要。(4)公务员应该通过不断地提高服务质量,通过创新来适应公众不断变化的需求,通过提高政府计划的有效性和效率,通过两种官方语言提供服务,来不断强化为加拿大人民服务的意识。(5)公务员应当在依法履行保密责任的同时,努力确保政府行为的透明度。

3. 伦理价值:永远保持公众的信赖。(1)公务员应该履行职责,处理好自己的私人事务,以保持和增强公众对政府诚实、客观与公正的信心和信任。(2)公务员应当总是以一种经得住公众最严格的检验、以一种尽职尽责而非简单地在法律规定的范围内做好工作的态度来工作。(3)公务员决策时应当以公众利益为出发点,以实现其职责和责任。(4)如果公务员的私人利益和官方责任之间发生冲突,则解决冲突时应当以公众利益为重。

4. 以人为本的价值:在与市民和其他公务员交往时,体现尊重、公平和礼貌。(1)尊重人的人格和价值能使人更好地行使其职权。(2)人的价值得到体现将扩大公共服务价值的外延。那些得到公平和礼貌对待的人将受到激励,并用自己的行为来展示这些价值。(3)公共服务组织应当允许参与、公开、沟通,尊重加拿大社会的多样性,尊重加拿大的官方语言。(4)公共服务领域的任用应当以公务员的品质为基础。(5)公共服务价值是招聘、评估公务员和公务员晋级的关键因素。

加拿大政府以法规的形式对公共服务的价值所作的阐述,从特定角度强调了公职人员财产申报制度中的公仆意识,值得特别关注。

二、国外公职人员财产申报制度的行政伦理立法

国外公职人员财产申报制度普遍采取了伦理立法的形式,使之得以有效施行。这里,我们重点研究美国和韩国的公职人员财产申报制度的伦理立法。

(一)美国公职人员财产申报制度的行政伦理立法

《美国1989年伦理改革法》是在《美国1978年政府伦理法》的基础上制定的补充和修订法案。《美国1978年政府伦理法》的主要有三部分内容:财产申报规定、设立政府伦理办公室和关于利益冲突规定;而《1989年伦理改革法》对原有规定中的财产收入申报作了大篇幅的修订,将相关利益冲突规定融合到其他规定中,不再设立专门章节;同时增加了很多其他内容,比如因工作职能接受他人的礼物和旅行的规定、在政府以外兼职的规定、收受来自他人的谢礼的规定,甚至连政府公车的使用都作出详细规定。相比较而言,《1989年伦理改革法》涉及的内容更具体、全面、翔实,更便于操作执行。

《美国1989年伦理改革法》共分十一章，这里主要研究其第二章“联邦政府工作人员的财务公开”。

财务公开旨在判断报告人是否存在潜在的利益冲突，预防行政腐败的发生，有效控制滥用公权、中饱私囊的行为，有助于公众对政府官员的监督，能够及时提醒有关人员重视潜在的利益冲突，以免因一时不慎，铸成大错。因此，财务公开报告内容应尽可能详细，主要项目包括：薪水收入、兼职收入、股票收益、合伙人收益、财产净值、某些公债、托管财产、地产等。

财务公开制是美国行政伦理法治化的重要内容。《美国1989年伦理改革法》对《1978年政府伦理法》中与财产公开相关的第一章进行了大幅度修订和补充，废止原法案中的第二、三章，形成《1989年伦理改革法》第二章。法案对联邦政府工作人员的财务公开进行细致而明确的规定，使之具有可操作性，而不是一纸空文。

财务公开规定是《1989年伦理改革法》的主要组成部分。

“财务公开”主要包括十二项规定：提交报告的人员、报告内容、提交程序、拒绝提交报告或提交虚假报告的规定、报告的监管和公开办法、报告的复审、关于机密报告的规定、总审计长的权限、本章涉及的概念定义、实施及生效日期等。

1. 提交“财务公开”报告的对象

法案中规定的需要提交“财务公开”报告的政府工作人员，是指具有一定职务级别的高级官员。按照行政级别，从高到低依次为总统、副总统、行政部门职务级别是GS－16级（含）以上人员（资深行政官员）、军方机构中职务级别是0—7级（含）以上人员、职务属国家机密、涉及国家政策制定的非资深官员、政府伦理办公室主任及所有被委任的部门伦理官员、年度总统办公室提名人、副总统及国会议员的提名参选人、由总统提名至参议院的被委任者，以及美国法律特别定义的国会议员、雇员、司法官员、司法雇员等。

如果职务级别属于上述范畴，但是在一年内履职不超过60日的官员，经有关部门确认，则不必提交财务公开报告。

2. “财务公开”报告提交时间

正在履职的上述人员,必须在任职30日内,提交内容完整的财务公开报告。

由总统提名、需经参议院批准的被委任者,必须在得知提名后5日内,提交有关收入及截止被提名日前所收受的其他财务情况。

总统办公室、副总统、国会议员的提名人或参选人,必须在被提名后30日内,或参选年度的5月15日前,提交内容完整的财务公开报告。

3."财务公开"应涵盖的内容

法案详细规定了在不同情况下应提交的财务报告所包括的内容,主要分为两种情况:第一种是正在履职的官员;第二种是尚未履职的提名人。

正在履职的人员提交的财务公开报告中,必须包括前一年度中获取的下列经济利益:(a)价值超过200美元的非工资性质的其他收入,比如各类分红、租金、股份;(b)来自非亲属给予的,价值超过250美元的交通、住宿、旅行或娱乐性质的礼物;(c)持有的市场价值超过1000美元的任何权益,比如投资或交易获利;(d)累计5000美元(含)以上的任何个人存款;(e)价值超过10000美元的债务;(f)价值超过1000美元的任何出售或交换所得,比如房产、股票、债券、期货以及其他形式的证券交易。另外,如果该人在履职前一年曾在其他组织或企业任职,报告中还需包括因此所收取的,价值超过5000美元以上的酬金。除必须报告上述收入的价值外,还需附加简短的来源、类型说明。

尚未履职的提名人需要提交的报告中,应包含一些附加的说明。除要求报告持有的市场价值超过1000美元的任何权益、累计5000美元(含)以上的任何个人存款、价值超过10000美元的债务外,还要标注具体的时间。其他内容,则只需标明确切美元数量,无需标注种类和价值。

除上述内容外,两类报告人均需要提供与配偶和非独立生活子女有关的收入信息。比如报告人配偶超过1000美元的工资收入,如果属于自行经营,而非受雇于他人,只需要标明从事的行业性质。

关于财务公开内容的第六款,对与报告人财产信托有关事项作了详细的规定。

4.“财务公开”报告的递交

财务公开报告的递送部门有两个:政府伦理办公室和报告人任职的部门伦理办公室。

由总统委任的人员、总统及副总统办公室候选人、需要国会两院确认职务的提名人需要将报告提交政府伦理办公室;其他人员则直接递送本部门的伦理办公室即可。在竞选期间,竞选提名人、参选人的财务公开报告需要提交至联邦选举委员会。有关部门收到财务公开报告后,应当签注收取日期。

如果递交财务公开报告的时间,超过规定日期30日,在呈递报告同时,处以罚金200美元。

如果没有根据规定递交财务公开报告,或蓄意提供虚假报告,相关负责人应当上报总检察长,总检察长可以在任何适当的联邦地区法院对该人提起民事诉讼。

5.“财务公开”报告的公开

法案规定,所有提交的财务公开报告原则上都应该向公众公开,除非提交人具有特殊不宜公开的身份,比如中央情报局、国家安全局的工作人员,如果总统认为向公众披露该人的财务公开报告,会泄露该人身份和其他敏感信息,损害美国利益时,为保护该人身份,将授权该人的财务公开报告免于公开。身份机密的独立律师和独立检察官的“财务公开”报告也不予以公开。

公众有权查看可以公开的“财务公开”报告,但是不得利用获取的信息用于商业目的、政治资金的募集或筹款或其他非法用途。

有关部门将对递交的“财务公开”报告保留6年,这期间对公众有效公开,期满后,除非涉及某项正在进行中的调查,否则予以销毁。

6.“财务公开”报告的复审

有关部门应在收到报告60日内,予以复审。复审结果不同,规定也不同。

如果复审结果认为“财产公开”报告的信息均合法有效,则标注意见后签署。

如果复审后,认为报告中信息不够完整,则告知报告人需要附加的信息内容和必须提交附加信息的期限。

如果复审后,认为报告人存在违规违纪行为,相关部门将告知报告人,给予其解释的机会,同时允许报告人在规定期限内,自行采取措施,予以更正。比如,对于违规财务的自愿"放弃"、"偿还",对现有职务的自愿调离或辞职等措施。如果报告人拒绝更正违规行为,则根据其他法律规定,采取适当的行动。

法案规定,对于复审条例,各部门的伦理办公室均可以在其权限内,对本条例提供咨询意见,给予解释说明。

为确保条例的可操作性,本章第九款中还对"财务公开"规定中出现的概念作出详解,避免因概念界定模糊导致法规实施中可能出现的问题。

(二)韩国公职人员财产申报制度的行政伦理立法

《韩国公职人员伦理法》于1981年12月31日以总统令的形式颁布。其进行了6次修订。内容包括6章30条,约合15000个汉字。各章的标题分别为:"总则"、"财产申报与公开"、"礼品的申报"、"限制退职公职人员的就业"、"补则"、"惩戒和罚则"。

"总则"第一条指出:"本法目的是把公职人员、公职候选人的财产登记和财产登记公开予以制度化;是对利用公职取得财产、公职人员申报礼品、退职公职人员的就业制定限制性规章,防止公职人员不正当的财产增值,确保公务的公正性,确立为国民的服务者即公职人员的伦理准则。"第二条强调:"国家必须使公职人员献身于公职,保障公职人员的生活,努力确立公职伦理准则。"

第二章"财产申报和公开"以近万字的篇幅,对韩国公职人员的财产申报作出明确规定。这里摘要简述如下:

第三条"申报义务者等"规定了必须根据本法进行财产申报的人员范围。包括总统、国务总理、国务委员、国会议员等国家政务职的公职人员和其他根据国会规则、大法院规则以及总统令所指定的特定部门的公务员和公职有关团体的职员。第四条"登记对象的财产"规定:1. 登记义务者需登记的财产指符合下列各款之一的人员的财产(包括无论冠以何种名义,但事实上为其所有的财产和向非营利法人捐助的财产以及国外的财产。下同):(1)本人。(2)配偶(包括具有事实上的婚姻关系者。下同)。(3)本人的直系亲属,但已出嫁的女儿和外祖父母及外孙子女除外。登记义务者因婚姻关系,丈夫或妻子入籍对方家中,则将对方的直系亲属均视为其直系亲属。2.登记义务者需登记的财产如下:(1)关于不动产的所有权、土地使用权和转卖权。(2)矿业权、渔业权以及其他有关不动产规定所确定的可以使用的权利。(3)下列各目之一的动产、有价证券、债权、债务以及无形财产权。(4)在联营公司、合资公司及有限公司中所占的份额。第五条"财产的登记机关和登记时间等"要求,公职人员在其成为登记义务者后的一个月内,应向以登记机关登记自成为登记义务者以来的财产。

第八条"登记事项的审查"值得重视。为了对财产登记等事项进行审查和作出决定,在国会、大法院、宪法裁判所、中央选举管理委员会、政府、地方自治团体以及汉城特别市、直辖市、道教育厅,分别设立公职人员伦理委员会。公职人员伦理委员会如认为登记义务者登记的财产由于过失而漏报或计算的价值不属实,应指定期限,令其对财产登记材料进行补充。公职人员伦理委员会可向登记义务者要求提供资料或提出书面质疑或进行确认事实所必要的调查。公职人员伦理委员会认为需要确认金融往来内容时,可要求金融机关的首长提出关于金融往来内容的资料。该金融机关的人员不得拒绝。公职人员伦理委员会可要求登记义务者及其配偶、直系亲属、其他与财产登记有关的人员出席,并听取其陈述。公职人员伦理委员会对其中具有进行虚伪登记之嫌疑的登记义务者,应提出期限,要求法务部长官(军人或军队系统服务人员,则要求国防部长官)进行调查。法务部长官或国防部长官应立即令检事、检察官进行调查,并将调查结果向公职人员伦理委员会通报。公职人员伦理委员会在必要的时候,可以把不是财产公开对象的登记义务者的登记事项的审查,委托其登记机关的首长或其他有关机关的首长进行。接受委托的机关的首长,必须向所属的公职人员伦理委员会汇报审查结果。公职人员伦理委员会如认为有虚伪记载或因重大过失行为出现遗漏或误记之事实,应予以以下各款之一的处理。

(1)警告或予以改正错误的处置。(2)处以根据本法第三十条规定的过失罚款。(3)通过报纸的广告栏,公布其虚伪登记的事实。(4)要求解任或给予惩处(包括罢免)。

《韩国公职人员伦理法》第十条对“财产登记的公开”作出规定。公职人员伦理委员会对管辖下的登记义务者中,符合有关各款之一的公职人员及其配偶、直系亲属的财产登记和变动事项的申报,应在登记和申报期限结束后的一个月内,在官报或公报上刊载,予以公开。欲成为总统、国会议员、地方自治团体首长、地方议会议员候选人的人员办理候选人登记时,应根据本法向所属选举管理委员会提交上一年12月31日止的登记对象财产申报书。所属选举管理委员会在公开候选人登记情况的同时还将公开候选人的财产申报事项。在提出大法院院长、宪法裁判所所长、国务总理、监察院院长、大法官、国会事务总长等经国会同意方可任命的公职人员的任命同意案或宪法裁判所裁判官、中央选举管理委员会等在国会选举的公职人员之选举案时,上述有关公职候选人应向国会提交关于财产登记的申报书。国会议长应立即将公职候选人申报的财产予以公开。

《韩国公职人员伦理法》特别强调了“诚实履行登记义务”:登记义务者在登记的财产以及其价格、取得日期、取得经过和来源等资料中,不得有虚假的记载;对公职人员伦理委员会的登记事项审查,应诚实地响应;在公职人员伦理委员会对登记事项进行审查时,应诚实地响应。《韩国公职人员伦理法》并在第五章“补则”中规定了“拒绝登记财产之罪”和“提出虚假资料之罪”:登记义务者无正当理由拒绝登记财产,处以一年以下徒刑或1000万元以下罚款。根据本法第十条之二第1项和第2项的规定,参加公职选举的候选人等,无正当理由而不提出关于登记财产的申报书,处以6个月以下的徒刑或500万元以下的罚款。各机关、团体的首长在接到公职人员伦理委员会要求提交报告和资料时,提出虚假报告、虚假资料,处以一年以下徒刑或1000万元以下的罚款。

三、国外公职人员财产申报实例

(一)日本公职人员的财产申报

一个人均外汇储备高达7783美元、民间流动性外汇资产超过3万亿美元、人均GDP为42480美元的富国,其内阁官员的资产又如何?近日,世界第二大经济体日本公布了政府内阁官员的个人财产,结果却“出乎意外”。

据北京青年报刊登的谢宏宇、石渝的文章《“最穷”的首相“最穷”的内阁》介绍,2010年,日本首相菅直人上任之初,即率17名内阁成员公布了各自的个人财产状况,菅直人成为日本自1984年实施内阁成员财产申报制度以来的“最穷首相”。菅直人政权也成为自2001年内阁成员财产申报排除股票价值以来的“最穷内阁”。

1. 寒酸的内阁成员

在菅直人内阁个人财产状况表中,首相菅直人的报表颇为简单,不持股票,也没有高尔夫会员卡,只有一笔395万日元的定期存款,以及一套两室一厅的公寓,公寓的官方估价是518万日元。菅直人继承了其父留下的山林,但基本上都被他捐出去作公共用途,官方估价近乎零。

首相夫人也有笔定期存款,金额为1000万日元,持有50万日元的国债,购有一辆价值100多万日元的汽车。这样,加上配偶资产,菅直人报上的资产有2240万日元,折合人民币约170万,美元25.6万。

菅直人内阁中最穷的当属防卫大臣北泽俊美,他的家庭财产只有不到50万元人民币,按现行东京平均房价算,这点“零碎银子”还不够一家子买下一室一厅30平方米的微型公寓。

日本内阁首位华裔女大臣、行政改革担当相莲舫虽然在镜头前神采奕奕,一身标志性的白色立领套装显得很有派头,其实也是穷得“叮当响”。她的资产仅包括价值378万日元(约合29.5万元人民币)的个人养老金保险和一家上市公司的300股股票。在她的家人中,只有其丈夫拥有659万日元的定期存款,其家庭总资产也不过刚超80万元人民币,现在位于东京目黑区的住宅都是向自己曾担任过董事的公司租借的。

而厚生劳动大臣长妻昭报了约合50多万人民币的资产，但大都是其3个孩子的保险储蓄，自己名下毫无一文。

数据显示，本届内阁最有钱的金融及邮政改革担当相自见庄三郎，他的个人资产也不过是7200多万日元，约合不到600万元人民币。

这样一算，首相加上17名阁员，没有一人的资产超过1亿日元，成立于6月8日的这届内阁官员的平均家庭财产仅为3286万日元，约合37万美元。

2. 曾经富有的日本内阁

日本的官员财产公示启动较晚，申报制倒是早就开始进行。但光是秘密向内部部门申报，没什么大的作用，1984年发生了田中角荣首相因"洛克希德事件"而被判有罪后，为监督首相、大臣是否有不当收入，内阁会议决定导入资产公开制度，规定阁员需公开个人资产。日本内阁成员财产申报内容包括不动产、定期存单和股票以外的有价证券，但不包括活期存款和现金。内阁成员还须申报家庭拥有的股票、汽车、艺术品和高尔夫俱乐部成员资格，但不必说明具体价值。

日本是议会制国家，日本首相、大臣都是国会议员，自然受议员财产公开法的约束。议员当选后要在100天内向所属议院议长提交《资产报告》，在任期间，每年4月份还要提交《资产补充报告》、《所得报告》、《相关公司报告》等。报告书将被保留7年，平时在议会阅览室对外公开，可以自由抄录。

据日本共同社报道，鸠山2009年9月上任后申报的家庭财产为14.43亿日元，约合1649万美元，折算成人民币就是"亿元户"。他在东京大田区的私宅和长野县轻井泽町的别墅等房产的市值约4亿日元。如果算上所持的350万股普利司通股票等，鸠山的资产接近90亿日元。值得一提的是，鸠山由纪夫还有一个"富妈妈"。

从内阁成员的平均资产来看，鸠山内阁的平均财产为160万美元，内阁中按日元计属于"亿元户"的有4人，而菅直人内阁中"最富"的阁员——金融及邮政改革担当大臣自见庄三郎的家庭财产仅为7203万日元，约合82.35万美元，由此可见，菅直人内阁中的"最富"尚不及鸠山内阁财产平均数的一半。

鸠山之前的麻生首相，其资产为4.5亿日元，麻生内阁的平均资产达1.4128亿日元。麻生之前的安倍晋三内阁就职时，安倍为1.47亿日元，内阁成员每人拥有9136万日元。福田康夫相比稍逊一筹，但也有7211万日元。

与历任首相和历届内阁相比，菅直人及其内阁无疑都是“最穷”的。

3. 专职从政财产难获大幅增值

史上最“穷”的日本首相的诞生，其原因或许不能简单用“清廉”来解释。

菅直人出身工薪家庭，因为他没有前首相鸠山、麻生太郎、福田康夫、安倍晋三等政治世家的背景，被日本媒体称为“市民政治家”、“蓝领政治家”。1970年，菅直人从东京工业大学毕业，1976年以独立候选人身份参选众议院选举落选，但其政治才能被江田三郎发掘并推荐他加入社会民主连合。后于1980年当选众议院议员，组建民主党后，曾4次出马竞选党首，3次落败。入住首相府之前，菅直人一家一直租房住，没有余钱买房。

从投资角度说，工资仅能用于支付日常生活开支，能用少量节余作活期储蓄就不错了。家庭财富的积累主要源于财产继承、经营产业、股票和不动产投资，再有就是运气成分的中彩票或企业股权激励了。

日本经历了“失去的二十年”，多数国民的资产由于本国货币零利率而长期贬值，不动产乏人投资问津，难以获得财产性收益，因此，作为学识渊博、信息灵通的专职从政人士，既不敢买房，又不敢炒股，除工资外自然难于让财产合法地获得大幅增值。

（二）俄罗斯公职人员的财产申报

北京青年报2009年4月8日报道为了推进去年12月议会通过的《反腐败法》，俄罗斯总统梅德韦杰夫公开全家收入。克里姆林宫官方网站6日公布，梅德韦杰夫去年工作收入414万卢布（约138万元人民币）。

1. 梅氏收入略有缩水

梅德韦杰夫2008年的工作收入将近414万卢布(一卢布约合0.3元人民币),其9个银行账户上共有282万卢布存款(94万元)。此外,和去年申报结果相同的是,他在俄罗斯境内承租4700平方米的土地,和夫人斯维特兰娜共同拥有367.8平方米的住房。

与2007年相比,梅德韦杰夫的个人收入还略有缩水。2007年底,时任第一副总理的梅德韦杰夫作为总统候选人提交的2007年财产收入申报单显示,其个人全部财产为700多万卢布(233万元),其中包括274万卢布(91.3万元)的银行存款。因当时他还兼任俄罗斯天然气工业股份有限公司董事长,每月还可拿146000卢布(4.9万元)工资,因此去年做了总统的梅德韦杰夫其收入比上年略有缩水。

第一夫人斯维特兰娜去年没有工资收入,仅有的一个银行账户存有135100余卢布,同时拥有一辆1999年产的大众"高尔夫"牌小汽车和面积为32.5平方米的两个车位。和上年相比,斯维特兰娜的收入变化仅仅是银行户头上多了134700余卢布。

梅德韦杰夫未成年的儿子伊利亚名下没有任何财产收入。

2. 普京比梅氏挣得多

俄总理普京去年的收入也同时公布。从财产申报清单看,普京比梅德韦杰夫收入要高。

普京去年收入462.2万卢布(154万元),军人退休金10.06万卢布(3.4万元)。

普京名下住房面积为77平方米,拥有1500平方米土地,一个停车库(位于公共停车处,相当于一个停车位)。拥有3辆汽车,分别是1960年、1965年产的GazM-21汽车、GazM-21P型小轿车和1987年产的拖车Skif。普京夫人去年没有收入,其名下也没有有价证券和其他财产。

据悉,俄罗斯议会领袖、政府内阁部长等各部门官员及其家庭成员的收入报表在本月初已提交税务机关审核,并将很快对外公布。

3. 工资比普通人高18倍

据英国媒体报道,在所公布的财产中并未提到梅德韦杰夫和普京拥有房产的价值,但根据俄罗斯一家房地产中介的评估,梅德韦杰夫在莫斯科的住宅每平方米价值人民币38000元，367.8平方米的住房价值接近1400万元。

普京在圣彼得堡的住宅每平方米接近2万元。另据报道，俄罗斯普通民众的年平均工资只有23万卢布(7.7万元)，梅德韦杰夫和普京的收入是普通民众的18倍。

生活在新西伯利亚多年的华人徐振宇告诉记者，如果说俄民众平均年收入达到23万卢布，那必须把莫斯科、圣彼得堡人的收入算进去，因为在新西伯利亚这样的中西部城市，民众月收入只有10000~13000卢布。“但作为总统他应该有这样的收入，这符合他的工作付出。”他说。

俄罗斯的一家民调公司公布的支持率统计似乎能支持徐振宇的观点。这家名为“尤里·拉维达”的调查公司最近公布，梅德韦杰夫和普京的民众支持率高达71%和78%。

4. 以身作则推动反腐

据中国现代国际关系研究院俄罗斯研究所专家王郦久介绍，梅德韦杰夫就任总统时，他就将反腐败作为任内重要问题来解决。在他的力推下，去年12月俄议会通过《反腐败法》，其中规定国家公务员及其配偶、子女必须向税务机关提交收入和财产等资讯。

他成立专门委员会来制定财产申报规则，上个月他宣布打算带头公开自己和家庭的收入状况，以带动公职人员依法申报自己和亲属等人的资产。现在他履行了自己诺言。

梅德韦杰夫说，俄罗斯腐败现象严重，检察机构去年总共处理大约4万起公职人员涉腐刑事案，其中大约1.2万起案件与贿赂有关。

5. 落实《反腐败法》有难度

“去年普京公布过他的个人财产和收入，但这次梅德韦杰夫公布财产的意义不同，因为现在是按照《反腐败法》规定公布的，俄罗斯各级官员都应按照法律公布自己的收入和财产。当然，执行难度很大。”中国现代国际关系研究院俄罗斯研究所专家王郦久昨天接受记者采访时说。

他认为，官员财产收入公开是预防腐败的重要举措，因为如果官员申报的财产比收入水平高，那么他将受到公众的质疑；如果申报很低，公众将观察他的消费水平并调查他是否存在没有申报的财产，发现了又是严重问题。"官员公布财产时必须如实申报。梅德韦杰夫公布的包括年收入和他的财产，这些都是他的合法财产，符合他的收入水平，因此质疑声音很少。"

四、我国财产申报制度建设的两个里程碑

我国财产申报制度的仍处于逐步建设的历程。这里重点分析1995年和2010年颁布实施的两个重要规定。

（一）《收入申报规定》和《礼品登记规定》分析

为保持党政机关领导干部廉洁从政，密切党和政府同人民群众的关系，加强党风廉政建设，中共中央办公厅、国务院办公厅1995年4月30日印发并即日施行《关于党政机关县（处）级以上领导干部收入申报的规定》。

《规定》指出，各级党的机关、人大机关、行政机关、政协机关、审判机关、检察机关的县（处）级以上（含县、处级，下同）领导干部须依照本规定申报收入。社会团体、事业单位的县（处）级以上领导干部，以及国有大、中型企业的负责人，适用本规定。

申报人必须申报下列各项收入：1. 工资；2. 各类奖金、津贴、补贴及福利费等；3. 从事咨询、讲学、写作、审稿、书画等劳务所得；4. 事业单位的领导干部、企业单位的负责人承包经营、承租经营所得。申报人于每年7月1日至20日申报本年度上半年的收入；次年1月1日至20日申报前一年度下半年的收入。因特殊情况不能按时申报的，经接受申报部门批准，可以适当延长申报时限。各单位组织人事部门负责接受本单位申报人的收入申报，并须按照干部管理权限将申报材料报送相应的上级组织人事部门备案。申报人不申报或者不如实申报收入的，由所在党组织、行政部门或者纪检监察机关责令其申报、改正，并视情节轻重给予批评教育或者党纪政纪处分。各级纪检监察机关负责对本规定执行情况进行监督检查。本规定由中央纪律检查委员会、监察部负责解释。

与此同时,中共中央办公厅、国务院办公厅1995年4月30日印发并即日施行《关于对党和国家机关工作人员在国内交往中收受的礼品实行登记制度的规定》。规定所称党和国家机关工作人员,是指党的机关人大机关、行政机关政协机关、审判机关、检察机关中从事公务的人员。国有企业、事业单位的负责人,国家拨给经费的各社会团体中依照法律从事公务的人员,适用本规定。该《规定》指出,党和国家机关工作人员在国内交往中,不得收受可能影响公正执行公务的礼品馈赠,因各种原因未能拒收的礼品,必须登记上交。党和国家机关工作人员在国内交往(不含亲友之间的交往)中收受的其他礼品,除价值不大的以外,均须登记。对于收受后应登记上交的礼品在规定期限内不登记或不如实登记、不上交的,由所在党组织、行政部门或纪检监察机关责令其登记、上交,并给予批评教育或者党纪政纪处分。本规定由各级党组织和行政部门负责执行,各级纪检监察机关负责监督检查。

上述两项规定都是我国廉政建设的重大举措。同时,也必须看到,我国财产申报制度的建设仍有需要改进之处。一是法律地位不明确。《收入申报规定》是一份党内的政策性文件。财产申报制度涉及对公职人员财产申报的问题,不宜使用政策性文件来规范,而应该用更为稳定、权威的国家法律予以规范,赋予制度的强制执行力。二是申报范围不周延。在《收入申报规定》里,把应该申报的范围界定为“收入申报”而不是“财产申报”,更不是申报主体的家庭财产,表明了申报的只是有关干部的部分收入,而不是全部收入,其局限性相当明显。三是申报程序不科学。《收入申报规定》所设计的只是一年申报两次、半年申报一次的日常申报制度。没有明确规定初任申报和离职申报,是一个比较明显的疏漏。四是受理机构不恰当。《收入申报规定》授权申报人所属各单位组织部门、人事部门负责接受本单位申报人的收入申报,并按照干部管理权限将申报材料送相应的上级组织人事部门备案,缺乏独立监督机构的权威监督,难以真正承担起申报财产的审查工作。五是责任追究过轻。《收入申报规定》第六条对申报人不申报或不如实申报收入的,由所在党组织、行政部门或者纪检监察部门责令其申报、改正,并视情节轻重给予批评教育或党纪政纪处分。这对当事人起不到应有的惩罚作用。

(二)《关于领导干部报告个人有关事项的规定》

2010年7月,中共中央办公厅、国务院办公厅印发了《关于领导干部报告个人有关事项的规定》,并发出通知,要求各地区各部门认真贯彻执行。通知指出,《规定》针对当前领导干部廉洁自律方面出现的新情况新问题,进一步规范了领导干部报告个人有关事项的制度。这是贯彻落实党的十七大和十七届四中全会精神、推进惩治和预防腐败体系建设的重要体现,是促进领导干部廉洁自律、回应社会关切的重要举措和制度创新,对加强领导班子和干部队伍建设、推进反腐倡廉制度建设特别是健全党内监督制度具有十分重要的意义。

本规定所称领导干部包括:(一)各级党的机关、人大机关、行政机关、政协机关、审判机关、检察机关、民主党派机关中县处级副职以上(含县处级副职,下同)的干部;(二)人民团体、事业单位中相当于县处级副职以上的干部;(三)大型、特大型国有独资企业、国有控股企业(含国有独资金融企业和国有控股金融企业)的中层以上领导人员和中型国有独资企业、国有控股企业(含国有独资金融企业和国有控股金融企业)的领导班子成员。副调研员以上非领导职务的干部和已退出现职、但尚未办理退(离)休手续的干部报告个人有关事项,适用本规定。

领导干部应当报告下列本人婚姻变化和配偶、子女移居国(境)外、从业等事项:(一)本人的婚姻变化情况;(二)本人持有因私出国(境)证件的情况;(三)本人因私出国(境)的情况;(四)子女与外国人、无国籍人通婚的情况;(五)子女与港澳以及台湾居民通婚的情况;(六)配偶、子女移居国(境)外的情况;(七)配偶、子女从业情况,包括配偶、子女在国(境)外从业的情况和职务情况;(八)配偶、子女被司法机关追究刑事责任的情况。

领导干部应当报告下列收入、房产、投资等事项:(一)本人的工资及各类奖金、津贴、补贴等;(二)本人从事讲学、写作、咨询、审稿、书画等劳务所得;(三)本人、配偶、共同生活的子女的房产情况;(四)本人、配偶、共同生活的子女投资或者以其他方式持有有价证券、股票(包括股权激励)、期货、基金、投资型保险以及其他金融理财产品的情况；(五)配偶、共同生活的子女投资非上市公司、企业的情况；(六)配偶、共同生活的子女注册个体工商户、个人独资企业或者合伙企业的情况。

领导干部应当于每年 1 月 31 日前集中报告一次上一年度上述事项。

领导干部报告个人有关事项,按照干部管理权限由相应的组织(人事)部门负责受理:(一)中央管理的领导干部向中共中央组织部报告,报告材料由该领导干部所在单位主要负责人审签后,交所在党委(党组)的组织(人事)部门转交。(二)属于本单位管理的领导干部,向本单位的组织(人事)部门报告;不属于本单位管理的领导干部,向上一级党委(党组)的组织(人事)部门报告,报告材料由该领导干部所在单位主要负责人审签后,交所在党委(党组)的组织(人事)部门转交。领导干部因发生职务变动而导致受理机构发生变化的,原受理机构应当及时将该领导干部的报告材料按照干部管理权限转交新的受理机构。

组织(人事)部门在干部监督工作和干部选拔任用工作中,按照干部管理权限,经本机关、本单位主要负责人批准,可以查阅有关领导干部报告个人有关事项的材料。纪检监察机关(机构)在履行职责时,按照干部管理权限,经本机关主要负责人批准,可以查阅有关领导干部报告个人有关事项的材料。检察机关在查办职务犯罪案件时,经本机关主要负责人批准,可以查阅案件涉及的领导干部报告个人有关事项的材料。

领导干部应当按照本规定如实报告个人有关事项,自觉接受监督。不按照规定报告个人有关事项,同时该事项构成另一违纪行为的,依照有关规定进行合并处理。

本规定自发布之日起施行。1995 年发布的《关于党政机关县(处)级以上领导干部收入申报的规定》、2006 年发布的《关于党员领导干部报告个人有关事项的规定》同时废止。

中共中央办公厅、国务院办公厅通知要求,各地区各部门要把学习宣传贯彻《规定》作为当前的一项重要政治任务列入议事日程,切实加强组织领导。各级领导干部要按照《规定》要求如实报告个人有关事项,自觉接受监督。各级党组织要依照《规定》认真做好领导干部报告个人有关事项制度的组织实施工作,加强对领导干部的管理和监督。各级纪检监察机关和有关部门要协助党委抓好任务分解,保证《规定》得到贯彻落实。

《关于领导干部报告个人有关事项的规定》的发布与实施,是我国建立健全公职人员财产申报制度进程中的重要里程碑。

(三)我国公职人员财产申报制度的构建

1.立法方式

公职人员财产申报制度在立法程序上,应采用国家立法的形式。目前,世界上其他国家和地区的公职人员财产申报制度都是通过立法确定的。建立公职人员财产申报制度,必须通过全国人大立法,对公职人员财产申报作出明确的规定。财产申报制度的基本框架应包括:收入申报的宗旨(目的)、申报主体、申报范围、申报时间、受理机构、违反责任、执行监督、解释及生效日期。其中,申报主体应包括一定职级的公职人员及其家庭成员(配偶、受抚养的子女等);申报时间应包括现职申报,就职申报和离职申报,定期申报,即时性申报;申报内容应包括动产和不动产、债权和债务、股权、有价证券、现金及银行存款、贵重物品和无形资产等。还要通过立法建立相对独立的公职人员监督机构,按照全面、真实、公开的原则进行监督。对凡是列入行政伦理规范的内容,公职人员必须遵守。对于要求申报的财产,必须如实、及时申报,不能遗漏或者弄虚作假;如无特殊情况,财产申报材料等均应通过规定程序向社会公开,从而有利于及时发现违规违法行为。对违反者的惩罚既要有经济处罚,也要有党纪、政纪处分,还要有刑事责任追究。

2.申报主体的范围

确定合理的申报主体范围,对于建立有效的财产申报、监督制度是至关重要的。对于申报主体的确定,一方面必须包含《公务员法》“第二条本法所称公务员,是指依法履行公职、纳入国家行政编制、由国家财政负担工资福利的工作人员”;另一方面,要与我国现行《刑法》中“贪污贿赂罪”、“巨额财产来源不明罪”的规定相一致。同时,也要包括《行政监察法》所确定的“国家行政机关和法律、法规授权的具有管理公共事务职能的组织以及国家行政机关依法委托的组织及其工勤人员”和“企业、事业单位、社会团体中由国家行政机关以委任、派遣等形式任命的人员”。否则,既不符合法制平等的原则,也会与现行《公务员法》、《刑法》、《行政监察法》的规定相脱节,进而造成混乱。

3. 申报财产的范围

财产申报制度的一个重要作用就是全面地、动态地反映申报人的财产变化情况,即财产数额增加或减少的情况。从各国家和地区的立法例的规定看,既包括收入、投资收益、动产、不动产等,也包括债权、债务等。根据中国目前个人财产的实际情况,我国的财产申报制度亦应包括动产、不动产、现金(银行存款、有价证券等)、收入、投资收益、债权、债务、无形资产等。

4. 申报财产的程序

(1)申报机关。根据中国的实际情况,由党的各级纪律检查机关和各级行政监察部门统一管理财产申报工作较为合适。党的各级机关工作人员的财产申报,由党的各级纪律检查主管;其他机关、单位的工作人员的财产申报,由各级行政监察部门主管。在受理财产申报时,受理机关还应当根据申报主体的级别不同进行具体的分工。即纪律检查机关和监察部门不受理同级公职人员的申报,此类公职人员的申报应由上一级纪律检查机关和监察部门受理,如市级纪律检查机关和监察部门不受理本市正副市级公职人员的申报,而应由上一级纪律检查、监察部门受理,以防止同级首长利用职权在申报财产时对受理机关施加不正当影响。

(2)申报时限。从各国家和地区现行的行政伦理法规定来看,财产申报基本上都采取初任申报、日常申报和离职申报。为全面规范和监督公职人员的财产状况,我国财产申报的种类也应包括初任申报、在职申报、离职申报。初任申报应在担任需要申报的公职职务的规定期限内依法申报,在职申报应按年度进行申报,离职申报应在离开担任的现任公职时进行申报。

5. 法律责任

对于于公职人员违反财产申报制度、拒不申报或不如实申报者给予惩处是保证财产申报制度发挥作用的必要手段。没有责任追究或者比较“宽松”的责任追究，很容易使申报人员存在侥幸心理，不申报和不如实申报就会变为常态，财产申报制度就会失去意义，就无法发挥其在预防腐败方面的作用。鉴于中国社会传统对于私人财产私密意愿和反腐倡廉建设的实际，在申报资料公开与否的问题上，可采用有限制地公开的原则。对只申报不公开的应严格保密，专人负责。对既申报又公开的，要坚决公开。

第三节　防止公仆变为主人：公仆意识的基点

《建立健全惩治和预防腐败体系 2008—2012 年工作规划》指出要“增强公仆意识”。习近平同志 2008 年 12 月在全国组织部长会议上强调：“要着力解决一些干部道德缺失问题，教育和引导干部常修为政之德、常思贪欲之害、常怀律己之心，努力做到立身不忘做人之本，为政不移公仆之心，用权不谋一己之私。”这都说明廉政建设必须与公仆意识建设相结合。

一、防止国家和国家机关由社会公仆变为社会主人

1957 年 4 月，刘少奇同志告诫党和国家的各级工作人员：“恩格斯讲过，要防止国家和国家机关由社会公仆变为社会主人。我们党、政府、国家、经济机关的领导人，本来是人民群众的公仆，社会的公仆。现在我们有的同志已经变为老爷，把人民群众当作仆人，自己还不自觉。这是错误的。”①“防止国家和国家机关由社会公仆变为社会主人”，是马克思主义国家学说的基本观点，是廉政建设的核心内涵与基本出发点。

恩格斯在 1891 年为马克思的《法兰西内战》单行本所撰写的“导言”中分析道，国家和国家机关由社会公仆变为社会主人的现象，在至

① 中共中央文献．刘少奇年谱（下卷）[M]．北京：中央文献出版社，1996：307，401．

今所有的国家中都是不可避免的。巴黎公社“为了防止国家和国家机关由社会公仆变为社会主人”,采取了正确的办法。恩格斯还谈道,这种炸毁旧的国家政权并以新的民主的国家政权来代替的情形,已经在《法兰西内战》第三章作了详细的描述。的确,马克思在《法兰西内战》阐述巴黎公社的伟大历史经验时,十分重视它在“防止国家和国家机关由社会公仆变为社会主人”方面的做法和启示。马克思强调指出,公社实现了所有资产阶级革命都提出的廉价政府的口号,但是,无论廉价政府或“真正共和国”,都不是它的终极目的,而只是伴随它出现的一些现象。①

邓小平同志1980年在《党和国家领导制度的改革》的著名报告中强调指出:“文化大革命”中,林彪、“四人帮”大搞特权,给群众造成很大灾难。当前,也还有一些干部,不把自己看做是人民的公仆,而把自己看做是人民的主人,搞特权,特殊化,引起群众的强烈不满,损害党的威信,如不坚决改正,势必使我们的干部队伍发生腐化。我们今天所反对的特权,就是政治上经济上在法律和制度之外的权利。搞特权,这是封建主义残余影响尚未肃清的表现。旧中国留给我们的,封建专制传统比较多,民主法制传统很少。解放以后,我们也没有自觉地、系统地建立保障人民民主权利的各项制度,法制很不完备,也很不受重视,特权现象有时受到限制、批评和打击,有时又重新滋长。克服特权现象,要解决思想问题,也要解决制度问题。

具体地说,“防止国家和国家机关由社会公仆变为社会主人”,关键需要处理好几个基本方面的关系:

其一,必须处理好公共权力与社会责任的关系问题。在我国,人民是国家的主人,政府是人民的政府。政府工作人员是人民的公仆。这是我们党和国家的性质所决定的。党和国家机关及国家公务员的公共权力是人民赋予的权力。公共权力与其他权力不同,它是不能放弃或者任意转让的权力。它是一种权力,更是一种责任。公共行政主体有义务去行使法定的职权,否则就为失职。公共行政主体有多大的权力,

① 马克思恩格斯选集(第二卷)[M].北京:人民出版社,1995:335,337~338.

就要在多大程度上承担社会责任。权力与责任应是对应统一的关系。应当看到,国家公务员的身份及公共权力具有二重性的特点:国家公务员本质上应该是人民公仆,但其手中又握有一定的公共权力;党和国家机关的公共权力本质上属于人民,但又由国家公务员来行使。如果对这种关系没有清醒的认识,就很难摆正国家机关及国家公务员与人民群众的关系,人民的公仆就有可能转化为人民的主人,就很难处理好权力与责任的关系,一些国家机关和国家公务员就有可能把"权力"等同于"权利",就有可能用手中的公共权力为自己谋取利益,而不承担相应的责任。因此,权力与责任问题的实质就是如何处理权力、责任与利益的关系问题。

其二,必须处理好当前利益与长远利益、局部利益与整体利益、个人利益与集体利益的关系问题。伦理学的基本问题是道德和利益的关系问题。行政伦理较一般的伦理而言,其特殊性在于它所调节的是公共行政领域的伦理关系。公共行政领域不同于其他领域的特点,在于它是一种调节利益关系的公共权力机关。公共行政本质上说是一种利益分配和调节活动,任何行政活动都是对这些利益关系的平衡和调节。行政决策过程的首要条件是解剖和分析公共关系,进而对各种利益需要作出合理整合。因此,行政伦理问题说到底是以权力调节各种利益关系的问题。美国学者切斯特·巴纳德认为,一个行政官员最主要的素质就是能成功地运用有效手段去处理那些相互竞争的伦理准则,而不被抉择中遇到的问题搞得精疲力竭、焦头烂额。公务员必须代表最广大人民大众根本利益,而不能为了眼前的个人的利益牺牲长远的、人民大众的利益。

其三,从政治伦理的角度分析,正确处理权力和利益的关系问题是贯彻党的宗旨的最根本要求。我们党的执政能力和执政地位从根本上说都来自于人民。人民群众的拥护和支持,是党执政最牢固的政治基础和最深厚的力量源泉。离开人民群众的拥护和支持,党的执政能力和执政地位就会成为无源之水、无本之木。能否始终保持党同人民群众的血肉联系,是对党的执政能力和执政地位最根本的考验。得民心者得天下,失民心者失天下,这是为人类社会发展所反复证明了的真理。我们党是马克思主义执政党，全心全意为人民服务是党的根本宗旨。中国共产党执政，就是领导、支持、保证人民当家做主，带领全国各族人民实现国家富强、民族振兴、社会和谐、人民幸福。党的执政能力，说到底，就是我们党为人民、靠人民治国理政的本领。公共行政活动是一种管理活动。与其他活动相比，行政管理的主体的特殊性在于，他们握有一定的公共权力，公共行政活动本质上就是利益分配、调节的活动，公共行政主体如何利用手中的权力调节各种利益关系决定着权力代表谁的利益、为谁服务的问题，同时也决定着社会是否公正，是否高效的问题。要坚持人民是历史创造者的历史唯物主义观点，坚持全心全意为人民服务，坚持群众路线，真诚倾听群众呼声，真实反映群众愿望，真情关心群众疾苦，多为群众办好事、办实事，做到权为民所用、情为民所系、利为民所谋。

"防止国家和国家机关由社会公仆变为社会主人"，必须牢固树立人民群众是主人的基本观点。张闻天同志在"文化大革命"期间所撰写的《人民群众是主人》中深刻地指出："在党和人民群众的关系上，人民群众是主人，党是勤务员。"人民群众之所以需要共产党，就因为它能为人民群众服务，它是人民群众手中进行解放斗争的工具。只有我们时刻记住党和人民群众的这种关系，我们才能自觉地全心全意地为人民服务，把我们一切工作的重心自始至终放在人民群众身上。共产党的一切方针、政策必须来自人民群众，并由人民群众来检验。赞成与否，拥即与否，执行与否，只能由人民群众自己下决心。党不能对人民群众实行包办代替、强迫命令的办法，而只能用说服教育的方法，把真理告诉群众；但群众是否照此行动，只能由群众自己决定。如果群众不拥护和执行我们的方针政策，即使我们自己觉得我们的方针政策再好也没有，也不能把事情办好。世界决不只是因为我们有了很好的方针政策而有丝毫的改观。世界是客观的存在，是物质的东西。这种物质的东西，只能用物质的力量，即人民群众的力量，才能加以改造。单有思想，即使是最好的思想，它对物质世界也不起一点作用。只有这种思想掌握了群众，为群众所拥护和执行，思想的精神力量才能转化为物质的力量。而要使党的方针政策为群众所拥护和执行，根本的条件是这种方针政策必须真正代表群众的利益和要求，否则群众是不会拥护和执行的。思想政治工作，可以是有效的，也可以是无效的，其最终的界限就在这里。

党最容易犯的错误，错误中最危险的和致命的错误，是脱离群众。这种情况，在党成为执政党以前，固然容易发生；但在党成为执政党以后，在无产阶级专政的条件下，更容易发生，其危险性也更大。在无产阶级专政下，党是国家机关的唯一的和最高的领导者，党的领导者也是国家机关的首长，他们做决议，下命令，领导一切，指挥一切。他们处在领导者和首长的一种特殊地位，工作特殊，生活也特殊。这种特殊的情况，使党和国家机关的某些领导者常常容易产生一种错觉，似乎他们是站在群众之上的官吏，他们有一种高人一等的优越感，似乎群众有义务服从他们的领导和指挥，似乎可以为所欲，发号施令。这样就把主人和勤务员的关系颠倒过来了，像旧社会历史上总是颠倒过的一样：他们是主人，而群众则是为他们服务的。由于某些领导者工作和生活的特殊性，加上旧社会地主、资本家、官僚政客的旧思想、旧作风的影响，有些人在思想上、作风上和生活上逐渐脱离群众，最后蜕化变质为同人民群众对立的官老爷。同时，在人民群众方面，由于过去长期以来受尽地主、资本家、官僚政客的欺压，有些人也容易以旧思想、旧习惯来对待现在的党政领导者，把他们看做官老爷，认为他们有权有势，往往对他们唯命是从，把一切革命胜利的果实，都说成是他们的恩赐，说他们是群众的救命恩人、救世主，对他们歌功颂德，唯恐得罪他们而遭受惩处或迫害。人们还不了解或不完全了解，人民群众才是真正的主人。人民群众方面的旧思想、旧习惯，也是促使党和国家机关的某些领导者骄傲身大、自以为是、脱离群众的另一个原因。“这样，在无产阶级政党面提出了一项任务，就是真正使人民群众成为国家的主人，而党和国家机关的工作人员是名副其实的人民勤务员。”①“防止国家和国家机关由社会公仆变为社会主人”，必须坚决从思想上和制度上克服“官本位”。官僚主义作风，要害是脱离群众、做官当老爷。官僚主义，在很大程度

① 张闻天选集．人民出版社，1985：569～572页．

上源于我国封建社会形成的“官本位”意识。所谓“官本位”意识，就是“以官为本”，一切为了做官，有了官位，就什么都有了，“一人得道，鸡犬升天”。这种“官本位”意识，流传了几千年，至今在我国社会生活中仍然有很深的影响。一些共产党员和党的领导干部，也自觉不自觉地做了这种“官本位”意识的俘虏，于是跑官、买官、卖官的现象出来了；弄虚作假，虚报浮夸，骗取荣誉和职位的现象出来了；明哲保身，不思进取，但求无过，一切为了保官的现象出来了；以权谋私现象出来了。当前，“官本位”意识的要害，就是对党和国家的事业不负责，对民族和人民的利益不负责任，只对自己或亲属或小集团负责。其危害极大。因此，对于历史上遗留下来的“官本位”意识，必须狠狠批判和坚决克服。

2008 年 1 月 15 日，胡锦涛同志在十七届中央纪委二次会议的讲话中指出，我们的干部是人民公仆，我们的权力是人民赋予的，必须用来为人民服务，必须受到人民监督，以保证人民赋予的权力真正用来为人民谋利益。不受监督的权力，往往容易导致滥用，往往容易产生腐败。加强对干部的监督，并不是要把干部的手脚束缚起来，也不是要把干部弄得谨小慎微、畏首畏尾，而是要让干部更好地发挥主观能动性，更好地开创工作新局面。

二、加强我国行政伦理法制建设

2009 年 10 月 27 日，中央政治局常委、中央纪委书记贺国强同志与中央书记处书记、中央纪委副书记何勇同志在中央纪委机关会议室，主持召开部分专家学者座谈会，听取对加强新形势下反腐倡廉建设的意见。我们提出的建议要点如下。

（一）研究制定中国公务员伦理法

中央颁发的《建立健全教育、制度、监督并重的惩治和预防腐败体系实施纲要》指出：“完善反腐倡廉相关法律和规范国家工作人员从政行为的制度。加快廉政立法进程，研究制定反腐败方面的专门法律。修订和完善刑法、刑事诉讼法等相关法律制度。抓紧制定公务员法。探索制定公务员从政道德方面的法律法规。完善领导干部重大事项报告和收入申报制度。”这里已经提出了建设行政伦理法规体系的任务。

行政伦理法规体系大体包括三个层次的内容。第一个层次是公务员服务规定,第二个层次是公务员(行政)伦理法,第三个层次是反腐败法或廉政法。其中核心层次是公务员(行政)伦理法。

对于我国来说,当务之急是探索制定中国公务员(行政)伦理法。

公务员法已经实施,这就为公务员伦理法的制定奠定了重要的法律基础。从必要性角度分析,"规范国家工作人员从政行为的制度"、"领导干部重大事项报告和收入申报制度"等相关规定,都属于行政伦理法的立法内容。社会广泛关注的国家公职人员财产申报只有纳入公务员伦理法这个大系统,才能全面有效地实施。廉政法作为行政伦理法规体系的最高层次,在我国已经启动;"加快廉政立法进程",亟须基础法律层次即公务员伦理法的支持,否则就可能出现"先天不足"的缺陷。此外,"完善刑法、刑事诉讼法等相关法律制度"也不能脱离相应的行政伦理法规体系。

近年来,我们从国外考察时获得的第一手资料中选取了13个行政伦理法规,组织有关专业人员首次翻译成中文,可供参考。目录如下:

一、美国总统关于"政府官员及雇员的行政伦理行为准则"的行政命令

二、美国政府官员及雇员的行政伦理行为准则

三、韩国公务员服务规定

四、韩国公职人员伦理法

五、《韩国公职人员伦理法》实施令

六、韩国防止腐败法

七、经济合作与发展组织改善行政伦理行为建议书

八、经济合作与发展组织制止在国际商务活动中贿赂外国公共官员公约

九、日本国家公务员伦理法

十、日本国家公务员伦理规程

十一、加拿大公共服务伦理规范

十二、美国1989年政府伦理改革法

十三、美国行政部门工作人员伦理行为准则

(二)在全国人大常委会和全国政协常委会设立伦理委员会

公务员(行政)伦理的管理机构与运行机制是公务员(行政)伦理立法不可或缺的重要组成部分。

从国外的做法看,在总共六章的《日本国家公务员伦理法》中,伦理管理占两章,即第四章"国家公务员伦理审查会"与第五章"伦理监督官"。韩国根据《公职人员伦理法》第九条的规定,在国会、大法院、宪法裁判所、中央选举管理委员会、中央政府、地方自治团体以及汉城特别市、直辖市、道教育厅,分别设立公职人员伦理委员会。职责是对规定的财产登记对象的财产登记事项进行审查,并对其结果进行处理;同时处理《公职人员伦理法》和其他法令赋予公职人员伦理委员会权限的有关事宜。美国政府伦理办公室是我们当年访问美国期间最感兴趣的机构。根据《美国政府伦理改革法》,美国政府伦理办公室成为具有很大独立性的政府机构,直接向总统、国会和国务院负责。政府伦理办公室被赋予很大职权,包括就高级公务员的行政伦理和廉政等方面的问题召开听证会。

从我国的实际出发,在党和政府领域,可以将中央有关公务员(行政)伦理管理职能赋予中央纪委和监察部,不再设置新机构。同时,我们建议在全国人大常委会和全国政协常委会设立伦理委员会。其职能,一是监督或参与监督行政(公务员)伦理法的实施,二是负责全国人大和全国政协自身的伦理建设。

美国众议院内设置有"众议院伦理委员会"。根据《众议院条例》,众议院伦理委员会可以建议众议院对其议员和雇员采取它认为合适的"行政措施"以执行行政伦理准则;可以调查任何违反有关雇员或议员行为方面的法律、条例或规则,并向众议院建议该委员会认为应采取的合适的措施;而且经过众议院同意后,可以向相关的执法当局报告其在调查中发现的明显违法行为。美国历届众议院都在宪法规定的范围内被授予专门权利以"惩办议员的不轨行为,而且经过众议院三分之二以上议员表决通过,可以开除一名议员"。在有权惩处有不轨行为的议员时,以前的先例表明,众议院还可以通过批评、惩戒、罚款、谴责、停职或要求有不法行为的议员道歉的方式惩办该议员。美国众议院的常设机构“伦理委员会”在政府官员的廉政建设和反腐败方面发挥着重要作用。我们1995年在美国考察行政伦理建设期间，美国众议院伦理委员会正在调查克林顿总统与刚上任的众议院议长纽特·金里奇的问题。

（三）在中央和省（市）级政府实行领导成员宣誓就职

在行政伦理法制中，就职宣誓是重要程序。“宣誓”具有非常深刻的行政伦理价值，是公务员以法定的形式，极其郑重地公开宣示必须遵守的行政伦理价值观，对公务员和公众都是很好的范式。

近年来，人事部门已经开始组织北京地区新录用的初级公务员就职宣誓。一些省市政府也进行过领导干部的就职宣誓。但从总体分析，还是很不规范，并缺少法律依据。在我国，成功的范例是香港、澳门特区政府依据基本法及“宣誓法”的规定所进行的就职宣誓。这个好经验值得在全国范围推开，并建议首先从中央和省市政府的领导成员做起。

国际方面的有关经验也可以借鉴。例如，韩国《国家公务员法》就明确规定“宣誓就职”：“根据总统令，所有公务员都必须宣誓就职。”韩国《公务员服务规定》的第二条即是“宣誓”：“1.根据《国家公务员法》第五十五条的规定，公务员就任之时，应在所属机关的首长面前宣誓。2.宣誓内容依照附件一的《誓词》统一进行。”我们以为，在制定我国的《公务员伦理法》的过程中要加入“宣誓”的相关规定，或是探索制定专门的“公务员宣誓法”。

公务员伦理法规体系大体包括三个层次的内容。第一个层次是公务员服务规定，第二个层次是公务员伦理法，第三个层次是反腐败法或曰廉政法。其中核心层次是公务员伦理法。

对于我国来说，当务之急是研究制定中国公务员伦理法。《中共中央关于加强和改进新形势下党的建设若干重大问题的决定》所提出的“完善党员领导干部报告个人有关事项制度，把住房、投资、配偶子女从业等情况列入报告内容”、“加强对配偶子女均已移居国（境）外的公职人员管理”等相关规定，都属于公务员伦理法的内容。社会广泛关注的“国家公职人员财产申报及公开”，也只有纳入公务员伦理法这个大系统,才能全面有效地实施。

(四)研究制定《公务员伦理建设实施纲要》

加强公务员伦理法制建设,有必要先从基础层面研究制定《公务员伦理建设实施纲要》。《纲要》应全面涵盖并致力于建设中国特色的公务员伦理规范体系和机制体系,并突出以“公仆意识”为核心理念的伦理观与行政人格的作用。这是廉政文化建设的重心。

从体系结构上分析,作为公务员伦理建设基本要求的公务员伦理规范体系包括三部分。一是公务员伦理观,即公务员关于世界观、人生观、价值观、权力观、地位观、利益观、事业观、政绩观、工作观的综合体现。二是公务员伦理规范,即公务员必须遵循的行为准则。三是公务员伦理范畴,包括理想、态度、责任、技能、纪律、良心、荣誉、作风。从根本上说,党风政风、党德政德,就是公务员伦理。

公务员伦理机制体系是将公务员伦理规范体系的要求,通过机制运作,转化为公务员的内在品质。一是公务员伦理的监督机制。公务员伦理在本质上是行政他律和自律的统一。从他律的角度分析,公务员伦理需要政党监督、行政监督、立法监督、司法监督、新闻监督、群众监督。二是公务员伦理的评价机制。公务员应该在一定限度内对自己的行为承担责任。公务员行为中的动机、效果及其相互关系,是评价公务员行为善恶的基本根据。三是公务员伦理的选择机制。利益冲突与伦理冲突中的行为选择是公务员伦理选择机制中最复杂的情况,要求公务员把人民的根本利益作为最高伦理标准,提高解决利益冲突与伦理冲突的能力。四是公务员伦理的养成机制。公务员伦理的养成需要从他律和自律,亦即从教育与修养两个方面着手。教育是公务员伦理养成的基础形式。修养作为公务员伦理养成机制的更重要方面,是指公务员自我改造、自我锻炼和自我培养的功夫,以及所达到的伦理境界。教育与修养的最终目标,是培养和完善公务员人格。

第五章　行政伦理人格:公仆意识的道德升华

增强公仆意识的价值目标,是培养和完善公仆人格,即国家公务员的行政伦理人格。行政伦理人格及其养成,是行政伦理机制体系的重要组成部分。如果说建立起较为完善的符合我国国情的行政伦理规范体系是保证国家公务员有规可循的话,那么,培养国家公务员的行政伦理人格,使国家公务员无论在有无外在约束的情况下都恪守公共行政理念,则是增强公仆意识的理想目标。因而,了解行政伦理人格的基本内涵,把握行政伦理人格的养成规律,具有重要的理论意义和实践价值。

第一节　行政伦理人格的基本内涵

行政伦理人格是行政伦理文化个体化的结果,是行政伦理规范体系在国家公务员思想和行为中的体现,是国家公务员在长期的公共行政中所表现出来的稳定的伦理行为特征和倾向。行政伦理规范体系只有内化成国家公务员的品德,才能真正发挥其作用。行政伦理人格在公共行政活动中具有重要的价值。行政伦理人格与其他品德相比,有着自身的特征,其本质上是国家公务员的主体性与规范性的统一。

一、人格与行政伦理人格

“人格”(personality)一词,是一个歧义众多的概念。它来自拉丁文 persona,原意为舞台上用的假面具。对于人格概念,不同的学术领域如哲学、伦理学、法学、心理学等有不同的理解,甚至同一学科的不同思想家也有着不同的理解。美国心理学家奥尔波特曾经综述过 50 个人格的定义，其中以心理学方面的定义占大多数。人格心理学家对于人格的研究，侧重于个人之间的差异，强调人是“整合”的全体，重视个人的稳定的内在特征。他们或者从精神分析上，或者从人的生存上，或者从发展上描述人格。法学一般是从社会等级和财产隶属关系上表述人格。古代罗马的查士丁尼法典(Justinian)认为奴隶是非人，不具有人格，具有人格的只是那些生而自由的人。后来有些思想家明确指出，一定的集体、国家也是具有人格的。社会学把人格看成是决定人在社会中的角色和地位的一切特性的综合。

伦理学研究人格，侧重与处在社会伦理关系之中的、进行着社会伦理活动的个人相联系，与人的本性相联系。所谓人格，就是指人与其他动物相区别的内在规定性，是个人做人的尊严、价值和品质的总和，也是个人在一定社会中的地位和作用的统一。

人格虽然主要是指个人的人格，但每个个人的人格之间却有着同一性。这种同一性在于，每个人的人格都是建立在人性基础之上，都是从人的族类那里获得其定性的，都有着做人的尊严。在这个意义上，人格就是人与动物相区别的规定性，有着人的尊严和权利，因而都应当在社会中受到人的待遇。这个意义上的人格，是社会中的每一个人都具有的，而且不论职位的高低、财富的多寡、相貌的美丑、健康状况的好坏，不论人种的优劣及其文明发达程度，都具有平等的意义。每一个人的人格尊严都应当得到人们的尊重，不容任何人污辱和亵渎。人格的这种规定性，也就是西赛罗所说的优越和尊严，康德所说的我们本性的崇高性的显示。人的这种人格，是与生俱来的。它以人性为基础，如果一个人在后天的行为实践不断地丧失人性、助长兽性，不以人道待人，势必最终丧失人格，沦为禽兽，为人类所不齿。

从狭义上讲，人格只是个人的品格，是个人的价值和品质的总和。人格的这种规定性，完全是后天形成的，它为每个个人所独有。人们后天社会环境和教育的影响，以及个人后天的努力和实践，不断地沉积为人们的内在品质，而这品质又使其具有价值，并使其在社会中居于某种地位、产生某种作用。这多种特质和因素结合在一起，形成一种比较稳定的内在的精神结构，并由此产生出比较稳定的行为倾向和生活态度。

人们正是根据个人的比较稳定或比较一贯的行为倾向和生活态度确认其人格的。人们所认识的某人的人格，只是某人的内在人格所表现出来的样子，还不是其全部。因而，我们所说的人格，总也不能完全去掉其最初的"面具"的含义。无论如何，个人所呈现在他人面前的人格总是其内在的真实人格的表现，这种表现既有可能是真实的，也有可能是虚幻的，既可能是直接的，也有可能是曲折的。人们总是可以透过诸种表现去洞察其人格的本来面目。

在社会中，每一个人都以自己特有的人格同他人区分开来。如果把众多的人格相比较，就有正常与异常、高尚与卑下的差别。心理学总是把人格与人的生理活动、生命活动相联系，分别人格的正常与异常，并试图纠正异常以归于正常。行政伦理学总是把国家公务员个人的人格同其社会伦理关系和社会伦理活动相联系，分别诸人格的高尚与卑下，并力图改变人们卑下的人格以归于高尚的人格。某些心理学家所认定的正常人格，在行政伦理学看来也许是卑下的，他们所认定是异常的人格，在行政伦理学中也许反而是高尚的。所采取的观察角度和标准不同，对人格的区分也就不可能一样。行政伦理学从善和恶、高尚和卑下的分别上看待个人人格之间的差别，因而其人格概念也就是行政伦理人格的同义语。

一般说来，伦理人格就是具体个人的人格的伦理性规定，是个人的脾气习性与后天道德实践活动所形成的伦理品质和情操的统一。伦理人格标示着个人人格的伦理性，同时也标示着整个人类与其他动物的区别。伦理人格可以划分为由下到上的数个层阶，那种丧失了最起码的人类伦理道德，处在最低伦理人格层次或低于最低伦理人格层次的人，可以称之为"衣冠禽兽"，也就是说他丧失了人格。

行政伦理人格是则公共行政伦理观与行政价值观在执政党、国家机构和国家公务员等公共行政主体中长期的稳定性的具体体现与境界升华。概括地说，所谓行政伦理人格，就是指执政党、国家机构和国家公务员等公共行政主体与其他部门、其他职业者相区别的内在规定性，是公共行政主体的尊严、品格、品质以及所理解与实现的行政价值的总和，也是公共行政主体在社会生活特别是公共行政领域中的地位与作用的统一，是廉政与勤政得以在公共行政领域中切实实施所结出的硕果。行政伦理人格的这种规定性，是在公共行政的实践过程中逐步形成的，它为执政党、国家机构和国家公务员等公共行政主体所特有。在这个意义上，行政伦理人格又成为评价执政党、国家机构和国家公务员等公共行政主体的根本标志之一。所以，需要高度重视公共行政主体的行政伦理人格。

二、行政伦理人格的重要特征

行政伦理人格主要是指体现在公共行政活动中的人格。与其他伦理活动与伦理关系相比较，行政伦理活动和行政伦理关系有着自己的特点，因而行政伦理人格也具有与其他人格不同的特征。

（一）公共行政权力对行政伦理人格的影响

行政伦理人格与其他人格的区别取决于行政伦理的基本矛盾。伦理学的基本矛盾是伦理与利益的关系问题，在此基础上，行政伦理的基本问题是权力与利益的关系问题。行政伦理人格的特征主要是由国家公务员的公共行政权力的特征所决定的。

公共行政权力是执政党、国家机构及其他公共行政机关制定、执行法律政策、制定和发布公共行政法规，在法律授权的范围内实现对公共事务的管理，解决一系列公共行政问题的强制力量与影响力。公共行政权力具有公共性、强制性和约束性的特征。执政党、国家机构是整个社会公众利益的代表者，这就决定了公共行政权力的公共性。由于公共行政权力的行使和运用是通过国家公共行政机关依据法律进行的，因此，公共行政权力具有较高的强制性。公共行政权力管辖范围内，所有的组织和个人都必须严格服从，这就是公共行政权力的权威性。尽管公共行政权力的行使和运用具有一定的权威性和强制性，但是作为一种公共权力，它又必须受到一定的制约，接受来自包括广大公民在内的各种力量的监督，以保证公共行政权力的公正与公平，防止公共行政权力异化。

（二）行政伦理人格的特征

公共行政权力的公共性、强制性和约束性决定了公共行政人格具有与其他人格不同的特征。

首先，行政伦理人格更为重视理性的作用。人格是由伦理理性与伦理情感等因素构成的，但在不同类型的人格结构中，伦理情感与伦理理性所占的比例各不相同。在日常生活人格中，因其所要面对的是日常生活中的人伦关系，因而更多地强调伦理情感，以此唤醒人们的伦理良知。行政伦理人格则更强调理性的作用，这是公共行政权力的公共性特点所决定的。在国家公务员身上，并存着理性和非理性两种要素和力量。国家公务员与普通人一样有着各种情感与欲望，但他作为国家公务员，又是公共权力的代表，这就要求国家公务员要尽可能地放弃和克制自己作为一个普通人的非理性因素，让自己的思想、情感与个性服从公共的利益和意志。

其次，行政伦理人格包含更多的创造性和灵活性。即国家公务员在处理各种行政伦理关系时更能够运用自己的智慧作出妥善的选择，或者说，行政伦理人格更加注重伦理选择和伦理判断的能力。公共行政活动是最为复杂的社会活动之一，公共行政关系是最微妙的社会关系之一。在处理各种复杂的公共行政关系时，伦理规范常常显得模糊而缺乏现实性，需要借助国家公务员对伦理精神的领会而灵活行事。行政伦理人格的确比一般人格具有更大的灵活性，因为在公共行政活动中，效果往往重于动机，手段往往让位于目的。但这决不意味着国家公务员可以不受社会普遍伦理规范的约束，可以在政治生活中排斥行政伦理的作用。

最后，行政伦理人格具有更大的示范效应。这是由公共行政权力的强制性特点所决定的。国家公务员的公共行政与其他职业活动不同，它不仅提供公共服务，而且拥有公共权力，并以此进行利益的调整与分配。公共行政权力的强制性使之同时具有权威性，公共行政权力的权威性又使国家公务员的人格具有更大的示范性。早在春秋战国时期，思想家们就看到了行政管理者的言行对整个社会的示范作用。孔子所说“君子之德风，小人之德草”，就是关于行政伦理人格与一般人格的关系的贴切比喻。

三、行政伦理人格的基本结构

(一)行政伦理人格的个体心理结构

行政伦理人格是国家公务员对行政伦理规范体系的内化,是行政伦理规范体系的个体化。作为一种稳定的心理和行为倾向,行政伦理人格由多种要素构成。就其存在的心理结构来说,主要包含行政伦理信念、行政伦理能力和行政伦理习惯这三个因素。行政伦理信念、行政伦理能力和行政伦理习惯三者是统一的,又是可以分解的,是有主次轻重之分。一般地说,行政伦理信念是主导的或核心的成分,行政伦理能力和行政伦理习惯是伦理信念指导之下形成的,伦理信念须借助伦理能力和伦理习惯表现自身。三者既相互依存,又相互转化。

1. 行政伦理理念

所谓理念,是指支配人们一切活动的内在精神和信念。行政伦理理念是指国家公务员希望通过公共行政活动实现的价值目标和价值追求,是国家公务员所具有的理想、信念、价值观念、伦理标准和情感态度的总称。行政伦理理念是国家公务员的内在精神力量和统帅,是国家公务员公共行政活动的灵魂,全方位、全过程地影响着行政伦理活动。行政伦理理念的差异及层次决定着行政伦理人格的差异和层次,决定着国家公务员在相同的环境、相同的刺激条件下,可能会产生不同的个体行为,留下不同的个体发展轨迹,构筑不同的行政伦理人格。

国家公务员应当把为人民服务当做公共行政活动的值目标,树立为人民服务的公共行政理念,把升官发财的欲望和对个人权力、权势的追求从思想、观念中排除出去。然而,作为现实的人会受到现实利益关系的制约和社会上消极文化因素的影响,一些国家公务员在职业理想中往往把个人权势的获得置于职业追求的首位,不能正确处理个人价值与社会价值的关系,认为一旦掌握了权力就成了人民的“上帝”。正是国家公务员公共行政理念的差异,导致了行政伦理人格的差异。如此,我们就不难理解,为什么同是国家公务员,有的人利用手中的公共权力为自己谋私利,腐化堕落;有的人则利用手中的公共权力为国家、为集体谋利益,兢兢业业地为人民服务。

由于国家公务员个体具有以理想、信念为表现形式的精神创造活动，才使国家公务员的精神生活不断丰富，不断升华，从而不断地实现自我、超越自我、完善自我，使行政伦理人格境界不断走向成熟、高尚。要保证公共行政贯彻为人民服务的宗旨，保证公共行政过程的公平、公正和高效，制度化了的公共行政行为规范以及健全的公共行政监督机制当然是必要的。但公共行政行为规范和行政伦理的监督机制只是使公务员树立"为人民服务"的公共行政理念的一种外在手段，国家公务员在外在机制与自我修养中确立坚定的公共行政理想和信念才是最终目的。现代社会关系和公共行政环境的纷繁复杂，使得再健全的制度、再完善的规范，都不可能涵盖所有的公共行政情境，因而在制定完善的行政伦理规范体系、建立有效的公共行政监督机制的同时，必须努力使国家公务员确立为人民服务的信念和理想，这才是稳定的、持续的、自觉的发挥作用的力量。

2. 行政伦理能力

行政伦理能力是直接影响国家公务员的行政效率，使行政伦理活动得以顺利进行的心理特征。行政伦理能力可分为行政伦理认知能力、行政伦理意志能力和行政伦理行为能力三种。行政伦理认知能力是指国家公务员面临一定的行政伦理情境时，能够迅速调集自己的行政伦理知识、行政伦理观念，对行政伦理情境中的是非善恶作出正确的判断，确定自己所应采取的公共行政行为的能力。行政伦理认知能力之所以重要，是因为在行政伦理实践中有许多现象的善恶界线是很难划清的，仅凭一般经验是无法判断是非善恶的，因而行伦理认知能力就成为行政伦理人格心理中一个关键因素。行政伦理意志能力是指国家公务员在具体的行政伦理情境中，作出行政伦理决断，并付诸实践的能力。它是国家公务员在行政伦理实践中所表现出来的自觉克服困难、排除障碍，作出抉择的果断和坚韧品格。具有顽强行政伦理意志的国家公务员，在任何困难条件下都能保持公共行政德性和情操，能够做到"富贵不能淫，贫贱不能移，威武不能屈"。行政伦理行为能力是国家公务员在行政伦理认识与行政伦理情意启发下，采取行政伦理行为的技能和熟练程度。面对同样的行政伦理情景，行政伦理行为的选择及其后果却往往不同。造成这种现象的原因之一,就是国家公务员行政伦理行为能力的差异。行政伦理行为能力与行政伦理习惯、行政伦理意志有密切关系。正是行政伦理行为能力造成了动机与效果的不一致,给行政伦理评价带来困难。因此,一个真正有德的国家公务员不仅仅空有一付好心肠,还须训练自身的行政伦理能力。当代复杂的行政伦理关系决定了对行政伦理能力的要求比前现代社会要高得多。

3.行政伦理习惯

所谓习惯,是个人由于经常重复练习而逐步养成的、已根植于个人心理中的、并成为自身需要的行为方式。习惯把人的行为动机、意图、行为选择凝缩在已经自动化的行为方式中,形成的习惯会不假思索地体现在人们的行为中。行政伦理习惯是指国家公务员一贯地按照行政伦理规范体系行事,从而反复习得的行政伦理自觉。行政伦理习惯具有重复性和习得性,它是国家公务员在积极主动地接受行政伦理教育和进行行政伦理修养的过程中逐渐养成的。它是国家公务员经过后天反复练习,重复践行某些固定的行政伦理行为模式,逐渐形成的伦理行为"自动化"。行政伦理习惯具有一贯性和稳定性。行政伦理习惯的形成,标志着行政伦理人格的形成;行政伦理习惯的好怀,标志着行政伦理人格的善恶、高下。培养良好的行政伦理习惯是行政伦理教育和行政伦理修养的目的。列宁说,应该把已经掌握的学问,"真正深入到我们的血肉里去,真正地、完全地成为生活的组成部分","只有那些已经深入文化、深入日常生活习惯的东西,才能算作已达到的成就"。①行政伦理人格不是一般的行政伦理行为,而是行政伦理行为的习惯化、自动化、一贯化、稳定化。将行政伦理规范体系转化成为国家公务员的第二本性,国家公务员才算是具备了行政伦理人格,而这种境界,则是行政伦理人格的规范性和主体性的统一与融合。

(二)行政伦理人格的社会伦理结构

行政伦理人格的社会伦理结构是指构成行政伦理人格系统的诸种德性及其相互关系而构成的有机统一体。行政伦理人格的客观内容即

① 列宁选集(第四卷)[M].北京:人民出版社,1995:700,698.

是社会行政伦理规范体系。因而,行政伦理人格的社会伦理结构实质上就是社会的行政伦理规范体系的构成要素及其相互关系的有机统一体。与行政伦理人格的心理结构相比,行政伦理人格的社会伦理结构的内容是历史的、具体的。关于行政伦理人格的社会伦理构成,即行政伦理人格的内容结构,不同时代、不同社会集团的行政伦理类型对行政伦理人格的要求不同。在各种人格中,首倡何种人格也是由具体时代、具体社会集团的需要来决定的。在当代中国,从行政伦理人格是对行政伦理规范体系的内化的角度看,可以从中提炼出为民、务实、清廉等基本内容。

胡锦涛同志在党的十六届三中全会上的讲话中指出:"党风廉政建设,要从领导干部抓起、从领导干部做起。各级领导干部的作风如何,对广大党员的作风有重大影响。古语说:其身正不令而行,其身不正虽令不从。讲的就是这个道理。各级领导干部都要自觉端正自己的思想作风、学风、工作作风、领导作风和生活作风,切实做到为民、务实、清廉。"《中共中央关于加强党的执政能力建设的决定》也强调指出:"加强思想教育,健全相关制度,提高执政效率,真正做到为民、务实、清廉。"

为民,就是要坚持立党为公、执政为民,把实现好、维护好、发展好人民群众的根本利益作为自己思考问题和开展工作的根本出发点和落脚点,忠实地贯彻执行党的群众路线,当好人民公仆,做到权为民所用、情为民所系、利为民所谋。群众在我们心里的分量有多重,我们在群众心里的分量就有多重。在正确对待群众的问题上,来不得半点含糊。现在,有的领导干部严重脱离群众,对群众的疾苦漠不关心,对群众的安危掉以轻心,中央三令五申,依然我行我素、麻木不仁,致使群众反映的一些突出问题长期得不到解决,关系群众切身利益的一些工作长期不能取得成效。这种对群众不负责任的不良作风,同我们党的性质和宗旨是格格不入的,也是同坚持立党为公、执政为民的本质要求格格不入的。各级领导干部一定要始终不渝地坚持全心全意为人民服务的宗旨,深入基层、深入实际、深入群众,尤其要深入到困难多、群众意见多、工作推不开的地方去,同当地干部群众一道分析矛盾、解决问题,为群众诚心诚意办实事,尽心竭力解难事,坚持不懈做好事。

务实,就是坚持勤奋工作、埋头苦干,对党和人民的事业高度负责,坚持不懈地带领群众艰苦创业,扎扎实实地做好各项工作。空谈误国,实干兴邦。一些干部弄虚作假、欺上瞒下,贪图虚名、不务实效,严重影响了党的路线方针政策的贯彻落实,也严重影响了党群、干群关系。造成这个问题的一个重要原因,就是这些人没有树立马克思主义的世界观、人生观、价值观,没有形成正确的权力观、地位观、利益观,不能正确对待名利、地位。克服这一顽症,必须从思想上、制度上多方面加以努力,其中一个重要方面就是要教育干部树立正确的政绩观,包括正确看待政绩、科学衡量政绩。党和人民把我们放在一定的岗位上,我们就要尽心尽力干出成绩来,不辜负党和人民的期望。但是,我们必须明白,真正的政绩应是"为官一任、造福一方"的实绩,是为党和人民踏实工作的实绩,应经得起群众、实践和历史的检验,而不是做给上级看的,更不能出于自己的私利。追求什么样的政绩,是衡量一名领导干部能否正确对待群众、正确对待组织、正确对待自己的试金石。各级领导干部一定要对党和人民的事业高度负责,发扬脚踏实地、埋头苦干的好作风,坚持重实际、鼓实劲、求实效,不图虚名,不务虚功,不提脱离实际的高指标,不喊哗众取宠的空口号,不搞劳民伤财的假政绩,扎扎实实地把党和国家的各项决策和工作落到实处。

清廉,就是要坚持严于律己、廉洁奉公,时刻把党和人民的利益放在首位,严格遵守党纪国法,坚持高尚的精神追求,永葆共产党人的浩然正气,切实做到拒腐蚀、永不沾。今天,我们强调行政伦理人格,搞好党风廉政建设,首先是各级领导干部要增强反腐倡廉的自觉性,坚持以身作则、率先垂范,正确行使手中的权力,始终做到清正廉洁,自觉同各种腐败现象作坚决斗争。领导干部要特别注意发扬良好的生活作风。对领导干部来说,生活作风绝不是小事。领导干部有什么样的生活情趣、生活格调和生活品位,可以从一个侧面反映出他们的世界观、人生观、价值观。古语说,千里之堤,溃于蚁穴。事实证明,一些领导干部走上腐败犯罪的道路,都是从生活作风不检点开始的。要教育和帮助各级领导干部采取正确的生活态度,追求高尚的生活情趣,经得住权力、金钱、美色的考验。各级领导干部都要正确认识和处理奉献精神和利益原则、党的事业和个人价值、全局利益和局部利益的关系,时刻把党和人民的利益放在首位,严格遵守党纪国法,清清白白做官,堂堂正正做人,自觉抵御拜金主义、享乐主义和极端个人主义的侵蚀,始终做到一尘不染、一身正气,为党和人民的事业不懈奋斗。

四、行政伦理人格的时代内涵

(一)行政伦理人格的三个时代重点

我们党依靠什么样的力量才能始终走在时代前列、团结带领全国各族人民不断开创中国特色社会主义事业新局面呢?一靠党的理论和路线方针政策的正确,不断追求真理、发展真理,始终拥有真理的力量;二靠人民群众的拥护和支持,始终拥有凝聚人心的力量;三靠广大党员、干部始终坚持共产党人的政治本色和优良传统,始终拥有人格的力量。这种人格的力量,来自坚定的共产主义信仰,全心全意为人民服务的忠诚实践,对党和人民事业的赤胆忠心;来自在大是大非面前和重大原则问题上的鲜明立场,与时俱进、锐意进取、敢为人先的精神状态,励精图治、精益求精、任劳任怨的敬业精神;来自襟怀坦白、光明磊落、公道正派的正直品格,淡泊名利、先人后己、无私奉献的精神境界,重操守、拒腐蚀、永不沾的清正廉洁;等等。形成和保持这种人格的力量,必须坚持不懈地加强主观世界的改造,坚持学习科学理论、投身社会实践、严格党性锻炼。

行政伦理人格是具体的,在不同历史时期,党和国家的中心任务不一样,所处的社会环境不一样,行政伦理人格的具体要求也有所不同。

在当前新形势下,强调行政伦理人格要突出三个重点。一是坚定理想信念。举不举中国特色社会主义旗帜,信不信中国特色社会主义理论,走不走中国特色社会主义道路,能不能忠诚党的事业、坚持党的路线、维护党的原则,这是当代国家公务员行政伦理人格的灵魂。邓小平同志说过,“所谓德,最主要的,就是坚持社会主义道路和党的领导”。国家公务员一定要坚持以邓小平理论和“三个代表”重要思想为指导,深入贯彻落实科学发展观,坚定中国特色社会主义信念,坚定不移地贯彻党的路线方针政策，任何时候、任何环境中都站在党和人民的立场上想问题、办事情，自觉与党中央保持高度一致。

二是坚持执政为民。国家公务员从政必须正确对待权力、责任和利益。为政之德的核心是为民用权、为民谋利、为民守责。要牢记党的宗旨，密切联系群众，始终做最广大人民利益的代表。要对党对国家对人民高度负责，忠于职守，坚持原则，不回避矛盾，不文过饰非，真正做到为官一任富一方百姓、保一方平安。要求真务实，勇于革新，不怕困难，不怕挫折，兢兢业业，甘于奉献。

三是坚守清正廉洁。这是国家公务员做人做事的底线。古人说："廉者，政之本也。"在中华民族传统中，"清廉"是老百姓对官员最高的褒奖，"贪婪"是老百姓对官员最大的不满。国家公务员特别是领导干部要严格廉洁自律，堂堂正正做人，干干净净干事，不以公权谋取私利，始终保持清廉的本色。过去我们党在延安的小窑洞里干出了带领群众翻身解放的大事业，现在条件好了，有些干部和老百姓的距离却远了，这很值得深思。我们要继承和发扬延安精神，牢记"两个务必"，艰苦奋斗、勤俭办事，坚决抵制拜金主义、享乐主义和奢侈之风。

（二）加强行政伦理人格建设的两项要求

行政伦理人格是国家公务员素质的灵魂，加强国家公务员行政伦理人格建设是提高国家公务员素质的根本途径。要从国家公务员建设的实际出发，及时把工作重点放到行政伦理人格建设上来，通过卓有成效的工作，使各级国家公务员的行政伦理人格得到新的提高。

加强行政伦理人格建设，要教育和督促国家公务员带头讲党性、重品行、作表率。国家公务员讲党性，最重要的就是要始终保持政治上的坚定性，忠于党、忠于人民，严格遵守党的政治纪律，坚决贯彻党的理论和路线方针政策及各项决策部署，善于从政治上观察和处理问题，在事关方向、事关原则的问题上立场坚定，在大是大非面前和关键时刻旗帜鲜明，自觉同党中央在思想上政治上行动上保持高度一致。国家公务员重品行，最重要的就是要带头实践社会主义核心价值体系，践行共产党人道德观和社会主义荣辱观，保持道德品行的纯洁性和先进性，加强道德修养，遵守从政准则，保持健康向上的生活情趣和精神境界。国家公务员作表率,最重要的就是要认真执行党章和国家对国家公务员提出的要求,在改造客观世界和主观世界中以身作则、率先垂范,要求别人做到的自己首先做到,要求别人不做的自己首先不做,时时处处体现国家公务员应有的先进性和示范性。国家公务员讲党性、重品行、作表率,当前很重要的是要自觉加强人格修养。从近年来查处的国家公务员违法违纪案件看,腐败分子走上违法犯罪的道路,大都是从道德品质上出问题开始的。各级党委和组织部门要教育引导国家公务员常修为政之德、常思贪欲之害、常怀律己之心,自重、自省、自警、自励,切实做到慎权、慎独、慎微、慎友,树立国家公务员讲党性、重品行、作表率的良好形象。

加强行政伦理人格建设,要教育和督促国家公务员强化公仆意识,牢固树立立党为公、执政为民的执政理念。始终保持党同人民群众的血肉联系,是马克思主义执政党的永恒课题。各级国家公务员要切实增强群众观念,加强与群众的沟通交流,倾听群众的愿望呼声,增进同群众的思想感情,努力提高做好新形势下群众工作的本领,做到爱民有真措施、亲民有真感情、惠民有真成效。要认真贯彻党的群众路线,切实做到“四个不能变”,这就是:坚持人民是历史创造者的马克思主义根本观点不能变,始终拜群众为师、向群众学习的谦虚态度不能变,关心群众疾苦、倾力为群众排忧解难的真挚感情不能变,与人民群众同呼吸、共命运、心连心的优良作风不能变。人民群众是建设和发展中国特色社会主义的主体,是真正的英雄。置身于人民群众之中,向人民群众生动实践汲取营养,是国家公务员提高执政本领的重要途径。国家公务员要善于求智于民,做群众的学生,广泛听取群众意见,尊重群众首创精神,在人民群众的创造性实践中寻求智慧的不竭源泉;要善于问计于民,向能者求教,向智者问策,做到解决问题的方案从群众中来、办法到群众中找,使作出的决策和决策的执行充分体现民意;要善于取德于民,真诚学习人民群众的优良品德,从人民群众身上汲取丰富的道德滋养,真正把共产党人的道德修养、人格力量植根于人民群众的高尚美德之中。

胡锦涛同志 2008 年 1 月在十七届中央纪律检查委员会第二次全

体会议上的讲话,2008 年 2 月在全国组织工作会议上的讲话中都突出强调了如下一段话:“各级领导干部一定要牢固树立马克思主义的世界观、人生观、价值观,牢固树立正确的权力观、地位观、利益观,不断增强拒腐防变能力,常修为政之德、常思贪欲之害、常怀律己之心,真正经受住执政考验、改革开放考验、市场经济考验,始终保持共产党人的政治本色和革命气节,始终保持同人民群众的血肉联系,真正做到干干净净办事、堂堂正正做人。”这段话,深刻地揭示了国家公务员所应具备的行政伦理人格的价值。

行政伦理人格是行政伦理规范体系在国家公务员个体内化的结果。相对于行政伦理规范体系而言,行政伦理人格更为根本、更为重要。制订行政伦理规范体系的目的,在于通过国家公务员践行规范而养成良好的品德。行政伦理规范体系如果不能转化为国家公务员的品德,就只是停留于纸上的空泛的伦理观、规范和范畴;行政伦理规范体系只有转化为品德,才能获得其现实性。养成良好的行政伦理人格既是制定行政伦理规范体系的目的,也是遵从行政伦理规范体系的结果。行政伦理人格对于整个国家机构系统的有序、有效运转发挥着重要作用。

第二节　行政伦理人格养成的教育机制

行政伦理人格的养成是一个涉及多方面因素的动态过程。行政伦理人格作为一种个体现象,并不是孤立存在的,它在国家公务员的公共行政活动中养成,又通过国家公务员的公共行政活动呈现出来。概括地说,行政伦理人格的养成是一个复杂的机制过程,主要包括行政伦理人格养成的教育机制和修养机制。

一、行政伦理教育机制的社会环境

行政伦理人格养成之所以需要行政伦理教育机制,是基于行政伦理人格是社会因素与个性因素交互作用的产物。社会是一个有机整体,公共行政关系是这个有机整体中的一个子系统,处于其中的行政伦理人格是国家公务员在与公共行政关系系统及社会大系统中其他系统和要素之间的相互关联、相互作用的中养成的。也可以说,行政伦理人格的养成是国家公务员与社会交互作用的复杂的机制过程,首先要涉及国家公务员所处的社会环境。这里主要讨论经济关系、政治制度、公共行政体制、公共行政文化要求必须加强国家公务员的行政伦理教育。

(一)经济关系对行政伦理人格养成的影响

经济生活是全部社会生活的基础,伦理生活亦然。恩格斯指出:“人们自觉地或不自觉地,归根到底总是从他们阶级地位所依据的实际关系中——从他们进行生产和交换的经济关系中,吸取自己的道德观念。”①所谓经济关系,主要指人们由于与生产资料的关系不同,因而在社会生产体系中所处的不同地位。人们在不同的经济结构中的特定地位使人们具有不同的品德。不同阶级的人们在伦理观念和行为标准上存在着明显的差异。

对行政伦理人格来说,经济关系对它的影响主要表现在不同社会、不同阶级的公共行政人员对公共行政权力的不同认识,因而导致他们在公共行政活动中遵循不同的行政伦理规范体系,从而具备不同行政伦理人格。对于剥削阶级占统治地位社会的国家公务员来说,尽管也推崇公正无私、忠诚廉洁等品德,但实际上很难做到,往往会受经济关系的影响而做出不合大众利益、出卖良心的事。正因为现实生活中有这种情况,一些思想家和政治家得出政治伦理与人际伦理相冲突、政治生活中不讲伦理的结论。

经济关系对行政伦理人格的影响还通过行政伦理观表现出来。行政伦理观本质上是社会经济关系的反映,对行政伦理人格的养成具有价值导向作用,或者说行政伦理观本身就是行政伦理人格的一部分。

(二)政治制度对行政伦理人格养成的影响

所谓政治制度,是指统治阶级为实现其阶级统治所确立的政权组织形式及其相关的制度,它是政治统治性质和政治统治形式的总和,即国体与政体的统一。政治制度是一个国家的根本制度,它对行政伦理

---

① 马克思恩格斯选集(第三卷)[M].北京:人民出版社,1995:133.

人格养成的影响主要表现在以下方面。

第一，政治制度以强制的方式选择并推行特定的伦理价值观和行为规范，对行政伦理人格起着直接的引导和规范作用。经济关系对社会发展及其秩序的影响，往往通过政治制度表现得更为深刻、更为广泛。行政伦理人格作为直接参与政策制定、执行的国家公务员的品德，与政治的关系更为密切。国家公务员的行政伦理人格会直接对社会政治制度的善与恶发生影响，社会的政治制度也直接影响着行政伦理人格的善与恶。

第二，"忠诚"作为任何国家、任何社会的国家公务员的首要品德，也是政治制度对行政伦理人格的要求。尽管"忠诚"的内涵和要求随着社会的发展不尽相同，但它和政治的密切关系从未改变。无论是古代封建社会宣传的忠君，还是社会主义社会倡导的忠于党、忠于人民，忠于国家、忠于职守，都体现了社会对国家管理人员的品德要求。国家公务员无论何时何地，在道义上、行为上都应当忠于国家，为国效力，维护国家的统一、国家的尊严和国家的利益。这是国家公务员的必备素质和品德。从这一意义上说，政治制度对行政伦理人格的养成有着直接的作用。

（三）公共行政体制对行政伦理人格养成的影响

合理、健全的公共行政体制是养成良好的行政伦理人格的前提、基础和保障机制。国家公务员是否能养成公正、廉洁、诚信等行政伦理人格，在很大程度上取决于公共行政体制是否有利于这些品德的养成。

公共行政体制主要通过对责任、权力、职位的平衡机制对行政伦理人格的养成发挥作用。公共行政体制包括广泛的内容，如政府组织机构、公共行政权力结构、公共行政区划体制、公共行政规范等。其核心是政府机构设置、职权区划以及运行机制等。公共行政体制通常与国家的立法体制、司法体制相对应。合理、高效的公共行政体制可以从制度上保持国家公务员的职、权、责的平衡一致，这是公共行政顺利进行的前提条件，也是行政伦理人格养成的基础之一。

首先，公共行政体制通过建立完善的权责统一的体系使国家公务员对自己的职、权、责有深刻的认识，这是行政伦理人格养成的基础条件。公共行政管理体制规定国家公务员的职能以及相应的职责范围,并依据其承担的职能和职责,授予相应的职权。国家公务员对自己的职位、权力和责任的认识,也即对行政伦理关系的认识。只有"知之",才能"行之"。"知"是行政伦理人格养成的第一步,即行政伦理人格养成的起点。如果公共行政体制不能保持职、权、责的平衡一致,国家公务员对自己的职务、职责和职权不明确,在公共行政时就不能够做到各司其职,各行其权,各负其责,那就很难养成良好的行政伦理人格。

其次,建立有关权、责、职一致的平衡制度体系,有助于培养国家公务员的责任意识和负责精神。通过包括监督、考核、奖惩、升降等制度体系,加强对公共行政机关以及国家公务员职、权、责实际状态的考核和监督,有助于从机制上保证国家公务员不失职、渎职,保证其尽职、尽责、公正地运用公共行政权力。如果公共行政体制不能保障赏罚分明,失职者不受惩罚,尽职者得不到奖赏,甚至是相反,就会出现"不好的制度会使好人变坏"的现象。

(四)公共行政文化对行政伦理人格养成的影响

所谓公共行政文化,从广义上说,包含制度层面的公共行政文化和社会心理层面的公共行政文化,是指人们在社会生活中养成的公共行政制度、公共行政组织以及依附于它们的各种规章条例等和人们在公共行政实践中长期积淀而成的公共行政心理、公共行政价值取向、行政伦理观念、公共行政思维模式等的总称。公共行政制度层面的公共行政文化对行政伦理人格养成的作用前面已经作了探讨,这里主要讨论社会心理层面的公共行政文化对品德养成的影响。

其一,公共行政文化通过对国家公务员的伦理心理的影响造就行政伦理人格。人在社会化过程中必然接受广泛文化环境的影响,包括社会整体文化、社区文化、某一社会阶层文化和家庭文化等。行政伦理人格不可能在伦理真空中养成,既有的公共行政文化潜移默化地影响着它、塑造着它。行政伦理人格结构中最重要的正义感、羞耻感、荣誉感、良心等都不是人生来就有的,而是公共行政文化环境长期熏陶的结果。行政伦理人格是在一定的公共行政文化影响下养成的。公共行政文化对行政伦理人格的影响有积极与消极之分。国家公务员是否养成善的行政伦理人格，取决于其所受影响的公共行政文化的先进与落后。如果他接受了优秀的公共行政文化的影响，他就可能养成优秀的品德；反之，他就难以摆脱鄙俗的习气。

其二，公共行政文化通过对社会价值导向的影响而作用于行政伦理人格的养成。一个社会的价值导向，往往受到文化背景和文化环境的影响，如“官本位”的行政文化与“民本位”的公共行政文化所造就的行政伦理人格就完全不同。

其三，公共行政文化通过改造国家公务员的习性和气质而影响行政伦理人格的养成。人之所以为人，就因为人不仅仅是物质的、肉体的存在物，更重要的是精神的、文化的存在物。文化塑造改变着人的习性和气质，并不断提出伦理变革和伦理完善的要求，促进人的品德完善。公共行政文化在很大程度上可以塑造和改变国家公务员的习性和气质。当他成为一个国家公务员时，他要接受公共行政文化的教化；在他尚未成为一个国家公务员之前，他在与社会的交互作用时，也会受着公共行政文化的影响，也会通过与公共行政机关、国家公务员打交道的亲身体验等初步养成对公共行政活动、公共行政权力的看法，并进而成为其行政伦理人格养成的基调。

二、行政伦理教育机制的基本内容

培养行政伦理人格，需要从他律和自律，亦即从教育与修养两个环节着手。教育是行政伦理人格养成的重要机制。

（一）教育在行政伦理人格养成机制中的地位

胡锦涛同志在十六届中央纪委第二次全体会议上的讲话中指出：“防治腐败，教育是基础。”在党的十六届五中全会上的讲话中，胡锦涛同志进一步提出“加强从政道德教育”，他指出：“中央政治局认识到，党风廉政建设和反腐败斗争关系党的生死存亡，必须警钟长鸣、常抓不懈。我们坚持标本兼治、综合治理、惩防并举、注重预防的方针，制定并贯彻落实建立健全教育、制度、监督并重的惩治和预防腐败体系实施纲要，提出严肃党的纪律、加大预防力度、深入开展党风廉政建设和反腐败斗争的意见，以改革统揽预防腐败的各项工作，在加强教育、完善制度、强化监督上下工夫，建立健全有效的工作机制。加强理想信念和从政道德教育。加强思想道德教育是反腐倡廉的基础性工作，是领导干部拒腐防变的思想保证。反腐倡廉教育要坚持以领导干部为重点。加强教育是拒腐防变的基础性工作。大量案例表明，一些国家公务员走上违纪违法道路，往往是从思想蜕化变质开始的。这些现象的发生告诉我们，必须重点加强对国家公务员特别是领导干部的思想道德教育，使之真正做到自重、自省、自警、自励，以身作则，率先垂范，并带头同腐败现象作斗争。”

中共中央《建立健全惩治和预防腐败体系2008—2012年工作规划》明确指出，深入开展理想信念和廉洁从政教育。大力推进中国特色社会主义理论体系的学习贯彻，教育和引导各级领导干部深刻领会科学发展观的科学内涵、精神实质和根本要求，坚定共产主义远大理想和中国特色社会主义共同理想，牢固树立马克思主义的世界观、人生观、价值观，牢固树立正确的权力观、地位观、利益观和社会主义荣辱观；认真学习党的三代中央领导集体反腐倡廉重要思想和以胡锦涛同志为总书记的党中央关于反腐倡廉的重要论述，认真学习党章等党内法规和国家法律法规，加强党性修养和从政道德修养，增强法制观念和纪律意识，打牢廉洁从政的思想政治基础。制定《关于加强领导干部反腐倡廉教育的意见》。完善党委（党组）理论学习中心组学习制度，定期安排反腐倡廉理论学习。党政主要负责同志带头讲廉政党课。把反腐倡廉教育列入干部教育培训规划，纳入各级党校、行政学院及其他干部培训机构教学计划，定期举办领导干部廉洁从政教育专题培训班。在领导干部任职培训、干部在职岗位培训中开设廉政教育课程。《工作规划》还突出强调，要“增强行政伦理人格，密切联系群众，做到为民、务实、清廉。”要把德的培养放在干部教育更加突出的位置。教育培训对提高干部德才素质具有基础性、先导性作用。干部教育培训要体现以德为先，加强理论武装和理想信念教育，引导广大干部坚定不移地走中国特色社会主义道路；加强忠诚党和人民的教育，引导广大干部遵守党的纪律，服从党的决定，维护党的团结，时刻把党和人民的利益放在高于一切的位置；加强党的宗旨教育，引导广大干部增强群众观念,坚持群众路线;加强责任意识和敬业精神教育,使广大干部在其位、谋其政、尽其责;加强道德情操教育,引导广大干部始终保持道德品行的纯洁性和先进性;加强艰苦奋斗、拒腐防变教育,增强广大干部对各种诱惑的免疫力。

根据党的十七大部署,中央决定,从2008年9月开始,用一年半左右时间,在全党分批开展深入学习实践科学发展观活动。这次学习实践活动总的要求是:全面贯彻党的十七大精神,高举中国特色社会主义伟大旗帜,以邓小平理论和"三个代表"重要思想为指导,组织广大党员特别是各级领导班子和党员领导干部深入学习实践科学发展观,紧紧围绕党员干部受教育、科学发展上水平、人民群众得实惠,进一步解放思想、实事求是、改革创新,切实增强贯彻落实科学发展观的自觉性和坚定性,着力转变不适应不符合科学发展要求的思想观念,着力解决影响和制约科学发展的突出问题以及党员干部党性党风党纪方面群众反映强烈的突出问题,着力构建有利于科学发展的体制机制,提高领导科学发展、促进社会和谐的能力,使党的工作和党的建设更加符合科学发展观的要求。在学习实践活动中,要坚持讲党性、重品行、作表率,努力在改进作风上取得新的成效。共产党员特别是党员领导干部讲党性、重品行、作表率,既是加强党的作风建设的必然要求,也是推动科学发展的重要保证。各级党委要把开展学习实践活动与促进党员干部讲党性、重品行、作表率紧密结合起来,教育引导广大党员、干部特别是领导干部牢固树立马克思主义世界观、人生观、价值观,坚持正确的权力观、地位观、利益观,自觉改造主观世界,不断加强党性修养,切实改进作风,以优良的党风促政风、带民风。党员干部在贯彻落实科学发展观上讲党性、重品行、作表率,最重要的就是要遵循社会主义核心价值体系,大力弘扬求真务实精神,大兴求真务实之风,加强思想道德修养和党性修养,保持共产党人的高尚品格,真正成为科学发展观的模范实践者;就是要把思想认识统一到中央要求上来,自觉查找并解决存在的突出问题,凡是符合科学发展观要求的就全力以赴去做,凡是不符合科学发展观要求的就毫不含糊去改;就是要在推动科学发展的实践中走在前列、争当先锋,不安于现状,不畏首畏尾,重实际、说实话、出实招、求实效,坚持权为民所用、情为民所系、利为民所谋,认真解决好人民最关心、最直接、最现实的利益问题,全力实现好、维护好、发展好最广大人民的根本利益。

(二)行政伦理教育的一般规律

行政伦理教育过程应该与行政伦理人格养成的过程相一致,是一个使国家公务员在生活实践的基础上,逐步对确立公仆认识、公仆情感、公仆意志、公仆信念和公仆习惯的统一过程。

公仆认识主要指国家公务员对于行政伦理人格关系以及处理这种关系的原则和规范的认识,包括公仆概念的形成、公仆判断能力的提高和公仆情感的陶冶。公仆认识是在国家公务员掌握公仆概念、提高公仆判断能力和增强公仆情感的过程中,逐步形成和加深的。掌握公仆概念能使国家公务员抓住公仆关系和公仆行为的本质,理解和把握社会主义的公仆原则和规范,指导自己的行为并用于分析社会行政伦理人格现象。行政伦理人格是运用行政伦理人格进行公仆评价的认识活动,同时又是揭示公仆概念的本质内容的公仆认识的一个阶段。公仆判断能力的提高,使个体公仆行为的调节方向具有理性的指导,并能够通过对社会行为的公仆评价,来全面认识和评价自己的公仆行为。公仆概念的掌握和公仆判断能力的提高,是公仆认识形成的重要阶段。公仆认识对于公仆品质的形成具有重大意义。它使国家公务员自觉地把理智和情感结合起来,按照一定的公仆原则和规范去行动,不但懂得应该如何做,而且懂得为什么那样做,从而提高自己,形成一定的公仆品质的自觉性。

公仆情感指国家公务员对现实生活中的公仆关系和公仆行为的好恶等情绪态度。在人的各种高级情感(如理智感、美感等)中,公仆情感居于特殊的地位。在行政伦理教育中,公仆情感具有评价作用、调节作用和信号作用。公仆情感开始于公仆认识,但并不是有了某种公仆认识,就一定会有相应的公仆情感。只有当公仆认识同国家公务员的世界观、价值观和公仆理想相结合,才会形成对现实公仆关系和公仆行为的一种爱憎或好恶的情绪态度,即所谓公仆情感。公仆情感比公仆认识具有更大的稳定性,这种公仆情感,不仅要诉诸人的理智,要有多方面的陶冶，而且往往需要在生活实践过程中，经过长期的甚至痛苦的磨炼。它一经形成，就会成为一种稳定的强大力量，积极影响国家公务员公仆行为的完成和持续发展。

公仆意志是指国家公务员在履行公仆义务的过程中所表现出来的自觉地克服一切困难和障碍，作出抉择的力量和坚持精神。当国家公务员把公仆认识变成个人的行动原则，并坚信它的正确性和正义性的时候，就形成了公仆意志。公仆意志是公仆行为发展的重要阶段。它使一个人能够对自己提出严格的要求，作出行动的抉择，并在公仆行为整体中坚持一贯，自觉地培养和造就自己的公仆品质，因而是公仆品质形成的关键。在实际公仆生活中，一个具有顽强的公仆意志的人，在任何困难条件下，都能够抵制外部的腐蚀、引诱和压迫，保持“富贵不能淫，贫贱不能移，威武不能屈”的高尚情操；而一个公仆意志薄弱的人，往往不能坚持完成一定的公仆行为，或不能持之以恒，坚持到底，甚至在外部腐蚀、引诱和压迫下，丧失原则和气节，毁坏公仆品质和情操。

公仆信念指国家公务员对公仆行政伦理观、公仆理想和公仆要求等的正确性和正义性的深刻而有根据的笃信，以及由此而产生的对履行公仆义务的强烈责任感。它是深刻的公仆认识、炽烈的公仆情感和顽强的公仆意志的有机统一，其统一的基础是国家公务员履行公仆义务的社会实践。国家公务员一旦牢固地确立了公仆信念，就能自觉地坚定不移地依照自己确定的信念来选择行为和进行活动，也能依据自己确定的信念来鉴定自己行为和别人行为的善恶。无产阶级的伟大领袖和先进的革命战士、优秀的社会主义者，所以能够为社会主义事业鞠躬尽瘁，死而后已，一个重要的原因就是，他们认定社会主义的思想体系和社会制度是自有人类历史以来最完全、最进步、最革命、最合理的，坚信社会主义事业是正义的，正义的事业是任何敌人也攻不破的。历史上和现实生活中，无数先进人物的英雄业绩，都清楚地表明，培养国家公务员具有恪守不渝的社会主义公仆信念，应该成为社会主义行政伦理教育的中心环节。

公仆习惯指国家公务员个人的某种公仆行为已成为反复持久的、习以为常的生活惯例。从更高的要求和深刻的意义上看，真正可以称之为公仆行为的,不仅是能按某种公仆原则和规范去行动,而且这种公仆行动已成为自己的日常习惯。只有那些已经深入文化、深入日常生活习惯的东西,才能算做已达到的成就。列宁在谈到国家消亡问题时,曾强调指出,社会主义新人伦理品质上的突出特点是,他们对于人类一切公共生活的基本规则,已经从必须遵守变为习惯于遵守。因此,就某个时期的某一行政伦理教育过程来说,使国家公务员逐步习惯于遵守公仆规范,是行政伦理教育的目的。

综上所述,行政伦理教育的起点,是提高公仆认识。第二个环节,是陶冶公仆情感。第三个环节,是锻炼公仆意志。第四个环节,确立公仆信念,这是全部伦理教育的中心环节。第五个环节,养成伦理习惯,使国家公务员逐步习惯于遵守公仆要求,从心所欲而不逾矩。

如果把行政伦理教育的五个环节同公仆品质的形成联系起来分析,那么可以说,公仆认识是前提和依据,公仆情感和公仆意志是两个必备的内在条件,公仆信念是核心和主导,公仆习惯是行为的自然持续;公仆实践是贯穿这一教育过程始终,并为其各个因素或环节相联结、相统一的基础。随着社会物质经济关系的变化、国家公务员生活实践的推移,不可避免地会不断提出新的公仆要求,又需按照公仆品质形成的内在发展过程,对国家公务员进行新的社会主义行政伦理教育。

成功的行政伦理教育实践还表明,公仆典范和公仆威信是进行行政伦理教育不可缺少的因素。

公仆典范是指比较完备地体现公仆理想,被国家公务员看做理想人格化身和公仆选择楷模的杰出人物。不过,无论哪种类型的典范人物,必须在选择上既高大感人又真实合宜,在倡导中既宣传其高尚品格又说明其成长过程。生活于现实社会关系中的典范人物,并不是生来就没有弱点、缺点的"完人",而只是通过各种努力,才逐步比一般人更好地具有理想人格的品德。即使成为公认的公仆典范,也还是会有这样或那样的弱点、缺点。从本质上看,绝大多数人都程度不同地向往和追求着某种高尚的理想人格。因此,在教育中,公仆典范只要选择准确,倡导得宜,它就可以发挥出其他教育手段不可代替的效能,成为国家公务员效仿的榜样。

公仆威信则是指国家公务员由于有良好公仆品质和公仆行为而引起国家公务员对他的信任、钦佩、赞誉和效仿。在行政伦理教育中,教育者的公仆威信是一个至关重要的问题。教育者如果单凭自身职务和地位上的权势,国家公务员是难于接受其教育的,即使被迫不能不听,也会是听而不闻,闻而不信,信而不行,甚至会因对教育者言行相悖的厌恶,有意反其道而行之。教育者必须具有高尚的公仆品质,用自己的公仆品质来表明自己的威信,并且必须是表里如一的,实实在在的,而不是虚伪的,专门装出来给受教育者看的;否则,教育者的虚伪一旦被国家公务员戳穿,就会因教育者的虚伪,而使公仆本身受到损害。公仆威信不能是自封的,而必须是得到国家公务员公认的。只有当国家公务员根据教育者的思想言行,确认其是真正德高望重的,是真正可以作为自己效仿的表率、楷模和典范的,才会心悦诚服地接受其施加的公仆影响,并将这种影响溶入自己的血肉中,化为自己的公仆品质。经验表明,这些威信上的要求,无论对于行政人员个人来说,还是对于全社会的行政伦理教育来说,都是十分必要的。

第三节　行政伦理人格养成的修养机制

一、行政伦理人格养成的内部机制

在行政伦理人格的养成中,外部环境、外在机制起着很重要的作用,但是,行政伦理人格的养成最终离不开内部机制。唯物辩证法告诉我们,外因只是条件,内因才是根据。行政伦理人格养成的内部机制主要包括行政伦理的责任认同机制、习惯养成机制、良心调控机制和伦理修养机制。

(一)行政伦理的责任认同机制

行政伦理人格养成内部机制的第一步,是国家公务员要对自己所承担的责任和义务有一个明确的认识。公共行政体制规定了国家公务员的职责,但是这种职责能否对于行政伦理人格的养成发挥真正作用,还要依靠国家公务员对行政责任的认可和内化,这就是行政伦理人格养成的责任认同机制。

对于国家公务员来讲,责任是与权力相对应的一个范畴。国家公务员要行使一定的公共行政权力,就必须承担相应的公共行政责任。行政伦理责任分为客观责任与主观责任。客观责任实质上就是法律和体制所规定的国家公务员的责任,它源于法律、组织机构、社会对国家公务员的角色期待。主观责任则根植于国家公务员的忠诚、良知、信仰等。当客观责任以法律条文或公共行政制度等方式表达时,它可以归之于行政伦理人格养成的外在机制。被国家公务员内化了的客观责任,即主观责任。责任认同机制实质上就是国家公务员将外在的客观责任内化为主观责任的机制。

对客观责任的认同是行政伦理人格养成的重要的内部机制。任何外在于国家公务员的责任(他律),都只有被其认同后才能发挥作用。没有建立在对行政伦理责任理解基础上的强烈认同,国家公务员就不可能内化行政伦理规范体系,不可能把各种客观责任转化成主观责任,也就不可能养成相应的行政伦理人格。尽管国家公务员有可能出于对惩罚的惧怕或是慑于上级的权威,而在一定程度上遵从外在的规范行事,但由于对于责任和规则没有深刻的认同,也就不可能创造性地尽自己的职责。一个人出于外在的压力而不得已为之,与在对行政伦理规范强烈认同基础上尽责,二者的结果是完全不同的。当代社会,由于各种规范、各种责任之间往往会发生矛盾与冲突,因而需要国家公务员对这种种客观责任、主观责任作出合情、合理的分析,从而选择符合伦理要求与大众利益的公共行政行为。为做到这一点,建立在对公共行政责任的认同机制就显得十分重要。

(二)行政伦理的习惯养成机制

习惯是人们在千百次重复着的社会生活交往中得到的感性经验的约定俗成或积淀。它可以使人们的社会交往规范化、有序化。习惯是一种外在强制性与非强制性的统一,习惯在其养成之初必然带有强制性的一面,但是习惯一旦养成,便成为非强制性的“自然”。所谓“习惯成自然”,就朴素地反映了这一真理。

伦理习惯是多方面的,既表现于言语、行为、态度、仪表、爱好等方面,也表现于思维方面。特定的伦理习惯,是特定的伦理认识、伦理情感、伦理意志、伦理信念与特定主体的融合。伦理习惯的养成,意味着主体个性与社会伦理之间冲突的消融,社会伦理化为了个人的属性。对于国家公务员而言,伦理习惯的养成意味着品德的最后养成。

行政伦理习惯对于国家公务员的伦理行为具有很强的培育、保证作用,是行政伦理行为通向行政伦理人格的桥梁和中介。行政伦理习惯的养成,大大缩短了行政伦理选择、行政伦理判断等活动过程,使国家公务员在面临某种行政伦理困境时,从容地完成符合行政伦理规范体系的行为。行政伦理习惯是国家公务员品德修养程度的标识。贪婪的人,见钱就会眼开;怯懦的人,遇险就会退缩;喜欢炫耀的人,不会放过任何自我表现的机会。同样,勇敢的人,见义就会勇为;善良的人,见难就会相助;正直的人,决不会以私害德。这一切都自然而然,没有丝毫犹豫和勉强。伦理习惯不是天生的,而是后天习得的。国家公务员的公共行政习惯有好有坏,有优有劣。养成善的行政伦理习惯和改掉恶的行政伦理习惯都需要坚韧不拔、持之以恒的自律与努力。良好的行政伦理习惯的养成是一个弃恶从善的过程,是一个抑制自己的不良心理、习性,养成良好的心理、习性的过程。在这一过程中个人必须排除种种心理的、欲念的、情感的阻力。当个人面临困难或者面临与自己某种欲望相冲突的境遇时,必须能够排除障碍,一如既往地履行国家公务员的义务,选择应当的行为方式。如此,他的选择方向才能得以巩固,才能养成良好的行政伦理习惯。在这一过程中,行政伦理意志起着十分重要的作用。随着行政伦理习惯的养成,国家公务员个人完成伦理行为就越来越容易,以至于达到自动化的地步。如此,行政伦理人格得以最后养成。

然而,行政伦理习惯的养成,并不表明一定是具备了高尚的品德。行政伦理习惯如果停留在出于履行公务员行为规范而行动的水平,离真正高尚的品德还有相当距离;仅仅接受或者服从规范要求,还不是品德发展的最高阶段。高尚的、完美的品德具有开放的性质。它既是一种习惯,又要求理性地对待习惯。社会的变迁和发展常常需要更新旧的习惯,建立新的秩序。作为根植于国家公务员的心理的行为方式,在社会变迁时,有可能成为一种消极的习惯,从而表现为一种惰性力量、心理定势,它阻碍人接受新事物。社会的不断发展要求国家公务员丢掉阻碍社会发展的旧品质,养成与社会发展相一致的优秀品质。

(三)行政伦理的良心调控机制

《中共中央关于加强党的执政能力建设的决定》要求各级领导干部都要"常怀律己之心"。《决定》所说的"律己之心",就是公共行政良心;《决定》所强调的"常怀律己之心",就是要重视行政伦理的良心调控机制。

公共行政良心在国家公务员的行政伦理生活中起着十分重要的作用。它既是国家公务员品德的最高体现,又是国家公务员自我认识和自我调节的工具。良心的内容是客观的,是反映在人的伦理心理之中的与一定的社会伦理关系相应的伦理原则。良心的形式是主观的,是人的理性、情感、意志、甚至潜意识、直觉等因素有机结合而成的严密的内部心理机制,是多种伦理因素相互作用的结果。

国家公务员的公共行政良心作为自我调节的心理机制,对行政伦理人格养成具有重要意义,因为它集自我调节的各种心理因素于一身,是国家公务员的行政伦理信念、行政伦理情感和行政伦理习惯的统一,它是国家公务员对行政伦理规范体系的积极反应,又是对行政伦理义务的深刻理解和自觉行动。国家公务员对自己所承担的义务认识得越深刻,他的伦理责任感就越强,他的公共行政良心对自己行为的指导和纠正作用就愈大,他的自我调节能力就愈强。具体地说,公共行政良心对行政伦理人格养成的作用是直接通过影响人们的行政伦理行为而实现的。国家公务员能在公共行政良心的指导监督下,时时、事事履行行政伦理义务,也就是一个品德高尚的人。公共行政良心是国家公务员行政伦理行为隐蔽的调节器,对行政伦理人格养成的作用,主要是作为个人自我控制的伦理心理机制而发生的。

在公共行政行为之前,公共行政良心是国家公务员行政伦理行为选择的直接依据和决策机关。一方面,它为国家公务员确立公共行政活动的准则,为行政伦理行为立法。公共行政良心本质上就是行政伦理规范体系以内心的行政伦理法则的形式积淀而成的行政伦理自制力;另一方面,公共行政良心在国家公务员做出某种公共行政行为之前,会依据履行义务的行政伦理要求,对行为的动机进行自我检察,追问自己的动机是否符合伦理要求,并对自己行为的后果从伦理角度进行估计,对符合伦理要求的动机予以肯定,对不符合伦理要求的动机进行抑制或否定,人们选择什么样的行为,除了客观条件的制约外,主要取决于人们的良心。当一个人有了正确的伦理评价标准,有了强烈的责任感的时候,他就会选择合乎伦理的行为。

在行政伦理行为过程中,公共行政良心对公共行政行为朝着善的方向发展起着监督、保证的作用。行政伦理行为是一个错综复杂的过程,行为动机受良心检查被证明是"善"的,并不能保证在行为过程中出现"恶"的偏差。国家公务员的行为意向、情感往往在选择时或行为之初并不能被充分体悟,随着行为的充分展开,会使原先朦胧、潜在的杂意变得清晰,此时良心可及时清除杂念。良心对伦理行为进行中的情感、意志、信念以及行为方式和手段的作用方向,始终是一个隐蔽的跟踪着的监督者。对那些符合其价值定向要求的情感、意志、信念以及行为方式和手段,予以肯定、鼓励和强化;对不符合其伦理要求的情感、意志、信念以及行为方式和手段,则予以否定、制止和弱化。特别是当行为进行过程中出现偏离其规定方向的认识错误、情欲干扰、方式和手段失当,或遇到情况变化的时候,良心便按照自己的要求并通过一定的心理机制,纠正那些与之相悖的自私欲念和偏颇情绪,改变那些与之背离的行为方式和行为手段,以避免产生不良后果。从这个意义上讲,良心是对自我行为进行调整的伦理"神经",它迫使一个真正有良心的人在行为过程中始终保持正确的方向和方式。

在公共行政行为之后,公共行政良心是内部的伦理法庭,能够对自己的行为后果和影响作出审查和评价。如果履行了行政伦理义务,产生了良好的公共行政后果和影响,就会获得内心的满足和欣慰;如果没有履行行政伦理义务,产生了不良的公共行政后果和影响,就会产生内疚、惭愧和悔恨。公共行政行为之后的良心评判会使人受到深刻的启迪、教育甚至震撼。

公共行政良心在行政伦理行为之前、之中、之后的作用实际上也是在行政伦理人格养成过程中的作用。国家公务员在每一个公共行政行为中,如果能够在公共行政良心的自我调控下听从行政伦理的声音,他就能够成为一个品德高尚的国家公务员。一个品行恶劣的国家公务员也许会在某一件恶的公共行政行为的严重后果面前,意识到自身的卑劣,产生深刻的反省,在公共行政良心的自我否定之中,幡然醒悟,乃至"放下屠刀,立地成佛",重新做人。

可见,公共行政良心在行政伦理人格的养成、发展乃至转变的过程中都起着不可忽视的调控、支配作用。公共行政良心的这种作用是社会舆论和法律所不可比拟的。社会性伦理审判对国家公务员的品行的影响仍是外在的,带有很大的强制性。把这种手段当做行政伦理的约束力和推动力,当然有着重要意义。但对于公务员品德而言,更主要的是发自内心的自觉地行善,是内部与外在的高度统一。外在制裁的强迫性对公务员品德的养成只具有最初的意义,而作为国家公务员公共行政行为内部制约力的公共行政良心,才是行政伦理人格养成的内部机制。

二、行政伦理人格养成的修养机制

古人说,"德教为先","修身为本"。教育机制必须与修养机制结合起来,才能有效地保证行政伦理人格的养成。

(一)行政伦理修养界说

《中共中央关于加强党的执政能力建设的决定》指出:"督促各级党员领导干部加强党性修养,常修为政之德、常思贪欲之害、常怀律己之心,自觉经受住改革开放和发展社会主义市场经济条件下长期执政的考验。"《决定》所强调的"加强党性修养,常修为政之德",就是要重视行政伦理的伦理修养机制。

行政伦理修养是培养行政伦理人格并逐步完善行政伦理人格的最基本的途径。胡锦涛同志在中央纪委第二次全体会议上的讲话中指出:"各级领导干部都要把加强党性修养和自我约束结合起来,努力加强自身道德修养,追求健康向上的生活情趣,带头弘扬社会主义道德风尚,模范遵守法律法规和廉洁自律规定,做到学和用、知和行的统一。"

所谓行政伦理修养机制，是指国家公务员在伦理人格诸方面进行的自觉的自我改造、自我陶冶、自我锻炼和我培养的功夫，以及在此基础上所达到的伦理境界。注重伦理修养，曾经为中国古代许多有作为的政治家和从政者所践行。中国共产党成立以来，许多优秀的无产阶级革命家对于伦理修养有着更为深切的体会。刘少奇同志在《论共产党员的修养》的著名演说中令人信服地指出，共产党员如果能长期坚持与实践相结合的伦理修养，其结果，“他就可能有很好的共产主义道德”，“他也可能有最高尚的自尊心、自爱心”，“即使在他个人独立工作、无人监督、有做各种坏事的可能的时候，他能够‘慎独’，不做任何坏事”。①

胡锦涛同志在省部级主要领导干部学习贯彻“三个代表”重要思想专题研讨班上的讲话中，就“切实加强主观世界改造”作了深刻阐述：“在改造客观世界的进程中，推动全党同志特别是领导干部加强主观世界改造，坚定理想信念，提高思想水平，加强道德修养，这是我们党在加强自身建设中长期坚持的好传统、好做法。”

在行政伦理人格的养成机制中，教育等外部机制起着很重要的作用，但是，行政伦理人格的养成最终离不开内部机制。就是说，教育机制必须与修养机制结合起来，才能有效地保证公仆人格的养成。

（二）国家公务员要有自觉高尚的道德追求

行政伦理人格的养成，必须在努力改造客观世界的同时自觉改造主观世界。

马克思主义辩证唯物论和历史唯物论告诉我们，国家公务员改造客观世界的实践和改造主观世界的实践是紧密联系、内在统一、相互促进的。在认识和改造客观世界的过程中，不断认识和改造主观世界，通过不断认识和改造主观世界，不断深化对客观世界的认识和改造，这是我们推进事业向前发展的规律，也是我们党的干部成长进步的规律。

加强行政伦理人格的修养，最根本的是要牢固树立马克思主义的世界观、人生观、价值观，解决好理想信念、思想作风、道德情操、清正廉

① 刘少奇选集（上卷）[M].北京：人民出版社，1981：131.

洁等问题。必须清醒地看到,面对崇高的历史使命、艰巨的历史任务和复杂的执政环境,面对来自各个方面的挑战、诱惑,面对一些领导干部经受不住权力、金钱、美色的考验而败下阵来的深刻教训,更加自觉地加强主观世界改造,始终保持公仆的蓬勃朝气、昂扬锐气、浩然正气,对于每国家公务员特别是领导干部来说都是一个必须解决好的问题。

加强行政伦理人格的修养,很重要的是要科学判断形势,既坚定信心、振奋精神、锐意进取,又居安思危,树立忧患意识。我们党诞生于内忧外患空前深重的历史环境之中,忧患意识始终贯穿于党的全部奋斗历程。党的十七大强调,要奋斗就会有困难、有风险,要求全党同志一定要居安思危、增强忧患意识,具有深刻含义和重大意义。改革开放以来,我国取得了举世瞩目的发展成就,整个国家的形势很好。历史经验表明,在发展顺利、形势好的时候,人们很容易对存在的问题掉以轻心,也很容易对前进道路上可能出现的风险和挑战放松警惕。事实上,我们现在面临的挑战很多也很大,决不可忽视,决不可麻痹大意。正如胡锦涛同志所指出的,在世界多极化和经济全球化深入发展、各种不稳定不确定因素明显增加的国际环境中,在我国仍处于并将长期处于社会主义初级阶段的历史条件下,在国际国内各方面矛盾和问题相互交织、相互作用的现实状况下,发生这样那样的问题甚至较大风险的可能性不仅是存在的,而且是很现实的。我们必须有足够的估计,做好最充分的准备。中央强调要忧党、忧国、忧民,反映了我们党政治上的坚定、清醒和警觉,对我们加强党性修养、提高自身素质很有帮助。我们要始终保持对马克思主义、对中国特色社会主义、对实现中华民族伟大复兴的坚定信念,始终不渝地为实现党的历史使命而奋斗,同时要对前进道路上可能遇到的困难和风险保持高度警觉,做到未雨绸缪,防患于未然。

道德的养成主要靠人们的自觉追求。我国古代思想家都强调为官从政要以修身为本、正己为先。公务员的道德情操对全社会有着重要的示范和导向作用。我们必须坚持不懈地加强公务员修养,使各级公务员始终保持人民公仆的政治本色。这是每个公务员改造主观世界的终生课题。

加强公务员修养,树立和弘扬优良作风,要坚持以邓小平理论和

“三个代表”重要思想为指导，深入贯彻落实科学发展观，自觉遵行社会主义核心价值体系，坚持理论和实践相统一，坚持继承光荣传统和弘扬时代精神相统一，坚持改造客观世界和改造主观世界相统一，坚持加强个人修养和接受教育监督相统一，努力使各级公务员成为政治坚定、作风优良、纪律严明、勤政为民、恪尽职守、清正廉洁的公务员，充分发挥模范带头作用。

（三）常修为政之德

古人特别强调“修身为本”。胡锦涛同志反复强调的“常修为政之德，常怀律己之心，常思贪欲之害，”讲的就是行政伦理人格的修养机制。所谓行政伦理人格的修养机制，是指国家公务员自觉的自我改造、自我陶冶、自我锻炼和自我培养的功夫，以及在此基础上所达到的境界。

具体地说，行政伦理人格的修养机制主要有以下三个方面：

一要以学立德。学习是加强道德修养的基本方法。胡锦涛同志强调，“加强学习不仅是领导干部提高自身知识水平的重要途径，也是提高自身精神境界的重要途径”。一个人的道德水准，与他担任职务的高低没有必然联系，也不会随着职务的提升而自然上升。人们对《论语》中的“学而优则仕”都很熟悉，但这话还有半句是“仕而优则学”，就是说一个人要想从政做事，不仅要先把学问基础打好，而且走马上任后更要坚持读书学习，才能把事情做好。现在有的公务员走上领导岗位后，就自我感觉良好，以为各方面都比别人强，放松学习，放松世界观改造，这就很容易犯错误。我们一定要深刻认识学习对于立德的基础性作用，把学习作为终身追求，把读书当做最大的人生乐趣，用科学知识和先进文化净化灵魂、陶冶情操，不断提升道德境界。

二要以行立德。道德具有强烈的实践性，不仅来自于实践，而且要行之于实践。人民群众对公务员总是听其言、观其行的。公务员只有把共产党人的道德要求，“体诸身、见诸行”，经受苦与乐、荣与辱、公与私、权与法等各方面的考验，才能不断锤炼道德品质，树立良好的道德形象。孔繁森、郑培民、任长霞等党的优秀公务员之所以能够得到老百姓的真心爱戴和拥护，就是因为他们身体力行了为民、务实、清廉的价值观。极少数腐败分子台上讲得漂亮，台下胡作非为，最终都遭到人民的唾弃。言行一致、知行统一，是我们共产党人的本色。党员公务员要注重在艰苦环境、危难时刻磨炼意志、砥砺品质，在直面矛盾、破解难题中培养敢于负责、勇于创新的精神，在自觉践行党的宗旨、为群众排忧解难中增强为民意识，升华爱民情怀，真正当好人民公仆。

三要以律立德。加强公务员道德建设，要坚持严格教育、严格管理、严格监督。一方面，组织上对公务员要从严要求，坚决纠正公务员管理中失之于宽、失之于软的现象；另一方面，党员领导干部要严格自律，把组织的要求和外在的约束转化为内在的意志和信念。现在有少数党员领导干部追名逐利，喜欢听好话、信好话，只喜欢掌声和恭维，听不进批评意见，这是非常危险的。“物必自腐，而后虫生。”古人把“励志图强”、“自律改过”作为品德修养的基本态度，强调“吾日三省吾身”。我们党一再强调公务员要自重、自省、自警、自励，都是要求加强自律以立德。广大公务员要始终以党性原则和道德规范严格要求自己，珍重自己的人格，珍重自己的声誉，珍重自己的形象。要见贤思齐，见不贤而自省。无论在公众场合、有人监督的时候，还是在个人独处、无人监督的时候，都要严以律己，防止萌发错误的意识、不正当的欲望和不健康的心理。

2008 年 12 月 27 日，习近平在全国组织部长会议上强调，要着力解决一些干部道德缺失问题，教育和引导干部常修为政之德、常思贪欲之害、常怀律己之心，努力做到立身不忘做人之本，为政不移公仆之心，用权不谋一己之私。

温家宝同志 2009 年 1 月在会见出席中央国家机关第二十三次党的工作会议暨第二十一次纪检工作会议代表时指出，要做廉洁的模范。榜样的力量是无穷的。在困难面前，只有和人民同甘苦、共命运，才能赢得人民的信任，才能产生号召力和影响力，人民才会跟你走。党员干部要一身正气、两袖清风，不以权谋私、不搞特殊化，做到政治坚定、作风优良、纪律严明、勤政为民、恪尽职守、清正廉洁，做合格的人民公仆。

这就是行政伦理人格修养的目标。

第四节　始终拥有行政伦理人格的力量

2007年12月21日，习近平同志在学中央举办的新进中央委员会的中央委员与中央候补委员学习班上的讲话中，明确发出“始终拥有人格的力量”的号召。他说：“广大党员、干部始终坚持共产党人的政治本色和优良传统，始终拥有人格的力量。这种人格的力量，来自坚定的共产主义信仰，全心全意为人民服务的忠诚实践，对党和人民事业的赤胆忠心；来自在大是大非面前和重大原则问题上的鲜明立场，与时俱进、锐意进取、敢为人先的精神状态，励精图治、精益求精、任劳任怨的敬业精神；来自襟怀坦白、光明磊落、公道正派的正直品格，淡泊名利、先人后己、无私奉献的精神境界，重操守、拒腐蚀、永不沾的清正廉洁，等等。形成和保持这种人格的力量，必须坚持不懈地加强主观世界的改造，坚持学习科学理论、投身社会实践、严格党性锻炼。”

一、人格力量是无穷的

伟大的革命导师列宁有一句名言：“榜样的力量是无穷的。”邓小平同志多次强调指出：“身教重于言教。”榜样的力量，说到底是人格的力量。列宁的名言实际上也就是对行政伦理人格之社会价值的精辟揭示。

需要指出，行政伦理人格之所以具有巨大的社会价值，从根本上取决于道德自身的特定本质与特征。道德这个概念反映着人类社会的一种特殊现象，是调整人们相互关系的行为规范的总和。一定的行为原则和规范是从人们的社会实践中产生的。它们一经产生，就作为一种善恶标准，一方面通过舆论和教育的方式，影响人们的心理和意识，形成善恶观念、情感和意向，集中形成人们内心的信念；另一方面，又通过社会舆论、传统习俗和规章制度的形式，在社会生活中确定下来，成为一定社会和一定阶级约束人们相互关系和个人行为的原则和规范。道德既是一种善恶标准，又是一种行为标准；既表现为道德心理和意识现象，又表现为道德行为和道德活动现象，同时又表现为一定的道德原则和规范现象。简言之,道德就是人类社会生活中所特有的,由经济关系决定的,以善恶标准评价的,依靠人们的内心信念、传统习惯和社会舆论所维系的一类社会现象。在此基础上,道德对社会的作用就是通过端正社会舆论、树立道德榜样、塑造道德人格、培养内心信念,最后形成公民良好的道德行为习惯及社会风尚等方式,为经济基础和社会利益服务。道德这种特殊的社会作用是其他意识形态、上层建筑不能代替的。当然,由于道德反映的社会经济基础和所代表的阶级利益不同,道德对社会作用的性质也是不一样的。从总体上说,先进的道德,特别是行政伦理人格对社会可以起到积极促进作用。

行政伦理人格的引领作用最终体现为能有效地激励广大公民培养与完善道德人格。在中国历史上,周恩来总理不愧为中国乃至世界范围内的行政人格的典范。美国前总统尼克松在其撰写的《领导者》一书中,曾设专章阐述了他心目中的周恩来及其所具有的伦理人格。尼克松认为,周恩来的教养使他具备才智、尊严、风雅、仁慈、决心和毅力等品德。这些品德使周恩来处理个人的政治关系卓有成效,并帮助他同对手们共处了整整半个世纪。尼克松写道:“周恩来的知识的力量和个人魅力使许多人着了迷。他有四件事给我留下了不可磨灭的印象,这就是:他的精力、准备、谈判技巧和在压力下的沉着。”在尼克松看来,周恩来是一个共产主义革命家和具有儒家风度的人物,是有献身精神的理想家和深谋远虑的现实主义者,是政治斗争的能手和杰出的调解人。一个德才不如他的人如果扮演这些错综复杂的角色,就会以思想和行动上的不知所措而告终。但是周恩来能够担当任何一种角色,或者把所有各种角色同时担当起来而不给人以优柔寡断、出尔反尔的印象。对他来说,扮演这些角色并不是玩世不恭地换上假面具,而是一个非常复杂而又精明的人的不同侧面,这个侧面能在很大程度上说明他的政治生涯如此漫长和政治经验如此丰富。周恩来虽是一位献身的革命家,但是看上去他和古老北京灿烂辉煌的皇宫并没有不协调的地方,他以皇朝时代的圣人所具有的那种沉静与优雅风度往来其间。艺术与装饰巧妙精微,同周恩来的性格和处理国务的巧妙精微很相称。周恩来所具有的这种精微之处,大大超过了他所认识的其他的世界领袖,这也是中国人独有的特性。这是由于中国文明多少世纪的发展和精炼造成的。周恩来的品德也使他得到中国人民持久的爱戴。他的深入人心在中国政治中是一种无与伦比的力量。从周恩来总理身上,我们可以深深感受到道德人格的巨大力量,增强树立、培养和完善道德人格的坚定信心。

2003 年 3 月 11 日,胡锦涛总书记就深入学习宣传郑培民先进事迹作出了重要批示:郑培民同志是新时期领导干部的优秀代表。他身居领导岗位,心系人民群众,始终把“做官先做人,万事民为先”作为自己的行为准则,廉洁从政,艰苦奋斗,尽职尽责,鞠躬尽瘁,真心诚意地为人民谋利益,以自己的模范行为和崇高品德,赢得了广大群众的衷心赞誉,集中体现了当代共产党人的精神风貌。全党同志特别是领导干部都要向郑培民同志学习。要发扬党的优良传统,始终坚持全心全意为人民服务的根本宗旨,始终做到“两个务必”,自觉实践“三个代表”重要思想。要严以律己、率先垂范,立党为公、执政为民,真正做到权为民所用、情为民所系、利为民所谋,真正当好推进改革开放和现代化建设的带头人,当好为民造福、为民解难的贴心人,为全面建设小康社会,开创中国特色社会主义事业新局面而努力奋斗。我们要以郑培民同志等行政伦理人格为榜样,着力培养与完善行政伦理人格。

胡锦涛同志在党的十七届四中全会上的讲话中指出,坚持德才兼备、以德为先用人标准。把干部的德放在首要位置,是保持马克思主义执政党先进性和纯洁性的根本要求和重要保证。选拔任用干部既要看才、更要看德,把政治上靠得住、工作上有本事、作风上过得硬、人民群众信得过的干部选拔上来。从政治品质和道德品行等方面完善干部德的评价标准,重点看是否忠于党、忠于国家、忠于人民,是否确立正确的世界观、权力观、事业观,是否真抓实干、敢于负责、锐意进取,是否作风正派、清正廉洁、情趣健康。注重从履行岗位职责、完成急难险重任务、关键时刻表现、对待个人名利等方面考察干部的德。

党的十七届四中全会通过的《中共中央关于加强和改进新形势下党的建设若干重大问题的决定》进一步指出:“坚持正确用人导向,使选拔出来的干部组织放心、群众满意,让能干事者有机会、干成事者有舞台,不让老实人吃亏,不让投机钻营者得利。"

干部德的标准应当包括干部的政治品德标准、职业道德标准、家庭美德标准和社会公德标准,把理想信念是否坚定,是否坚持执政为民,是否求真务实,是否坚持民主集中制,是否清正廉洁等列为评价要点。考察干部的德,既要注重在突发事件、抗御自然灾害、个人进退留转等关键时刻的表现,又要注重在日常工作、生活中的表现,以小节观其大德;既要听其言更要观其行,既要看其表更要察其里,既要知其始更要识其变,把干部德的考评结果作为干部选拔任用的首要依据。选人用人,要坚持品行为本,用靠得住的干部,引导干部讲党性、重品性、作表率,自觉落实科学发展观,创造经得起实践、人民、历史检验的实绩;要坚持责任为重,用敢负责的干部,引导干部忠于党的事业,忠于人民利益,锐意进取,敢闯敢干;要坚持务实为要,用肯实干的干部,引导干部求真务实、埋头苦干、不事张扬、默默奉献;要坚持民意为上,用口碑好的干部,引导干部对群众负责,为群众办事;要坚持廉洁为贵,用严以律己的干部,引导干部清正廉洁,自觉做到拒腐蚀、永不沾。

坚持德才兼备、以德为先,科学概括了党的干部应当具备的基本条件,既强调了德与才缺一不可,又突出了德的主导作用,是领导干部始终拥有人格力量的重要组织保障机制。

二、领导干部要始终拥有人格力量

胡锦涛同志在部署党的先进性教育活动时指出:"各级领导干部都要时刻牢记立党为公、执政为民的执政理念,常修为政之德,常思贪欲之害,常怀律己之心,自觉做到权为民所用,情为民所系,利为民所谋。"这深刻地揭示了党员领导干部始终拥有人格力量的几个重要方面,具有重要的指导意义。

(一)牢记执政理念:立党为公、执政为民

行政伦理人格的本质是立党为公、执政为民。党员领导干部始终拥有人格力量的根本目的就是要使我们党始终代表中国先进生产力的发展要求,代表中国先进文化的前进方向,代表中国最广大人民的根本利益,不断提高执政能力、巩固执政地位、完成执政使命。牢记并践行

立党为公、执政为民的执政理念,是党员领导干部拥有人格力量的根本标志。

“立党为公”是行政伦理人格的本质特征。全国各族人民是建设中国特色社会主义事业的主体,人民群众积极性创造性的充分发挥是我们事业成功的保证,不断实现最广大人民的根本利益是我们党奋斗的目标。近九十多年来,我们党进行的一切奋斗,归根到底都是为了最广大人民的根本利益。在革命战争年代,党号召全党同志不怕牺牲、前赴后继,为新民主主义革命的胜利而英勇斗争。新中国成立前后,党告诫全党同志要谦虚谨慎,戒骄戒躁,永远保持艰苦奋斗的作风。在新时期,党要求全党同志要经得起改革开放的考验、发展社会主义市场经济条件下长期执政的考验,并带领人民群众为实现社会主义现代化而勤奋工作。所有这一切,都是为了不断实现好、维护好和发展好最广大人民的根本利益。全心全意为人民服务是我们党的宗旨,党除了工人阶级和最广大人民群众的利益,没有自己的特殊利益。党在任何时候都必须把群众的利益放在第一位,同群众同甘共苦,保持最密切的联系,不允许任何党员凌驾于群众之上。党在自己的工作中实行群众路线,一切为了群众,一切依靠群众,从群众中来,到群众中去,把党的正确主张变为群众的自觉行动。我们党的最大政治优势是密切联系群众,党执政后的最大危险是脱离群众。党风问题、党同人民群众的联系问题是关系党生死存亡的根本问题。中国共产党党员必须全心全意为人民服务,不惜牺牲个人的一切,为实现共产主义奋斗终身。我们党的党员除了法律和政策规定的个人利益以外,不允许谋求任何私利和特权。

“执政为民”是行政伦理人格根本标志。新中国成立后,人民掌握了国家的权力,成为国家的主人;我们党由领导人民为夺取全国政权而奋斗的党成为领导全国人民掌握政权并长期执政的党。这是历史的选择、人民的选择。我们党的执政地位从根本上说来自于人民,是人民的委托。人民群众的拥护和支持,是党执政最牢固的政治基础和最深厚的力量源泉。离开人民群众的拥护和支持,党的执政地位就会成为无源之水、无本之木。因此,能否始终保持同人民群众的血肉联系,是对党的执政能力和执政地位最根本的考验。“执政为民”就是党领导、支持、保证人民当家做主,带领全国人民实现国家富强、民族振兴、社会和谐、生活幸福。党的执政能力,说到底,就是党为了人民、依靠人民、领导人民治国理政的能力。我们党执政 50 多年的实践证明,坚持“执政为民”的核心理念、提高党的执政能力、巩固党的执政地位,是我们党执政以后的一项根本任务,也是我们党将长期面对并且必须始终解决好的一个历史性课题。

是否牢牢把握立党为公、执政为民的执政理念,是衡量党员领导干部拥有人格力量最根本的体现。

(二)加强党性修养:常修为政之德,常思贪欲之害,常怀律己之心

党的十六届四中全会《决定》要求:“督促各级党员领导干部加强党性修养,常修为政之德、常思贪欲之害、常怀律己之心,自觉经受住改革开放和发展社会主义市场经济条件下长期执政的考验。”以“为政之德”为基本内容的党性修养,是加强党的执政能力、巩固党的执政地位、保持党员领导干部拥有人格力量的重要途径。

“常修为政之德”,是指国家公务员按照“为政之德”的要求,在科学执政、民主执政、依法执政诸方面进行的自觉的自我改造、自我陶冶、自我锻炼和自我培养的功夫,以及在此基础上养成的执政品德和所达到的道德境界。“为政之德”是道德在公共行政关系、公共管理活动中的体现,是执政的中国共产党、国家机构以及共产党员、国家公务员在公共行政领域,实践立党为公、执政为民,坚持科学执政、民主执政、依法执政,履行经济调节、市场监管、社会管理、公共服务等职能的过程中,所形成的一种应然关系,以及调节这种应然关系的道德规范,与执政的中国共产党、国家机构以及国家公务员由于内化道德规范而形成的道德品格。“常修”是强调要经常坚持主观世界的改造,即修养。胡锦涛同志曾就“切实加强主观世界改造”作过深刻阐述:“在改造客观世界的进程中,推动全党同志特别是领导干部加强主观世界改造,坚定理想信念,提高思想水平,加强道德修养,这是我们党在加强自身建设中长期坚持的好传统、好做法。”我们要实践“三个代表”重要思想,就要紧密联系自己的思想实际,加强主观世界的改造,不断坚定执政理念，不断提高思想政治水平，不断加强道德情操修养，真正做到在改造客观世界的同时改造主观世界，寓改造主观世界于改造客观世界之中，用改造主观世界的成效来推进客观世界的改造。

“常思贪欲之害”，是党性修养和“常修为政之德”的重要方面。“历览前贤国与家，成由勤俭败由奢。”我们党是任何敌人都压不倒、摧不垮的。但堡垒最容易从内部攻破，绝不能自己毁掉自己。从这些年揭露出来的一些大案要案来看，一些党员领导干部搞权钱交易、权色交易，已经到了利令智昏、利欲熏心、不顾一切的地步。从主观上说，放松世界观的改造，背弃理想信念，思想蜕化变质，是这些人腐败堕落的根本原因。从客观上讲，在体制改革过程中，各方面制度不够完善，权力运行缺乏有效的制约和监督，以及社会上还存在着腐败现象赖以滋生的土壤和条件，则是这些人腐败堕落的重要原因。解决这些问题，需要方方面面的艰苦工作，而领导干部自身的道德修养则是不可缺少的。“常思贪欲之害”，就是要求共产党员特别是党员领导干部经常用反面教员这面镜子照照自己，促使自己自重、自省、自警、自励。应当强调，对于共产党员特别是党员领导干部来说，思想作风、工作作风固然重要，但生活作风也绝不是小事。生活情趣、生活格调和生活品位，可以从一个侧面反映出一个人的世界观、人生观、价值观。古语说，“千里之堤，溃于蚁穴”。我们要通过先进性教育活动帮助党员领导干部牢固树立积极的生活态度，使他们追求高尚的生活情趣，自觉应对权力、金钱、美色的考验，自觉抵御拜金主义、享乐主义和极端个人主义的侵蚀，始终拥有人格力量。

“常怀律己之心”，是指党性修养和常修为政之德所应达到的道德境界。党员领导干部始终拥有人格力量，归根到底要靠启动自觉改造主观世界这个“开关”，推动各级领导干部在改造客观世界的进程中加强主观世界的改造，并且用改造主观世界的成效来推进客观世界的改造。“道德当身，故不以物惑。”常怀律己之心，就能够坚持严于律己、廉洁奉公，时刻把党和人民的利益放在首位，严格遵守党纪国法，坚持高尚的精神追求，清清白白做官，堂堂正正做人，永葆共产党人的蓬勃朝气、昂扬锐气和浩然正气，从而真正做到拒腐蚀、永不沾。

(三)坚持以人为本:权为民所用,情为民所系,利为民所谋

以人为本,体现了马克思主义的基本观点。马克思在创立科学社会主义学说时就认为,未来的新社会是“以每个人的全面而自由的发展为基本原则的社会形式”。以人为本,就是要把人民的利益作为一切工作的出发点和落脚点,不断满足人们的多方面需求和促进人的全面发展。全面推进建设中国特色社会主义事业,必须坚持以人为本,一切为了人民,一切依靠人民。以人为本是我们的执政理念和要求,应当从具体事情做起,贯穿到经济社会发展的各个方面,贯穿到我们的各项工作中去。坚持以人为本,就要自觉做到“权为民所用,情为民所系,利为民所谋”。这是国家公务员特别是党员领导干部拥有人格力量的基本实践内涵。

权为民所用,作为“立党为公、执政为民”和“以人为本”的具体体现,集中表现为树立和实践正确的权力观。胡锦涛同志在新时期保持共产党员先进性专题报告会上的讲话中指出,“领导干部必须牢记我们手中的权力是人民赋予的,只能用来为人民谋利益,而绝不能用来为自己谋私利,要始终为人民掌好权、用好权”。我们党在革命战争时期是代表人民并领导人民去夺取政权的,革命胜利以后则要代表并领导人民掌握和行使好国家的各项权力。我国是社会主义国家,人民是国家的主人,中国共产党的执政地位、社会主义国家的一切权力,都是来自于人民的。我们手中的权力说到底是人民赋予的。所以,必须运用人民赋予的权力为国家的富强服务,为人民群众的富裕服务,而绝不能把它变成谋取个人或小团体私利的工具。同时,要始终自觉地接受党和人民对自己行使权力的监督。

情为民所系,就是要对人民群众怀有深厚的无产阶级感情,时刻倾听群众呼声,反映群众意愿,集中群众智慧,忠实地贯彻执行党的群众路线,努力使我们制定和实施的各项方针政策和措施更好地体现人民群众的利益。列宁说过:“没有‘人的感情’,就从来没有也不可能有对于真理的追求。”“情为民所系”是共产党员拥有人格力量的感情基础。坚持立党为公、执政为民,不能停留在口号和一般要求上,必须围绕人

民群众最现实、最关心、最直接的利益来落实,努力把经济社会发展的长远战略目标和提高人民生活水平的阶段性任务统一起来,把实现人民的长远利益和当前利益结合起来。群众在我们心里的分量有多重,我们在群众心里的分量就有多重。在正确对待群众的问题上,来不得半点儿含糊。现实生活中,有的领导干部严重脱离群众,对群众的疾苦漠不关心,对群众的安危掉以轻心,致使群众反映的一些突出问题长期得不到解决,关系群众切身利益的一些工作长期不能取得成效。这种对群众不负责任的不良作风,同我们党的性质和宗旨是格格不入的,是同坚持立党为公、执政为民的本质要求格格不入的,更是同以人为本的执政理念格格不入的。国家公务员特别是党员领导干部都要以全心全意为人民服务的情感和真心实意对人民负责的精神,做到心里装着群众,凡事想着群众,工作依靠群众。要始终与人民群众同呼吸、共命运、心连心,牢记群众利益无小事的道理,时刻把群众的安危冷暖挂在心上,为群众诚心诚意办实事,尽心竭力解难事,坚持不懈做好事。对群众生产生活面临的这样那样的困难,特别是对下岗职工、困难群众遇到的实际问题,要带着深厚的感情去帮助解决,切实把中央为他们脱贫解困的各项政策措施落到实处,让他们切实感受到党和政府的温暖。

利为民所谋,是牢记立党为公、执政为民的执政理念,加强党性修养,坚持以人为本的最终体现。马克思指出,正确理解的利益是道德的基础。人民群众的整体利益总是由各方面的具体利益构成的。我们所有的政策措施和一切工作,都应该正确反映并有利于妥善处理各种利益关系,都应认真考虑和兼顾不同阶层、不同方面群众的利益。最重要的是必须首先考虑并满足最大多数人的利益要求,这始终关系党执政的全局,关系经济、政治、文化发展的全局,关系全国各族人民的团结和社会安定的全局。最大多数人的根本利益是最紧要和最具有决定性的因素。所有党员干部必须真正代表人民掌好权、用好权,而绝不允许以权谋私,更不允许形成既得利益集团。在逐步实现全国人民共同富裕的过程中,共产党员必须正确处理好先富与后富、个人富裕与共同富裕的关系。共产党员特别是党员领导干部要"先天下之忧而忧,后天下之乐而乐",吃苦在前、享受在后,要支持和帮助群众富起来,而不能只考虑自己如何富，更不能利用手中的权力谋取不正当的利益。

中国共产党第十七届中央委员会第四次全体会议通过的《中共中央关于加强和改进新形势下党的建设若干重大问题的决定》强调，必须全面贯彻党的十七大关于党的建设总体部署，按照党章要求，着眼于继续解放思想、坚持改革开放、推动科学发展、促进社会和谐，着眼于提高党的执政能力、保持和发展党的先进性，着眼于增强全党为党和人民事业不懈奋斗的使命感和责任感，着眼于保持党同人民群众的血肉联系，突出重点，突破难点，全面推进思想建设、组织建设、作风建设、制度建设和反腐倡廉建设，提高党的建设的科学化水平，进一步把党建设成为立党为公、执政为民，求真务实、改革创新，艰苦奋斗、清正廉洁，富有活力、团结和谐的马克思主义执政党，确保党始终是中国工人阶级的先锋队、同时是中国人民和中华民族的先锋队。

综上所述，国家公务员员特别是党员领导干部，一定要带头坚持立党为公、执政为民，真正做到科学执政、民主执政、依法执政，真正做到权为民所用、情为民所系、利为民所谋，做到勤政廉政，更好地维护和实现人民群众的利益，更好地体现我们党的先进性。只有这样，我们才能永远与人民群众同呼吸、共命运、心连心，始终为人民执好政、掌好权，“始终拥有人格的力量”。

附 录

附录一

中共中央办公厅、国务院办公厅印发《关于实行党政领导干部问责的暂行规定》

《暂行规定》的颁布实施,是加强反腐倡廉法规制度建设、完善领导干部行为规范的重要举措,对于加强党政领导干部的管理和监督,增强党政领导干部的责任意识,更好地贯彻落实科学发展观,不断提高党的执政能力和执政水平,具有重要意义。

各级党政领导干部要认真践行全心全意为人民服务的宗旨,以对党和国家高度负责、对人民群众高度负责的精神,切实履行党和人民赋予的职责,兢兢业业完成好各项工作任务。各级党委和政府要依照《暂行规定》严肃问责,充分发挥问责在党风廉政建设中的积极作用。

关于实行党政领导干部问责的暂行规定

第一章 总 则

第一条 为加强对党政领导干部的管理和监督,增强党政领导干部的责任意识和大局意识,促进深入贯彻落实科学发展观,提高党的执政能力和执政水平,根据《中国共产党章程》、《党政领导干部选拔任用工作条例》等党内法规和《中华人民共和国行政监察法》、《中华人民共和国公务员法》等国家法律法规,制定本规定。

第二条 本规定适用于中共中央、国务院的工作部门及其内设机构的领导成员;县级以上地方各级党委、政府及其工作部门的领导成员,上列工作部门内设机构的领导成员。

第三条 对党政领导干部实行问责,坚持严格要求、实事求是,权责一致、惩教结合,依靠群众、依法有序的原则。

第四条 党政领导干部受到问责,同时需要追究纪律责任的,依照有关规定给予党纪政纪处分;涉嫌犯罪的,移送司法机关依法处理。

第二章 问责的情形、方式及适用

第五条 有下列情形之一的,对党政领导干部实行问责:

(一)决策严重失误,造成重大损失或者恶劣影响的;

(二)因工作失职,致使本地区、本部门、本系统或者本单位发生特别重大事故、事件、案件,或者在较短时间内连续发生重大事故、事件、案件,造成重大损失或者恶劣影响的;

(三)政府职能部门管理、监督不力,在其职责范围内发生特别重大事故、事件、案件,或者在较短时间内连续发生重大事故、事件、案件,造成重大损失或者恶劣影响的;

(四)在行政活动中滥用职权,强令、授意实施违法行政行为,或者不作为,引发群体性事件或者其他重大事件的;

(五)对群体性、突发性事件处置失当,导致事态恶化,造成恶劣影响的;

(六)违反干部选拔任用工作有关规定,导致用人失察、失误,造成恶劣影响的;

(七)其他给国家利益、人民生命财产、公共财产造成重大损失或者恶劣影响等失职行为的。

第六条 本地区、本部门、本系统或者本单位在贯彻落实党风廉政建设责任制方面出现问题的,按照《关于实行党风廉政建设责任制的规定》,追究党政领导干部的责任。

第七条 对党政领导干部实行问责的方式分为:责令公开道歉、停职检查、引咎辞职、责令辞职、免职。

第八条 党政领导干部具有本规定第五条所列情形，并且具有下列情节之一的，应当从重问责：

（一）干扰、阻碍问责调查的；

（二）弄虚作假、隐瞒事实真相的；

（三）对检举人、控告人打击、报复、陷害的；

（四）党内法规和国家法律法规规定的其他从重情节。

第九条 党政领导干部具有本规定第五条所列情形，并且具有下列情节之一的，可以从轻问责：

（一）主动采取措施，有效避免损失或者挽回影响的；

（二）积极配合问责调查，并且主动承担责任的。

第十条 受到问责的党政领导干部，取消当年年度考核评优和评选各类先进的资格。

引咎辞职、责令辞职、免职的党政领导干部，一年内不得重新担任与其原任职务相当的领导职务。

对引咎辞职、责令辞职、免职的党政领导干部，可以根据工作需要以及本人一贯表现、特长等情况，由党委（党组）、政府按照干部管理权限酌情安排适当岗位或者相应工作任务。

引咎辞职、责令辞职、免职的党政领导干部，一年后如果重新担任与其原任职务相当的领导职务，除应当按照干部管理权限履行审批手续外，还应当征求上一级党委组织部门的意见。

第三章 实行问责的程序

第十一条 对党政领导干部实行问责，按照干部管理权限进行。纪检监察机关、组织人事部门按照管理权限履行本规定中的有关职责。

第十二条 对党政领导干部实行问责，依照下列程序进行：

（一）对因检举、控告、处理重大事故事件、查办案件、审计或者其他方式发现的党政领导干部应当问责的线索，纪检监察机关按照权限和程序进行调查后，对需要实行问责的，按照干部管理权限向问责决定机关提出问责建议；

（二）对在干部监督工作中发现的党政领导干部应当问责的线索，组织人事部门按照权限和程序进行调查后，对需要实行问责的，按照干部管理权限向问责决定机关提出问责建议；

（三）问责决定机关可以根据纪检监察机关或者组织人事部门提出的问责建议作出问责决定；

（四）问责决定机关作出问责决定后，由组织人事部门办理相关事宜，或者由问责决定机关责成有关部门办理相关事宜。

第十三条 纪检监察机关、组织人事部门提出问责建议，应当同时向问责决定机关提供有关事实材料和情况说明，以及需要提供的其他材料。

第十四条 作出问责决定前，应当听取被问责的党政领导干部的陈述和申辩，并且记录在案；对其合理意见，应当予以采纳。

第十五条 对于事实清楚、不需要进行问责调查的，问责决定机关可以直接作出问责决定。

第十六条 问责决定机关按照干部管理权限对党政领导干部作出的问责决定，应当经领导班子集体讨论决定。

第十七条 对党政领导干部实行问责，应当制作《党政领导干部问责决定书》。《党政领导干部问责决定书》由负责调查的纪检监察机关或者组织人事部门代问责决定机关草拟。

《党政领导干部问责决定书》应当写明问责事实、问责依据、问责方式、批准机关、生效时间、当事人的申诉期限及受理机关等。作出责令公开道歉决定的，还应当写明公开道歉的方式、范围等。

第十八条 《党政领导干部问责决定书》应当送达被问责的党政领导干部本人及其所在单位。

问责决定机关作出问责决定后，应当派专人与被问责的党政领导干部谈话，做好其思想工作，督促其做好工作交接等后续工作。

第十九条 组织人事部门应当及时将被问责的党政领导干部的有关问责材料归入其个人档案，并且将执行情况报告问责决定机关，回复问责建议机关。

党政领导干部问责情况应当报上一级组织人事部门备案。

第二十条 问责决定一般应当向社会公开。

第二十一条 对经各级人民代表大会及其常务委员会选举或者决定任命的人员实行问责，按照有关法律规定的程序办理。

第二十二条 被问责的党政领导干部对问责决定不服的，可以自接到《党政领导干部问责决定书》之日起15日内，向问责决定机关提出书面申诉。问责决定机关接到书面申诉后，应当在30日内作出申诉处理决定。申诉处理决定应当以书面形式告知申诉人及其所在单位。

第二十三条 被问责的党政领导干部申诉期间，不停止问责决定的执行。

第四章 附 则

第二十四条 对乡（镇、街道）党政领导成员实行问责，适用本规定。

对县级以上党委、政府直属事业单位以及国有企业、国有金融企业领导人员实行问责，参照本规定执行。

第二十五条 本规定由中央纪委、中央组织部负责解释。

第二十六条 本规定自发布之日起施行。

附录二

中共中央办公厅 国务院办公厅印发《关于领导干部报告个人有关事项的规定》

中共中央办公厅、国务院办公厅近日印发了《关于领导干部报告个人有关事项的规定》,并发出通知,要求各地区各部门认真贯彻执行。

通知指出,《规定》针对当前领导干部廉洁自律方面出现的新情况新问题,进一步规范了领导干部报告个人有关事项的制度。这是贯彻落实党的十七大和十七届四中全会精神、推进惩治和预防腐败体系建设的重要体现,是促进领导干部廉洁自律、回应社会关切的重要举措和制度创新,对加强领导班子和干部队伍建设、推进反腐倡廉制度建设特别是健全党内监督制度具有十分重要的意义。

通知要求,各地区各部门要把学习宣传贯彻《规定》作为当前的一项重要政治任务列入议事日程,切实加强组织领导。各级领导干部要按照《规定》要求如实报告个人有关事项,自觉接受监督。各级党组织要依照《规定》认真做好领导干部报告个人有关事项制度的组织实施工作,加强对领导干部的管理和监督。各级纪检监察机关和有关部门要协助党委抓好任务分解,保证《规定》得到贯彻落实。

关于领导干部报告个人有关事项的规定

第一条 为加强对领导干部的管理和监督,促进领导干部廉洁从政,根据《中国共产党章程》、党内有关规定和国家有关法律法规,制定本规定。

第二条 本规定所称领导干部包括:

(一)各级党的机关、人大机关、行政机关、政协机关、审判机关、检

察机关、民主党派机关中县处级副职以上(含县处级副职,下同)的干部;

(二)人民团体、事业单位中相当于县处级副职以上的干部;

(三)大型、特大型国有独资企业、国有控股企业(含国有独资金融企业和国有控股金融企业)的中层以上领导人员和中型国有独资企业、国有控股企业(含国有独资金融企业和国有控股金融企业)的领导班子成员。

副调研员以上非领导职务的干部和已退出现职、但尚未办理退(离)休手续的干部报告个人有关事项,适用本规定。

第三条 领导干部应当报告下列本人婚姻变化和配偶、子女移居国(境)外、从业等事项:

(一)本人的婚姻变化情况;

(二)本人持有因私出国(境)证件的情况;

(三)本人因私出国(境)的情况;

(四)子女与外国人、无国籍人通婚的情况;

(五)子女与港澳以及台湾居民通婚的情况;

(六)配偶、子女移居国(境)外的情况;

(七)配偶、子女从业情况,包括配偶、子女在国(境)外从业的情况和职务情况;

(八)配偶、子女被司法机关追究刑事责任的情况。

第四条 领导干部应当报告下列收入、房产、投资等事项:

(一)本人的工资及各类奖金、津贴、补贴等;

(二)本人从事讲学、写作、咨询、审稿、书画等劳务所得;

(三)本人、配偶、共同生活的子女的房产情况;

(四)本人、配偶、共同生活的子女投资或者以其他方式持有有价证券、股票(包括股权激励)、期货、基金、投资型保险以及其他金融理财产品的情况;

(五)配偶、共同生活的子女投资非上市公司、企业的情况;

(六)配偶、共同生活的子女注册个体工商户、个人独资企业或者合伙企业的情况。

第五条　领导干部应当于每年 1 月 31 日前集中报告一次上一年度本规定第三条、第四条所列事项。

第六条　领导干部发生本规定第三条所列事项的，应当在事后 30 日内填写《领导干部个人有关事项报告表》，并按照规定报告。因特殊原因不能按时报告的，特殊原因消除后应当及时补报，并说明原因。

第七条　新任领导干部应当在符合报告条件后 30 日内按照本规定报告个人有关事项。

领导干部辞去公职的，在提出辞职申请时，应当一并报告个人有关事项。

第八条　领导干部报告个人有关事项，按照干部管理权限由相应的组织（人事）部门负责受理：

（一）中央管理的领导干部向中共中央组织部报告，报告材料由该领导干部所在单位主要负责人审签后，交所在党委（党组）的组织（人事）部门转交。

（二）属于本单位管理的领导干部，向本单位的组织（人事）部门报告；不属于本单位管理的领导干部，向上一级党委（党组）的组织（人事）部门报告，报告材料由该领导干部所在单位主要负责人审签后，交所在党委（党组）的组织（人事）部门转交。

领导干部因发生职务变动而导致受理机构发生变化的，原受理机构应当及时将该领导干部的报告材料按照干部管理权限转交新的受理机构。

第九条　领导干部在执行本规定过程中，认为有需要请示的事项，可以向受理报告的组织（人事）部门请示。

请示事项属于具体执行中的问题，受理报告的组织（人事）部门应当认真研究，及时答复报告人；属于本规定的解释问题，受理报告的组织（人事）部门应当按照规定向中共中央纪律检查委员会、中共中央组织部、监察部请示，并按照中共中央纪律检查委员会、中共中央组织部、监察部的意见答复报告人。报告人应当按照组织答复意见办理。

第十条　报告人未按时报告的，有关组织（人事）部门应当督促其报告。

第十一条 组织(人事)部门、纪检监察机关(机构)根据工作需要,可以对报告情况进行汇总综合,对存在的普遍性问题进行专项治理。

第十二条 组织(人事)部门在干部监督工作和干部选拔任用工作中,按照干部管理权限,经本机关、本单位主要负责人批准,可以查阅有关领导干部报告个人有关事项的材料。

纪检监察机关(机构)在履行职责时,按照干部管理权限,经本机关主要负责人批准,可以查阅有关领导干部报告个人有关事项的材料。

检察机关在查办职务犯罪案件时,经本机关主要负责人批准,可以查阅案件涉及的领导干部报告个人有关事项的材料。

第十三条 纪检监察机关(机构)、组织(人事)部门接到有关举报,或者在干部考核考察、巡视等工作中群众对领导干部涉及个人有关事项的问题反映突出的,按照干部管理权限,经纪检监察机关(机构)、组织(人事)部门主要负责人批准,可以对有关领导干部报告个人有关事项的材料进行调查核实。

第十四条 受理报告的组织(人事)部门对报告人的报告材料,应当设专人妥善保管。

第十五条 纪检监察机关(机构)和组织(人事)部门要加强对本规定执行情况的监督检查。

第十六条 领导干部应当按照本规定如实报告个人有关事项,自觉接受监督。

第十七条 领导干部有下列情形之一的,根据情节轻重,给予批评教育、限期改正、责令作出检查、诫勉谈话、通报批评或者调整工作岗位、免职等处理;构成违纪的,依照有关规定给予纪律处分:

(一)无正当理由不按时报告的;

(二)不如实报告的;

(三)隐瞒不报的;

(四)不按照组织答复意见办理的。

不按照规定报告个人有关事项,同时该事项构成另一违纪行为的,依照有关规定进行合并处理。

第十八条 本规定第三条第(六)项所称“移居国(境)外”,是指领导干部的配偶、子女获得外国国籍,或者获得国(境)外永久居留权、长期居留许可。

本规定第四条所称“共同生活的子女”,是指领导干部的未成年子女和由其抚养的不能独立生活的成年子女。

本规定第四条第(三)项所称“房产”,是指领导干部本人、配偶、共同生活的子女为所有权人或者共有人的房屋。

第十九条 中共中央纪律检查委员会、中共中央组织部、监察部可以结合工作实际,制定实施细则。

第二十条 中央军委可以根据本规定,结合中国人民解放军和中国人民武装警察部队的实际,制定有关规定。

第二十一条 各省、自治区、直辖市党委和政府,需要扩大报告主体范围或者细化执行程序的,可以根据本规定,结合各自工作实际,制定具体实施办法,报中共中央纪律检查委员会、中共中央组织部、监察部备案。

第二十二条 本规定由中共中央纪律检查委员会、中共中央组织部、监察部负责解释。

第二十三条 本规定自发布之日起施行。1995 年发布的《关于党政机关县(处)级以上领导干部收入申报的规定》、2006 年发布的《关于党员领导干部报告个人有关事项的规定》同时废止。

附录三

中国共产党党员领导干部
廉洁从政若干准则

为进一步促进党员领导干部廉洁从政，根据《中国共产党章程》，结合党员领导干部廉洁自律工作实际，制定本准则。

总则

执政党的党风关系党的生死存亡。坚决惩治和有效预防腐败，是党必须始终抓好的重大政治任务。

党员领导干部廉洁从政是坚持以邓小平理论和“三个代表”重要思想为指导，深入贯彻落实科学发展观，全面贯彻党的路线方针政策的重要保障；是新时期从严治党，不断加强党的执政能力建设和先进性建设的重要内容；是推进改革开放和社会主义现代化建设的基本要求；是正确行使权力、履行职责的重要基础。

党员领导干部必须具有共产主义远大理想和中国特色社会主义坚定信念，践行社会主义核心价值体系；必须坚持全心全意为人民服务的宗旨，立党为公、执政为民；必须在党员和人民群众中发挥表率作用，自重、自省、自警、自励；必须模范遵守党纪国法，清正廉洁，忠于职守，正确行使权力，始终保持职务行为的廉洁性；必须弘扬党的优良作风，求真务实，艰苦奋斗，密切联系群众。

促进党员领导干部廉洁从政，必须坚持标本兼治、综合治理、惩防并举、注重预防的方针，按照建立健全惩治和预防腐败体系的要求，加强教育，健全制度，强化监督，深化改革，严肃纪律，坚持自律和他律相结合。

第一章　廉洁从政行为规范

第一条　禁止利用职权和职务上的影响谋取不正当利益。不准有下列行为：

（一）索取、接受或者以借为名占用管理和服务对象以及其他与行使职权有关系的单位或者个人的财物；

（二）接受可能影响公正执行公务的礼品、宴请以及旅游、健身、娱乐等活动安排；

（三）在公务活动中接受礼金和各种有价证券、支付凭证；

（四）以交易、委托理财等形式谋取不正当利益；

（五）利用知悉或者掌握的内幕信息谋取利益；

（六）违反规定多占住房，或者违反规定买卖经济适用房、廉租住房等保障性住房。

第二条　禁止私自从事营利性活动。不准有下列行为：

（一）个人或者借他人名义经商、办企业；

（二）违反规定拥有非上市公司（企业）的股份或者证券；

（三）违反规定买卖股票或者进行其他证券投资；

（四）个人在国（境）外注册公司或者投资入股；

（五）违反规定在经济实体、社会团体等单位中兼职或者兼职取酬，以及从事有偿中介活动；

（六）离职或者退休后三年内，接受原任职务管辖的地区和业务范围内的民营企业、外商投资企业和中介机构的聘任，或者个人从事与原任职务管辖业务相关的营利性活动。

第三条　禁止违反公共财物管理和使用的规定，假公济私、化公为私。不准有下列行为：

（一）用公款报销或者支付应由个人负担的费用；

（二）违反规定借用公款、公物或者将公款、公物借给他人；

（三）私存私放公款；

（四）用公款旅游或者变相用公款旅游；

（五）用公款参与高消费娱乐、健身活动和获取各种形式的俱乐部会员资格；

（六）违反规定用公款购买商业保险，缴纳住房公积金，滥发津贴、补贴、奖金等；

（七）非法占有公共财物，或者以象征性地支付钱款等方式非法占有公共财物；

（八）挪用或者拆借社会保障基金、住房公积金等公共资金或者其他财政资金。

第四条 禁止违反规定选拔任用干部。不准有下列行为：

（一）采取不正当手段为本人或者他人谋取职位；

（二）不按照规定程序推荐、考察、酝酿、讨论决定任免干部；

（三）私自泄露民主推荐、民主测评、考察、酝酿、讨论决定干部等有关情况；

（四）在干部考察工作中隐瞒或者歪曲事实真相；

（五）在民主推荐、民主测评、组织考察和选举中搞拉票等非组织活动；

（六）利用职务便利私自干预下级或者原任职地区、单位干部选拔任用工作；

（七）在工作调动、机构变动时，突击提拔、调整干部；

（八）在干部选拔任用工作中封官许愿，任人唯亲，营私舞弊。

第五条 禁止利用职权和职务上的影响为亲属及身边工作人员谋取利益。不准有下列行为：

（一）要求或者指使提拔配偶、子女及其配偶、其他亲属以及身边工作人员；

（二）用公款支付配偶、子女及其配偶以及其他亲属学习、培训、旅游等费用，为配偶、子女及其配偶以及其他亲属出国（境）定居、留学、探亲等向个人或者机构索取资助；

（三）妨碍涉及配偶、子女及其配偶、其他亲属以及身边工作人员案件的调查处理；

（四）利用职务之便，为他人谋取利益，其父母、配偶、子女及其配偶以及其他特定关系人收受对方财物；

（五）默许、纵容、授意配偶、子女及其配偶、其他亲属以及身边工作人员以本人名义谋取私利；

（六）为配偶、子女及其配偶以及其他亲属经商、办企业提供便利条件，或者党员领导干部之间利用职权相互为对方配偶、子女及其配偶以及其他亲属经商、办企业提供便利条件；

（七）允许、纵容配偶、子女及其配偶，在本人管辖的地区和业务范围内个人从事可能与公共利益发生冲突的经商、办企业、社会中介服务等活动，在本人管辖的地区和业务范围内的外商独资企业或者中外合资企业担任由外方委派、聘任的高级职务；

（八）允许、纵容配偶、子女及其配偶在异地工商注册登记后，到本人管辖的地区和业务范围内从事可能与公共利益发生冲突的经商、办企业活动。

第六条　禁止讲排场、比阔气、挥霍公款、铺张浪费。不准有下列行为：

（一）在公务活动中提供或者接受超过规定标准的接待，或者超过规定标准报销招待费、差旅费等相关费用；

（二）违反规定决定或者批准兴建、装修办公楼、培训中心等楼堂馆所，超标准配备、使用办公用房和办公用品；

（三）擅自用公款包租、占用客房供个人使用；

（四）违反规定配备、购买、更换、装饰或者使用小汽车；

（五）违反规定决定或者批准用公款或者通过摊派方式举办各类庆典活动。

第七条　禁止违反规定干预和插手市场经济活动，谋取私利。不准有下列行为：

（一）干预和插手建设工程项目承发包、土地使用权出让、政府采购、房地产开发与经营、矿产资源开发利用、中介机构服务等市场经济活动；

（二）干预和插手国有企业重组改制、兼并、破产、产权交易、清产核资、资产评估、资产转让、重大项目投资以及其他重大经营活动等事项；

（三）干预和插手批办各类行政许可和资金借贷等事项；

（四）干预和插手经济纠纷；

（五）干预和插手农村集体资金、资产和资源的使用、分配、承包、租赁等事项。

第八条 禁止脱离实际，弄虚作假，损害群众利益和党群干群关系。不准有下列行为：

（一）搞劳民伤财的“形象工程”和沽名钓誉的“政绩工程”；

（二）虚报工作业绩；

（三）大办婚丧喜庆事宜，造成不良影响，或者借机敛财；

（四）在社会保障、政策扶持、救灾救济款物分配等事项中优亲厚友、显失公平；

（五）以不正当手段获取荣誉、职称、学历学位等利益；

（六）从事有悖社会公德、职业道德、家庭美德的活动。

第二章 实施与监督

第九条 各级党委（党组）负责本准则的贯彻实施。主要负责同志要以身作则，模范遵守本准则，同时抓好本地区本部门本单位的贯彻实施。

党的纪律检察机关协助同级党委（党组）抓好本准则的落实，并负责对实施情况进行监督检查。

第十条 各级党委（党组）要加强对党员领导干部廉洁从政方面的教育，将本准则列为党员领导干部教育培训的重要内容。

第十一条 各级党委（党组）要认真落实党内监督的各项制度，通过贯彻实施民主生活会、重要情况通报和报告、巡视、谈话和诫勉、述职述廉、报告个人有关事项以及考察考核等监督制度，加强对党员领导干部执行本准则情况的监督检查。

党员领导干部参加民主生活会和述职述廉，要对照本准则进行检查，认真开展批评和自我批评。

党员领导干部应当向党组织如实报告个人有关事项，自觉接受监督。

第十二条　党员领导干部组织实施和执行本准则的情况，应列入党风廉政建设责任制和干部考核的重要内容，考核结果作为对其任免、奖惩的重要依据。

第十三条　党员领导干部违反本准则的，依照有关规定给予批评教育、组织处理或者纪律处分，涉嫌违法犯罪的，依法追究其法律责任。

第十四条　贯彻实施本准则，要坚持党内监督与党外监督相结合，发挥民主党派、人民团体、人民群众和新闻舆论的监督作用。

第三章　附则

第十五条　本准则适用于党的机关、人大机关、行政机关、政协机关、审判机关、检察机关中县（处）级以上党员领导干部；人民团体、事业单位中相当于县（处）级以上党员领导干部。

国有和国有控股企业（含国有和国有控股金融企业）及其分支机构领导人员中的党员；县（市、区、旗）直属机关、审判机关、检察机关的科级党员负责人，乡镇（街道）党员负责人，基层站所的党员负责人参照执行本准则。

第十六条　各省、自治区、直辖市党委，新疆生产建设兵团党委，中央直属机关工委、中央国家机关工委，国务院国有资产监督管理委员会党委，中国银行业监督管理委员会、中国证券监督管理委员会、中国保险监督管理委员会党委，可以依据本准则，结合各自工作的实际情况，制定具体规定，报中共中央纪律检查委员会备案。

中央军委可以根据本准则，结合中国人民解放军和中国人民武装警察部队的实际情况，制定具体规定。

第十七条　本准则由中共中央纪律检查委员会负责解释。

第十八条　本准则自发布之日起施行。1997 年 3 月发布的《中国共产党党员领导干部廉洁从政若干准则（试行）》同时废止。

后 记

写这本书源于一个课题的研究:财产申报制度的行政伦理审视。起初,我对于行政伦理并不熟悉,甚至相当陌生,这项课题让我从较为宽泛的政治腐败治理逐渐聚焦到了行政伦理层面,或许行政伦理更能接近行政领域的核心价值。实际上,行政伦理正是伴随着各国对从政道德的追寻而逐步发展并兴起的。财产申报制度是行政伦理在公共行政过程中的一个道德博弈和折射蓝本,而我们关于行政伦理和财产申报的所有构想都指向一个核心的价值追求,即铸造我国新时期的公仆意识,使我们的政治充满正义和美德。

我现在把三年来关于行政伦理的认识和思考作了一些粗疏的梳理,并不想对此作宏大的铺陈,仅仅是尝试把行政伦理作为公仆意识的基础和支撑的基本理论观点作了呈现。其间,借用了一些专家的观点和基础理论,并从我国行政伦理实践中汲取了丰富、鲜活的事例和思考,以期对行政伦理与公仆意识的基础理论和实践应用做一些铺垫。

我依然坚信我们的行政领域有着深深积淀的善意和美德,依然对于行政伦理勃兴和公仆意识的践行存有充分的信心,这种信心在于从根本上重塑我国官员、政府道德的基本信念。

本书的写作特别得到我国行政伦理学界资深专家、国家行政学院政治学部教授王伟先生的指导,他对于全书的构架、基本观点和材料都进行了细致的考察和审阅,并提出很多宝贵的修改意见。在此,向王伟先生表示深深的敬意和感谢。

本书的出版得到了甘肃行政学院的鼓励和支持,得到了我的同事吕文广副教授、陈增帅副教授等人的帮助和多方协调。深深感谢学院和我的同事们,是你们给予了我勇气和动力,最终坚持不懈完成了书稿的出版。

蔡小平

2010 年 10 月